Tacitus

Annalen XI–XVI

Übersetzung und Anmerkungen
von Walther Sontheimer

Philipp Reclam jun. Stuttgart

Originaltitel: Ab excessu divi Augusti

Universal-Bibliothek Nr. 2458

Gesamtherstellung: Reclam, Ditzingen. Printed in Germany 2003
RECLAM und UNIVERSAL-BIBLIOTHEK sind eingetragene Marken
der Philipp Reclam jun. GmbH & Co., Stuttgart
ISBN 3-15-002458-7

www.reclam.de

BUCH XI

... Denn sie[1] glaubte, der zweimalige Konsul, Valerius Asiaticus, sei früher ihr Liebhaber[2] gewesen, und da es sie zugleich nach den einst von Lucullus angelegten Gärten[3] gelüstete, die Valerius jetzt mit einzigartiger Pracht ausgestaltete, ließ sie Suillius auf beide als Ankläger los. Beigegeben wurde ihm Sosibius, der Erzieher des Britannicus[4], der unter der Maske der Ergebenheit Claudius warnen sollte, er möge vor einem gegen das Principat gerichteten Gewaltakt einflußreicher Kreise auf der Hut sein. Asiaticus, der die Hauptrolle bei der Ermordung des C. Caesar[5] spielte, habe sich nicht gescheut, vor dem versammelten römischen Volke sich dazu zu bekennen und zudem noch für diese Tat ehrenvolle Anerkennung für sich zu fordern. Damit habe er sich in Rom einen Namen gemacht, und es habe sich in den Provinzen die Kunde verbreitet, er treffe Anstalten für eine Reise zu den germanischen Heeren, da es ihm, der in Vienna[6] geboren sei und sich auf vielseitige, einflußreiche Verwandtschaften stützen könne, ein leichtes sei, die heimatlichen Volksstämme aufzuwiegeln. Aber Claudius stellte keine weitere Untersuchung an, sondern schickte eilends mit einem militärischen Aufgebot, als ob es gelte, einen Kriegsbrand zu ersticken, den Prätorianerpräfekten Crispinus[7], der ihn in Baiae[8] aufgriff und gefesselt nach Rom schleppte.

47 n. Chr.

(2) Er bekam keine Möglichkeit, sich vor dem Senat[9] zu verantworten. Das Verhör fand in Anwesenheit Messalinas in den Gemächern des Claudius durch Suillius statt, der ihm die Untergrabung der Moral der Soldaten, die er durch Geld und Unzucht in alle seine Verbrechen verstrickt habe, ferner Ehebruch mit Poppaea, endlich unzüchtige Preisgabe seines Körpers vorwarf. Auf dieses hin brachte es der Angeklagte nicht länger über sich zu schweigen und brach los:

„Frage, Suillius, deine Söhne! Sie werden bekennen, daß ich ein Mann bin." Und nun begann er seine Verteidigung, durch die er auf Claudius einen ungewöhnlichen Eindruck machte und auch Messalina zu Tränen rührte. Als sie das Zimmer verließ, um die Tränen zu trocknen, ermahnte sie Vitellius[10], den Angeklagten nicht entwischen zu lassen. Sie selbst beeilte sich, Poppaea ins Verderben zu stürzen, und stiftete Leute an, die ihr Angst vor dem Kerker machen und sie in einen freiwilligen Tod treiben sollten. Davon wußte der Caesar so wenig, daß er ihren Gatten Scipio[11] nach einigen Tagen, als dieser bei ihm speiste, fragte, warum er ohne seine Gemahlin zum Essen gekommen sei, worauf er antwortete, sie sei eines natürlichen Todes gestorben.

(3) Wie nun Claudius die Freisprechung des Asiaticus erwog, wies Vitellius unter Tränen auf die alte Freundschaft mit ihm und auf die Ehrerbietung hin, die sie beide gleichermaßen Antonia, der Mutter des Princeps[12], erwiesen hätten, zählte dann der Reihe nach die von Asiaticus dem Gemeinwesen geleisteten Dienste auf, darunter den kürzlichen Feldzug nach Britannien[13], und was sonst noch zum Erregen von Mitleid geeignet erschien und überließ ihm die freie Wahl der Todesart. Die Worte, die Claudius anfügte, zeigten die gleiche Milde. Als einige ihm daraufhin zum Hungertod als einem sanften Ende rieten, sagte Asiaticus, er verzichte auf diese Wohltat. Er führte seine gewohnten Leibesübungen durch, badete, speiste in heiterer Stimmung, wobei er erklärte, es wäre ehrenvoller gewesen, durch die Gerissenheit eines Tiberius oder die Unbeherrschtheit eines C. Caesar ums Leben zu kommen, als durch die Hinterlist eines Weibes und durch das Schandmaul eines Vitellius zu fallen. Dann öffnete er sich die Adern, sah sich jedoch vorher noch den Scheiterhaufen an und gab die Anweisung, diesen an eine andere Stelle zu bringen, damit nicht der Schatten der Bäume von dem Rauch des Feuers beeinträchtigt werde. So viel Ruhe bewahrte er in seinen letzten Minuten.

(4) Darauf wurden die Väter berufen. Suillius setzte sein Treiben fort, indem er zwei erlauchte römische Ritter[14] mit

dem Beinamen Petra auf die Angeklagtenliste setzte. Als Begründung, weshalb sie umgebracht werden sollten, mußte herhalten, daß sie ihr Haus dem Mnester[15] und der Poppaea zu Zusammenkünften zur Verfügung gestellt haben sollten. Doch wurde dem einen eine nächtliche Traumerscheinung zum Vorwurf gemacht, in der er Claudius mit einem Kranz aus rückwärts gerichteten Ähren gesehen habe, ein Bild, das er als Ankündigung einer drückenden Teuerung[16] ausgegeben habe. Manche berichteten, es sei ein Kranz von vergilbten Weinlaubblättern gewesen, den er gesehen und so gedeutet habe, daß mit dem Spätherbst der Tod des Princeps eintrete. Darüber herrschte Einigkeit, daß irgendein Traum ihm und seinem Bruder das Verderben gebracht hat. Anderthalb Millionen Sesterzen und die Abzeichen der Prätur wurden Crispinus bewilligt, zusätzlich beantragte Vitellius eine Million Sesterzen[17] für Sosibius, weil er Britannicus als Lehrer, Claudius als Ratgeber zur Seite stehe. Als auch Scipio um seine Meinung gefragt wurde, sagte er: „Da ich über Poppaeas Vergehen die gleiche Meinung habe wie alle anderen, so nehmt an, daß ich dasselbe sage wie alle." Damit schlug er einen klug gewählten Mittelweg zwischen der Liebe des Ehemanns und der Zwangslage des Senators ein[18].

(5) Von nun an setzte Suillius ohne Unterbrechung sein grausames Treiben als Ankläger fort, und viele wetteiferten mit ihm an Frechheit. Denn da der Princeps alle Befugnisse der Gesetze und der Beamten an sich zog, hatte er freie Bahn für räuberische Zugriffe geschaffen. Und keine Ware auf dem Staatsmarkt[19] war so käuflich wie die Treulosigkeit der Anwälte, die so weit ging, daß Samius, ein angesehener römischer Ritter, der dem Suillius 400 000 Sesterzen gegeben hatte, sich nach dem Bekanntwerden der Rechtsverletzung in dessen Haus in das Schwert stürzte[20]. Nun erhoben sich nach dem Vorgang des designierten Konsuls C. Silius[21], über dessen Macht und Sturz ich zu gelegener Zeit[22] berichten werde, die Väter und verlangten die Anwendung der lex Cincia[23], die schon seit alters verbot, für eine Prozeßführung Geld oder ein Geschenk anzunehmen.

(6) Als nun diejenigen, die damit in ihrer Ehre getroffen werden sollten, laut protestierten, legte sich Silius, der mit Suillius verfeindet war, scharf ins Zeug, indem er sich auf die Beispiele der alten Redner berief, die nur an den Ruhm bei der Nachwelt als Lohn der Beredsamkeit gedacht hätten. Sonst werde die schönste und die höchste der edlen Künste durch schmutzigen Lohndienst entweiht; auch Treu und Glauben bleibe nicht unverletzt, wenn man den Blick nur auf die Größe des Gewinnes richte. Wenn die Prozesse niemandem einen Lohn einbrächten, verringere sich ihre Zahl. Jetzt nähre man nur Feindschaften, Anklagen, Haß und Kränkungen, damit, wie schwere Krankheiten den Ärzten Gewinn, so die Prozeßseuche den Anwälten Geld einbringe. Sie sollten an Asinius, Messala[24] und aus neuerer Zeit an Arruntius und Aeserninus[25] denken. Sie hätten die höchsten Stufen durch ihr untadeliges Leben und durch ihre Beredsamkeit erreicht. Weil der designierte Konsul so sprach und andere zustimmten, wurde schon ein Antrag vorbereitet, nach dem in solchen Fällen das Repetundengesetz[26] angewendet werden solle. Da umringten Suillius und Cossutianus und alle anderen, die sahen, daß nicht ein Gerichtsverfahren – denn ihre Schuld lag ja schon offen zutage – gegen sie eingeleitet, sondern ihre Bestrafung beschlossen werden solle, den Caesar und baten zunächst um Straflosigkeit für ihr bisheriges Wirken.

(7) Und als er sie bewilligte, begannen sie loszulegen: Wo gebe es jemand, der so überheblich sei, daß er sich auf ewigen Nachruhm Hoffnung mache. Einem Bedürfnis und dem wirklichen Leben[27] trage man Rechnung, wenn man sich einen Rückhalt verschaffe, damit man nicht durch das Fehlen von Anwälten eine Beute der Machthaber werde. Man versäume die persönlichen Angelegenheiten, um seine Kraft denen von anderen zuzuwenden. Viele fristen ihr Dasein vom Kriegsdienst, manche vom Ackerbau[28]. Niemand bemühe sich um etwas, ohne daß er davon einen Gewinn voraussehe. Leicht sei es einem Asinius und Messala, die in den Kämpfen zwischen Antonius und Augustus reichen Lohn

eingeheimst hätten, oder Männern wie Aeserninus und Arruntius, Erben reicher Familien, gefallen, den Großmütigen zu spielen. Sie hätten Beispiele zur Hand, um wie hohen Lohn ein P. Clodius oder C. Curio[29] in den Volksversammlungen zu sprechen pflegten. Sie als bescheidene Senatoren, die in einem ruhigen Gemeinwesen leben, erstrebten lediglich die Vorteile, die der Frieden biete. Er möge an die Plebs denken, die nur in friedlicher Tätigkeit[30] sich entfalten könne. Wenn man den geistigen Bestrebungen ihren Lohn nehme, würden auch diese absterben. – Diese Äußerungen zeigten zwar keine edle Gesinnung, aber der Princeps betrachtete sie nicht als unbegründet. Er beschränkte die Annahme von Geldbeträgen auf zehntausend Sesterzen: wer darüber hinausgehe, solle wegen Erpressung belangt werden.

(8) Um dieselbe Zeit[31] kehrte Mithridates, der, wie ich berichtet habe, über Armenien geherrscht hatte und auf Befehl des Caesars in Fesseln gelegt worden war, auf Aufforderung von Claudius in sein Königreich zurück, wobei er auf die Macht des Pharasmanes vertraute. Dieser, König über die Hiberer und zugleich Bruder des Mithridates, teilte mit, die Parther stünden miteinander in Fehde; in dem Streit um die oberste Führung schenke man weniger Wichtigem keine Beachtung. Denn Gotarzes[32] hatte neben zahlreichen anderen Grausamkeiten sich beeilt, seinen Bruder Artabanus und dessen Gemahlin und Sohn zu ermorden. Dies erweckte bei allen anderen Furcht, und sie riefen Vardanes[33] herbei. Dieser, immer zu großen Wagnissen rasch entschlossen, rückte in das Land ein, legte in zwei Tagen dreitausend Stadien[34] zurück und jagte den überraschten und bestürzten Gotarzes davon. Ohne Zögern bemächtigte er sich der nächstgelegenen Präfekturen[35]; nur Seleucia lehnte seine Gewaltherrschaft ab. Er war auf dieses, weil es auch von seinem Vater abgefallen war, mehr erbittert, als es im Augenblick tunlich war, und ließ sich in eine Belagerung der starken Stadt ein, die durch den an ihr vorbeifließenden Strom[36] geschützt und durch eine Mauer sowie durch Lebensmittelvorräte gesichert war. Inzwischen erhielt Gotarzes

von den Dahern und Hyrcanern[37] Verstärkung und nahm den Krieg wieder auf. Vardanes wurde gezwungen, Seleucia aufzugeben, und verlegte sein Lager in die Ebenen von Bactrien[38].

(9) Während nun die Streitkräfte des Orients zersplittert waren und man von ihnen nicht wußte, auf welche Seite sie sich schlagen würden, bot sich Mithridates Gelegenheit, Armenien zu besetzen[39], wobei die römischen Truppen die hochgelegenen Kastelle erstürmten und zerstörten, während zugleich das hiberische Heer[40] durch das flache Land streifte. Denn, nachdem der Satrap Demonax[41], der ein Treffen gewagt hatte, geschlagen war, leisteten die Armenier keinen Widerstand mehr. Zu einer ganz kurzen Verzögerung kam es durch Cotys, den König von Kleinarmenien[42], auf dessen Seite sich eine Anzahl Edelleute geschlagen hatte. Doch ein Brief des Caesars wies ihn in die Schranken, und alles fiel dem Mithridates zu, der sich wilder gebärdete, als es für einen neuen König ersprießlich war. Aber mitten in den Vorbereitungen zu einer Schlacht entschlossen sich die beiden parthischen Feldherren plötzlich zu einer vertraglichen Abmachung, da sie von einem Anschlag ihrer Landsleute, den Gotarzes seinem Bruder aufdeckte, Kenntnis erhalten hatten. Sie traten sich zuerst zögernd gegenüber, dann reichten sie sich die Hände und verpflichteten sich vor dem Altar der Götter, die Feinde für ihre Hinterlist zu bestrafen und sich untereinander zu verständigen. Vardanes schien größeren Anspruch auf die Beibehaltung des Throns zu haben. Aber Gotarzes zog in das Innere von Hyrcanien ab, um jeder Regung von Eifersucht vorzubeugen. Dem Vardanes ergab sich nach seiner Rückkehr Seleucia, sieben Jahre nach dem Abfall[43], nicht ohne Demütigung für die Parther, mit denen eine einzige Stadtgemeinde so lange ihr Spiel getrieben hatte.

(10) Darauf besichtigte er die bedeutendsten Präfekturen. Er hegte den Wunsch, Armenien wieder zu erobern. Doch wurde er von Vibius Marsus, dem Legaten von Syrien[44], der ihm mit einem Krieg drohte, zurückgehalten. Inzwischen

bereute Gotarzes den Thronverzicht, rief den Adel auf, den ja in Friedenszeiten das Dienen härter ankommt, und zog Truppen zusammen. Vardanes rückte ihm an den Fluß Erindes[45] entgegen. Um den Übergang kam es zu vielfachen Kämpfen, in denen Vardanes schließlich Sieger blieb. In glücklichen Gefechten unterwarf er die Völkerschaften von da bis zu dem Flusse Sindes[46], der die Grenze zwischen den Dahern und Ariern[47] bildet. Dort wurde seinen Erfolgen ein Ende gesetzt, denn die Parther lehnten, obwohl Sieger, einen Kriegszug in entferntes Land ab. Daher errichtete er Denkmäler, die von seiner Macht zeugen und kundtun sollten, daß niemals zuvor ein Arsacide[48] die dortigen Völker zinspflichtig gemacht habe. Dann kehrte er zurück, ruhmbeladen und eben deshalb um so schroffer und unerträglicher für die Untertanen. Diese brachten ihn nach einem verabredeten Komplott um, als er ohne Sicherheitsmaßnahmen auf der Jagd war. Er stand noch in seinen ersten Mannesjahren, aber an Berühmtheit hätten sich nur wenige bejahrte Könige mit ihm messen können, sofern er sich ebenso darum bemüht hätte, sich bei seinen Landsleuten Liebe zu erwerben, wie der Schrecken seiner Feinde zu sein. Infolge der Ermordung des Vardanes[49] wurde das Reich der Parther zerrüttet, da sie sich nicht darüber einig waren, wer die Thronfolge antreten solle. Viele traten für Gotarzes ein, einige für Meherdates[50], einen Abkömmling des Phraates, der uns als Geisel gegeben worden war. In der Folge gewann Gotarzes die Oberhand. Er bemächtigte sich der Residenz und brachte durch seine Grausamkeit und schwelgerische Lebenshaltung die Parther dazu, an den römischen Princeps ein geheimes Bittschreiben zu schicken, es möchte ihnen Meherdates für den Thron seiner Ahnen überlassen werden.

(11) Unter den gleichen Konsuln[51] bekam man die Säkularspiele zu sehen, achthundert Jahre nach der Gründung Roms, vierundsechzig Jahre nach ihrer Veranstaltung durch Augustus. Die Berechnungen, die die beiden Herrscher dabei anstellten[52], übergehe ich. Sie sind zur Genüge dargelegt in den Büchern, in denen ich die Geschichte des Imperators

Domitianus dargelegt habe[53]. Denn auch er veranstaltete Säkularspiele, und ihnen habe ich recht angelegentlich beigewohnt, da ich mit dem Priesteramt der Fünfzehnmänner[54] betraut und damals Prätor war[55]. Und dies berichte ich nicht, um zu prahlen, sondern weil dem Kollegium der Fünfzehnmänner seit alters diese Aufgabe zustand und in erster Linie die Staatsbeamten[56] den religiösen Dienst zu verrichten hatten. Während Claudius als Zuschauer bei den Spielen im Zirkus saß und die adeligen Knaben zu Pferd das Troia-Spiel[57] begannen – unter ihnen befand sich Britannicus, der Sohn des Imperators, und L. Domitius, der durch Adoption später zur Herrschaft berufen wurde und den Beinamen Nero erhielt –, wurde dem Domitius[58] von dem Volk stürmischer gehuldigt, was als Vorbedeutung aufgefaßt wurde. Und es wurde verbreitet, an seiner Wiege seien Schlangen als eine Art Wächter gewesen, ein ausländischen Wundersagen nachgebildetes Märchen. Denn er selbst, der doch keineswegs sich selbst herabsetzte, pflegte nur von einer einzigen Schlange zu erzählen, die man in seinem Schlafgemach gesehen habe.

(12) Doch die Zuneigung des Volkes war noch ein Rest von dem Gedenken an Germanicus, dessen letzter männlicher Nachkomme Nero war, und das Mitleid mit seiner Mutter Agrippina[59] nahm zu wegen der Grausamkeit Messalinas, die, schon immer ihr feindlich gesinnt und damals besonders aufgebracht, nur durch eine neue an Wahnsinn grenzende Verliebtheit abgehalten wurde, Verbrechen zu erfinden und die Ankläger gegen Agrippina aufzubieten. Denn für C. Silius, den schönsten Jüngling Roms, war sie so in Liebe entbrannt, daß sie Iunia Silana, eine adelige Frau[60], aus der Ehe verdrängte und sich des freigewordenen Buhlen bemächtigte. Silius war sich dabei seines schändlichen Handelns und seiner gefährlichen Lage wohl bewußt. Aber da er im Falle einer Ablehnung seines Untergangs gewiß war und einige Hoffnung bestand, daß sein Treiben unbemerkt bleibe, zugleich auch reiche Belohnung ihm winkte, tröstete er sich damit, vor dem, was kommen mochte, die Augen zu ver-

schließen und das, was die Gegenwart bot, zu genießen. Jene kam nicht heimlich, sondern mit großem Gefolge in sein Haus, hängte sich an ihn, wenn er es verließ, und schenkte ihm reichlich Geld und Ehren. Zuletzt sah man, als wäre die Hoheit schon auf ihn übergegangen, Sklaven, Freigelassene, den ganzen Hofstaat eines Princeps bei dem Ehebrecher.

(13) Aber Claudius, der blind in seiner Ehe war, übte inzwischen sein Censoramt[61] aus und schalt in scharfen Erlassen das Volk wegen seiner Ausschreitungen im Theater, weil es gegen den Konsular Publius Pomponius[62], der für die Bühne Gedichte lieferte, und gegen erlauchte Frauen sich zu Schimpfworten hatte hinreißen lassen. Auch brachte er ein Gesetz ein, mit dem er die Brutalität der Geldverleiher eindämmte[63] und das verbot, für den Fall des Todes der Eltern den nicht selbständigen Söhnen Geld auf Zinsen zu leihen. Quellwasser von den Simbruinischen Hügeln[64] leitete er in die Hauptstadt. Auch fügte er neue Buchstaben dem Alphabet[65] hinzu und führte sie ein, da ja bekanntlich auch das griechische Alphabet nicht gleich mit seinem Entstehen vollständig gewesen sei.

(14) Die Ägypter waren die ersten, die ihre Gedanken durch Tierbilder[66] ausdrückten (noch erblickt man diese ältesten Denkmäler menschlicher Überlieferung in Stein eingehauen). Auch geben sie sich als Erfinder der Buchstaben aus. Darauf hätten die Phönizier, weil sie die Vormacht zur See hatten, diese nach Griechenland gebracht und den Ruhm erlangt, das erfunden zu haben, was sie nur übernommen hatten. Denn die Sage berichtet, Cadmus sei auf einer phönizischen Flotte nach Griechenland gefahren[67] und habe bei den noch ungebildeten griechischen Völkerschaften diese Kunst eingeführt. Manche berichten, der Athener Cecrops oder der Thebaner Linus und zu den trojanischen Zeiten der Argiver Palamedes hätten sechzehn Buchstaben, andere, und hauptsächlich Simonides[68], später die übrigen erfunden. Aber in Italien lernten die Etrusker die Buchstaben von dem Korinther Demaratus[69], die Aboriginer von dem Arcader Euandros[70]; die Form der lateinischen Buchstaben war die

gleiche, wie die der ältesten griechischen. Auch wir hatten zunächst nur wenige, später kamen noch einige hinzu. Diesem Vorbild folgend, fügte Claudius drei Buchstaben hinzu, die, solange er regierte, im Gebrauch, dann vergessen, jetzt noch auf Erztafeln auf Marktplätzen und an Tempeln zu sehen sind.

(15) Hierauf brachte er einen Antrag im Senat ein, der das Kollegium der Opferschauer[71] betraf, um zu verhüten, daß die älteste Wissenschaft Italiens vernachlässigt und vergessen werde. Oft habe man sie in den für das Gemeinwesen schweren Zeiten herbeigeholt und auf ihre Weisung die religiösen Gebräuche erneuert und in der Folge richtiger eingehalten. Und die angesehensten Etrusker hätten dieses Wissen aus eigenem Antrieb oder auf Betreiben der römischen Väter festgehalten und in ihren Familien weitervererbt. Dies geschehe jetzt lässiger, weil die Öffentlichkeit sich überhaupt um die Wissenschaften nicht mehr kümmere und weil fremdländische Gottesdienste[72] überhandnehmen. Augenblicklich sei zwar die Lage überall erfreulich. Aber man müsse sich für die Gnade der Götter dankbar erweisen und dürfe nicht die religiösen Gebräuche nur in schwieriger Lage beachten, in glücklichen Zeiten in Vergessenheit geraten lassen. Daraufhin kam der Senatsbeschluß zustande: die Oberpriester sollen sehen, welche von den Opferbräuchen beizubehalten und auszuüben seien.

(16) In dem gleichen Jahr erbat sich der Stamm der Cherusker einen König von Rom. Er hatte durch innere Kriege seinen Adel verloren und aus dem königlichen Hause war nur noch ein Sproß namens Italicus übrig, dem Rom als Aufenthaltsort angewiesen war. Väterlicherseits stammte er von Flavus, dem Bruder des Arminius ab, mütterlicherseits von Actumerus, einem Fürsten der Chatten; er selbst war eine stattliche Erscheinung, im Gebrauch der Waffen und im Reiten in heimischer und auch in unserer Weise geübt. Der Caesar versah ihn mit Geldmitteln, gab ihm eine Leibwache mit und ermahnte ihn, von der seiner Familie zukommenden Würde stolzen Sinnes Besitz zu ergreifen. Er sei der erste,

der, in Rom geboren, nicht als Geisel, sondern als Staatsbürger ausziehe, um eine Herrschaft im Ausland anzutreten[73]. Zuerst wurde auch sein Erscheinen von den Germanen freudig begrüßt, und weil er an ihren inneren Auseinandersetzungen in keiner Weise beteiligt war und gegen alle die gleiche Gunst zeigte, wurde er gefeiert und geehrt, wobei er teils Leutseligkeit und Anspruchslosigkeit, was bei niemand Mißfallen erregt, walten ließ, öfters sich aber der Trunkenheit und Genußsucht ergab, was bei den Barbaren beliebt ist. Und schon gewann er bei den Nachbarn und auch weiter entfernt Ansehen, als diejenigen, die seine Macht beargwöhnten und in den Parteikämpfen eine bedeutende Rolle gespielt hatten, sich an die benachbarten Stämme wendeten und behaupteten, die alte Freiheit Germaniens gehe verloren und es erhebe sich die Macht Roms. Ob es denn gar niemand gebe, der hier im Lande geboren sei und die erste Stelle einnehme, so daß man den Sprößling des Kundschafters[74] Flavus über alle anderen stelle? Vergeblich schützte man Arminius vor. Selbst vor seinem Sohn[75], wenn er, auf feindlichem Boden aufgewachsen, auf den Thron gekommen wäre, hätte man sich fürchten können, da er durch Ernährung, Sklavendasein, Lebensweise, lauter fremdländische Einflüsse, verdorben gewesen sei. Aber wenn Italicus seines Vaters Gesinnung habe: kein anderer habe mit größerer Erbitterung die Waffen gegen sein Vaterland und die heimischen Götter geführt.

(17) Mit diesen und ähnlichen Vorstellungen brachten sie eine große Truppenmacht zusammen. Das Aufgebot, das sich dem Italicus anschloß, war nicht geringer. Denn er wies darauf hin, daß er nicht gegen ihren Willen eingedrungen, sondern herbeigerufen worden sei, da er hinsichtlich seines Adels allen anderen vorangehe. Sie sollten sein Mannestum auf die Probe stellen, ob er sich seines Oheims Arminius, seines Großvaters Actumerus würdig erweise. Auch seines Vaters brauche er sich nicht darum zu schämen, weil er das mit Einwilligung der Germanen gegenüber den Römern übernommene Treueverhältnis nie aufgegeben habe. Fälsch-

lich werde das Wort Freiheit von denen vorgeschoben, die, in ihrem Privatleben entartet, für die Allgemeinheit verhängnisvoll, ihre einzige Hoffnung auf innere Fehden setzen. Begeistert jubelte ihm die Volksmenge zu. In einer für die Verhältnisse bei den Barbaren großen Schlacht blieb der König Sieger. Dann, da ihm das Glück zur Seite stand, ließ er sich zu Übermut hinreißen, wurde vertrieben, mit Hilfe der Langobarden[76] wiedereingesetzt und richtete im Wechsel von Glück und Mißgeschick die Macht der Cherusker[77] zugrunde.

(18) Um die gleiche Zeit machten die Chaucen[78] – es herrschte in ihrem Volk kein Zwist, und sie waren durch den Tod des Sanquinius ermutigt – einen Einfall in Untergermanien, während Corbulo[79] erst noch im Anmarsch war. Ihr Führer war Gannascus, vom Stamme der Canninefaten[80], der bei den Hilfstruppen gedient hatte, dann überlief und mit leichten Schiffen als Seeräuber besonders die gallische Küste heimsuchte, da es ihm wohl bekannt war, daß dort eine reiche, unkriegerische Bevölkerung war. Aber Corbulo marschierte in die Provinz ein, womit er seine militärische Laufbahn eröffnete, und ließ mit großer Umsicht – was dann seinen Ruhm begründete – Dreiruderer den Rhein hinunterfahren, während er die übrigen Schiffe, soweit sie sich dazu eigneten, über die Lagunen und durch die Kanäle herbeiführte. Er versenkte die Kähne der Feinde, verjagte Gannascus und brachte, da die Ruhe für den Augenblick hinlänglich hergestellt war, die der mühsamen Schanzarbeit entwöhnten, sich am Plündern erfreuenden Legionen zur alten Zucht zurück: es solle keiner in der Marschkolonne aus Reih und Glied treten und ohne Befehl sich in einen Kampf einlassen. Posten und Wachen zogen mit Waffen auf. Das galt auch für den übrigen Dienst bei Tag und Nacht. Man erzählt, ein Soldat sei, weil er unbewaffnet, und ein anderer, weil er nur mit dem Dolch ausgerüstet, schanzte, mit dem Tode bestraft worden. Diese übertriebene und vielleicht auch erfundene Maßnahme war doch der Ausdruck der Strenge des Heerführers. Immerhin, man kann erkennen,

daß es sich um einen energischen und gegenüber schweren Vergehen unerbittlichen Mann handelte, dem man so viel Strenge auch in leichten Fällen zutraute.

(19) Im übrigen hatte dieser Terror bei den römischen Soldaten und bei den Feinden eine ganz verschiedene Wirkung. Bei uns wuchs der Mut, bei den Barbaren wurde der Trotz gebrochen. Das Volk der Friesen[81], das seit dem mit der Niederlage des L. Apronius[82] begonnenen Aufstand feindlich gesinnt oder wenigstens unzuverlässig war, stellte Geiseln und siedelte sich auf den von Corbulo zugewiesenen Ländereien an. Auch gab Corbulo ihnen einen Senat, Behörden und Gesetze. Und damit sie sich seinen Befehlen nicht entziehen, legte er bei ihnen einen befestigten Stützpunkt an und schickte Leute ab, die die „Größeren Chaucen"[83] zur Unterwerfung verlocken und zugleich auf Gannascus einen hinterlistigen Anschlag machen sollten. Dieser gelang, und er war auch gegenüber einem Überläufer, der die Treue gebrochen hatte, keine verwerfliche Handlung. Allein seine Ermordung brachte die Chaucen in Erregung, und Corbulo selbst streute den Samen des Aufruhrs aus, was in Rom von sehr vielen freudig begrüßt, aber teilweise auch mit Mißbilligung aufgenommen wurde. Warum er den Feind herbeirufe? Falle dies schlimm aus, werde es das Gemeinwesen treffen. Wenn er aber dabei Glück habe, werde ein so ausgezeichneter Mann eine Gefahr für den Frieden und für einen feigen Princeps eine sehr schwere Belastung bilden[84]. Und so hinderte denn Claudius eine neue gewaltsame Unternehmung gegen Germanien und gab sogar Befehl, die Besatzungstruppen hinter den Rhein zurückzuverlegen[85].

(20) Schon baute Corbulo an einem Lager auf feindlichem Boden, als ihm dieser Brief überbracht wurde. In seiner Überraschung sah er sich gleichzeitig von vielem bedrängt: Furcht vor dem Imperator, Verachtung seitens der Barbaren, Spott bei den Bundesgenossen. Aber ohne ein weiteres Wort zu verlieren als „ihr glücklichen römischen Heerführer der einstigen Zeit", gab er das Zeichen zum Rückzug. Damit

jedoch die Mannschaft sich das faule Leben abgewöhne, zog er zwischen Maas und Rhein einen 23 Meilen langen Kanal, um damit die unsichere Fahrt auf dem Ozean zu vermeiden. Doch bewilligte ihm der Caesar die Triumphinsignien, obgleich er ihm die Kriegführung versagt hatte. Nicht viel später erlangte Curtius Rufus[86] die gleiche Ehre. Er hatte im Gebiet der Mattiacer[87] Minengänge erschlossen auf der Suche nach Silberadern. Allerdings war die Ausbeute dürftig, auch nur von kurzer Dauer. Aber für die Legionen kam zu der mühsamen Arbeit noch anderweitiger Schaden: sie mußten Wassergräben ausheben und, was schon im Freien schwer ist, unter der Erde graben. Unter dem Druck dieser Verhältnisse, auch weil in mehreren Provinzen ähnliche Belastungen zu ertragen waren, verfaßten die Soldaten insgeheim ein Schreiben im Namen der Heere, in dem sie den Imperator baten, er möge im voraus die Triumphinsignien den Männern bewilligen, denen er Heere anvertrauen wolle[88].

(21) Über die Abstammung des Curtius Rufus, der nach einer gewissen Überlieferung als Sohn eines Gladiators bezeichnet wird, möchte ich keine falschen Behauptungen aufstellen und schäme mich zugleich, die Wahrheit darzulegen. Als er herangewachsen war, befand er sich in dem Gefolge des Quästors, dem Afrika zugefallen war. Während er einmal in der Stadt Adrumetum[89] in den um die Mittagszeit menschenleeren Säulenhallen sich allein herumtrieb, erschien ihm eine übermenschlich große, weibliche Gestalt, und man vernahm eine Stimme: „Du bist es, Rufus, der als Prokonsul in diese Provinz kommen wird.“ Diese Prophezeiung erweckte in ihm hochfliegende Hoffnungen; nach Rom zurückgekehrt, erlangte er durch reiche geldliche Unterstützung seiner Freunde und zugleich durch seine Tatkraft die Quästur und dann neben Bewerbern aus dem Adel durch die Wahlempfehlung des Princeps[90] die Prätur, wobei Tiberius den Makel seiner Herkunft mit den Worten verschleierte: „Curtius Rufus scheint mir von sich selbst abzustammen.“ Er erreichte danach ein hohes Alter, in dem er gegenüber den Höhergestellten widerwärtige Schmeichelei, gegenüber

den Nachgeordneten Anmaßung zeigte und im Verkehr mit Gleichgestellten unleidlich war. Er erhielt das konsularische Imperium[91], die Triumphinsignien und zuletzt Afrika. Dort starb er und erfüllte so die schicksalhafte Prophezeiung.

(22) In dieser Zeit geschah es, daß in Rom der römische Ritter Nonius – es waren keine Gründe ersichtlich, und man fand auch nachher keine – mit einem Dolch bewaffnet in dem Kreis derer entdeckt wurde, die dem Princeps ihre Aufwartung machten[92]. Als er auf der Folter gemartert wurde, leugnete er hinsichtlich seiner Person nicht, gab aber keine Mitschuldigen an, wobei ungewiß ist, ob er solche verschwieg. Unter den gleichen Konsuln beantragte P. Dolabella[93], alljährlich ein Gladiatorenschauspiel auf Kosten derer abzuhalten, die die Quästur erlangen würden[94]. Bei den Vorfahren war dies eine Belohnung für die Tüchtigkeit gewesen, und allen Bürgern, wenn sie sich auf gute Fähigkeiten stützen konnten, war es erlaubt, sich um Staatsämter zu bewerben. Und auch das Alter machte keinen Unterschied[95]. Auch in früher Jugend konnte man das Konsulat und die Diktatur bekleiden. Doch die Quästur wurde noch zur Zeit der Königsherrschaft eingerichtet, was durch die Erneuerung des Kuriatischen Gesetzes von L. Brutus[96] bewiesen wird. Es verblieb den Konsuln die Befugnis, die Quästoren auszuwählen, bis das Volk auch diese Ehrenstellen vergab. Als erste wurden Valerius Potitus und Aemilius Mamercus gewählt, dreiundsechzig Jahre nach der Vertreibung der Tarquinier[97], mit dem Auftrag, das Kriegswesen zu betreuen. Als dann die Geschäfte wuchsen, kamen zwei weitere hinzu, die in Rom ihr Amt ausüben sollten. Bald wurde ihre Zahl verdoppelt[98], da bereits Italien steuerpflichtig war und die Abgaben der Provinzen noch hinzukamen. Darauf wurden aufgrund eines Gesetzes Sullas zur Ergänzung des Senats[99], dem Sulla die Rechtsprechung[100] übertragen hatte, zwanzig gewählt. Und obgleich der Ritterstand die Gerichte zurückgewonnen hatte[101], wurde doch die Quästur nach der Würdigkeit der Bewerber oder durch das Entgegenkommen der sie Verleihenden ohne Gegenleistung

zugeteilt, bis sie durch den Antrag Dolabellas gewissermaßen auf dem Markt käuflich wurde.

48 n. Chr. (23) Als unter dem Konsulat des A. Vitellius und L. Vipstanus[102] über die Ergänzung des Senats verhandelt wurde und die führenden Männer von der sogenannten Gallia comata[103], die schon längst im Vertragsverhältnis zu Rom standen und das römische Bürgerrecht[104] erlangt hatten, um das Recht nachsuchten, in der Hauptstadt Ehrenämter zu erlangen, wurde über diese Frage viel hin und her geredet. Auch vor dem Princeps[105] ereiferte man sich darüber in gegensätzlichen Auffassungen; die einen behaupteten, noch sei Italien nicht so heruntergekommen, daß es nicht seiner Hauptstadt einen Senat zur Verfügung stellen könne. Einst seien blutsverwandte Völker[106] damit einverstanden gewesen, daß der Senat aus geborenen Römern bestand, und mit dem alten Gemeinwesen brauche man nicht unzufrieden zu sein. Ja, noch immer erzähle man von den Taten ruhmvollen Mannestums, die unter den alten Sitten römisches Wesen vollbracht habe. Oder genüge es denn nicht, daß Veneter und Insubrer[107] in die Kurie eingedrungen seien? Sollten wir uns auch noch durch einen Haufen von Ausländern gleichsam zu deren Gefangenen machen? Wo bleibe da noch eine Ehrenstelle für die Reste des Adels übrig, oder welcher unbemittelte Mann aus Latium würde noch Senator werden? Alles würden jene Reichen beschlagnahmen, deren Großväter und Urgroßväter als Führer feindlicher Völkerschaften unsere Heere mit Waffengewalt niedergemacht, den vergöttlichten Iulius bei Alesia[108] eingeschlossen haben. Soviel nur aus der neueren Zeit! Und was wäre erst, wenn die Erinnerung an diejenigen wieder auflebe, die von dem Capitol und der römischen Burg die den Göttern geweihte Beute zu rauben versuchten? Mögen sie immerhin sich an dem Wort „Bürgerrecht“ erfreuen! Nur sollten sie nicht die Abzeichen der Väter und die Auszeichnungen der Staatsbeamten gemein machen!

(24) Durch diese und ähnliche Vorstellungen ließ sich der Princeps nicht beeindrucken. Er legte sofort seine entgegen-

gesetzte Meinung dar, berief dann den Senat und begann also[109]: „Meine Vorfahren, deren ältester, Clausus[110], von sabinischer Abstammung, zugleich in die römische Bürgerschaft und in die patrizischen Familien aufgenommen worden ist, ermahnen mich, daß ich nach gleichen Grundsätzen das Gemeinwesen lenke, indem ich hierher alles übernehme, was sich irgendwo als vortrefflich erwiesen hat. Denn ich weiß wohl, daß die Iulier von Alba, die Coruncanier von Cumerium, die Porcier von Tusculum[111] und, um nicht nur die alte Vergangenheit zu durchforschen, von Etrurien, Lucanien und ganz Italien Männer in den Senat berufen wurden[112], daß zuletzt Italien selbst[113] bis an die Alpen ausgedehnt wurde, so daß nicht nur einzelne Personen, sondern ganze Landschaften und Völkerschaften unter unserem Namen zu einer Gemeinschaft zusammengewachsen sind. Damals herrschte im Innern festgegründete Ruhe[114], und nach außen standen wir blühend da, als die Transpadaner das Bürgerrecht erhielten, als unsere Legionen scheinbar auf der ganzen Welt ansässig gemacht wurden[115] und durch die Hinzufügung der stärksten Kräfte der Provinzialen dem erschöpften Reiche unter die Arme gegriffen wurde. Hat man es denn zu bereuen, daß die Balber aus Spanien[116] und nicht minder hervorragende Männer aus dem narbonensischen Gallien herübergekommen sind? Noch leben ihre Nachkommen und stehen uns in der Liebe zu dieser Vaterstadt nicht nach. Was sonst brachte den Lacedämoniern und Athenern trotz ihrer Waffenübermacht das Verderben, als daß sie die Besiegten wie Andersstämmige ausschlossen[117]. Unser Stifter Romulus dagegen verfügte über so viel Weisheit, daß er die meisten Völkerschaften an dem gleichen Tage erst zu Feinden und dann zu Mitbürgern hatte. Fremdlinge haben die Königsherrschaft über uns ausgeübt. Söhne von Freigelassenen erhielten Staatsämter, und zwar nicht, wie so viele sich einbilden, erst kürzlich, sondern nach einem schon früher von dem Volk geübten Brauch. ‚Aber wir haben doch mit den Senonen[118] gekämpft!‘ Allerdings, die Volscer und Aequer sind uns ja niemals in einer Schlacht gegenübergetreten. ‚Erobert wurde von den Galliern unsere Stadt.' Nun, wir haben auch den Tuscern Geiseln gegeben und haben uns unter das Joch der Samniten gebeugt[119]. Und doch, wenn man alle unsere Kriege durchmustert, so ist keiner in kürzerer Zeit beendigt worden, als der mit den Galliern[120], und von da an herrschte ein stetiger und aufrichtiger Friede[121]. Nun mögen sie, durch ihre Sitten, ihre Bildung und ihre Verwandtschaft mit uns vermischt, ihr Gold und ihren Reichtum lieber zu uns bringen, als für sich besitzen. Alles, versammelte Väter, was man jetzt für uralt betrachtet, ist einmal neu gewesen. Plebeische Beamte kamen nach den patrizischen, latinische nach den plebeischen, die der übrigen Völker Italiens nach den latinischen. Auch dies wird veralten, und wofür wir heute unter Berufung auf Beispiele eintreten, das wird einmal selbst als Beispiel dienen."[122]

(25) Auf die Ansprache des Princeps folgte der Beschluß der Väter[123]: als erste erhielten die Äduer das Recht der Senatorenwürde[124] in Rom. Dies geschah dem alten Bündnis zuliebe und weil sie die einzigen Gallier sind, die den Namen „Brüder des römischen Volkes" führen.

In denselben Tagen nahm der Caesar die ältesten Senatoren[125] oder die Nachkommen berühmter Eltern unter die Patrizier auf, da nur noch wenige der Familien übrig waren, die Romulus als zu den höheren und L. Brutus zu den niederen Geschlechtern gehörig bezeichnet hatte, und auch diejenigen erloschen waren, die Caesar als Diktator durch das Cassische Gesetz und Augustus als Princeps durch das Saenische Gesetz[126] zugewählt hatten. Diese für das Gemeinwesen erfreulichen Maßnahmen wurden von dem Censor freudigst vollzogen. Da er in Verlegenheit war, auf welche Weise er die übelbeleumundeten Mitglieder aus dem Senat entfernen solle, zog er ein rücksichtsvolles und erst kürzlich ausgedachtes Mittel[127] der alten Strenge vor, indem er dazu aufforderte, es solle jeder mit sich selbst zu Rate gehen und um die Bewilligung zum Austritt aus dem Stand nachsuchen. Leicht werde man die Genehmigung dazu bekommen. Die Namen der aus dem Senat Ausgestoßenen und der freiwillig Ausgetretenen werde er gemeinsam bekanntgeben, damit die Vermischung der durch das Urteil der Censoren und der freiwillig aus Ehrgefühl Ausscheidenden die Schande mildere. Dafür beantragte der Konsul Vipstanus, Claudius „Vater des Senats" zu nennen, denn der Titel „Vater des Vaterlandes" sei zu allgemein; neue Verdienste um das Gemeinwesen dürfe man nicht mit abgegriffenen Bezeichnungen ehren. Doch er selbst wies den Konsul als übertriebenen Schmeichler in die Schranken. Er veranstaltete eine Volkszählung, die 5 984 072 Bürger ergab. Damals war es auch mit seiner Unwissenheit über seine eigenen häuslichen Verhältnisse zu Ende: bald darauf sah er sich gezwungen, von den Schandtaten seiner Gemahlin Kenntnis zu nehmen und sie zu bestrafen, um sich dann hemmungslos in eine blutschänderische Ehe zu stürzen.

(26) Schon war Messalina von der Willfährigkeit ihrer Liebhaber angewidert und gab sich bis dahin unbekannten Ausschweifungen hin, als auch Silius sie bedrängte, die Verstellung aufzugeben, sei es aus schicksalhafter Verblendung oder in dem Glauben, gegenüber drohenden Gefahren liege das einzige Gegenmittel in den Gefahren selbst. So weit sei es noch nicht gekommen, daß sie auf das Alter des Princeps warten könnten. Für Schuldlose sei es unschädlich, mit Überlegung zu planen, bei offensichtlichen Verbrechen müsse man zu verwegenem Handeln greifen. Mitschuldige stünden ihnen zur Seite, die das gleiche zu fürchten hätten. Er sei unverheiratet, kinderlos, bereit, sie zu heiraten und Britannicus zu adoptieren. Messalina werde ihren bisherigen Einfluß behalten, ihre sichere Stellung festigen, wenn sie dem Claudius zuvorkämen, der ebenso arglos gegen Hinterlist wie übereilt im Zorn sei. Nur mit Zögern schenkte sie diesen Einflüsterungen Gehör, nicht aus Liebe zu ihrem Gemahl, sondern aus Besorgnis, Silius möchte, wenn er sein höchstes Ziel erreicht habe, die Ehebrecherin verschmähen und die in der Not gebilligte Freveltat nachher ihrer wirklichen Bedeutung entsprechend werten. Gleichwohl wünschte sie eine formelle Eheschließung, um dem Schimpf die Krone aufzusetzen[128],

was für Menschen, die alles preisgegeben haben, der letzte Reiz ist. Ohne länger zu warten, als bis Claudius eines Opfers wegen[129] nach Ostia reiste, feierte sie die Hochzeit mit Silius mit allem üblichen Pomp.

(27) Ich bin mir wohl bewußt, daß es wie ein Märchen klingen wird, irgendein Mensch, geschweige denn ein designierter Konsul, habe sich in einer Stadt, die alles erfährt und nichts verschweigt, so sicher gefühlt bei dem Wagnis, mit der Gemahlin des Princeps an einem vorbestimmten Tag unter Beiziehung von Zeugen für die Unterschrift wie zu einer förmlichen Eheschließung zusammenzukommen[130]. Messalina hörte die Worte der Zeugen an, hüllte sich in den Brautschleier und opferte den Göttern. Dann saßen beide zwischen den Gästen bei Tisch, küßten sich, umarmten sich und verbrachten schließlich die Nacht in unbeschränkter Ehegemeinschaft. Nichts davon ist jedoch erfunden, um etwas Wunderliches zu erzählen. Vielmehr berichte ich nur, was ich von älteren Männern gehört habe und was schriftlich festgehalten worden ist.

(28) Entsetzen hatte das Haus des Princeps erfaßt; vor allem die maßgebenden Persönlichkeiten und alle, die einen Wandel der Verhältnisse zu befürchten hatten, gaben ihre Entrüstung nicht mehr in geheimen Gesprächen, sondern offen und laut zu erkennen: solange sich nur ein Schauspieler[131] im Schlafzimmer des Princeps getummelt habe, sei dies zwar eine Schande gewesen, aber habe nicht den Untergang bedeutet. Jetzt sei es ein junger Mann von Adel, der durch seine würdevolle Erscheinung, durch die Kraft seines Geistes und das in naher Aussicht stehende Konsulat sich zu höherer Hoffnung verleiten lasse. Es sei ja kein Geheimnis, was nach einer solchen Hochzeit noch zu erwarten sei. Ohne Zweifel wandelte sie auch Angst an, wenn sie an des Claudius Stumpfheit, an seine Abhängigkeit von seiner Gemahlin und an die vielen Hinrichtungen dachten, die auf Befehl Messalinas vollzogen worden waren. Andererseits gab eben die Lenksamkeit des Imperators die Zuversicht, wenn sie durch die ungeheuerliche Beschuldigung ihn beein-

druckt hätten, könne Messalina noch vor einer gerichtlichen Untersuchung verurteilt und gestürzt werden. Nur dann würde die Sache eine gefährliche Wendung nehmen, wenn er ihre Verteidigung anhöre, und es sei zu befürchten, daß seine Ohren ihrem Geständnis nicht verschlossen bleiben.

(29) Callistus, den ich schon anläßlich der Ermordung des C. Caesar erwähnt habe, Narcissus, der Anstifter der Hinrichtung des Appius, und Pallas[132], der damals in höchster Gunst stand, überlegten zunächst, ob sie Messalina durch versteckte Drohungen von ihrer Liebe zu Silius abbringen könnten, wobei sie alles andere verschweigen wollten. Dann ließen sie davon ab, da sie befürchteten, ihrerseits in das Verderben gestürzt zu werden, Pallas aus Feigheit, Callistus, weil er schon unter dem vorhergehenden Herrscher[133] seine Erfahrungen gemacht hatte und sich bewußt war, daß man seine Stellung mehr mit vorsichtigen als mit energischen Maßnahmen sichert. Narcissus hielt daran fest, nur mit der Änderung, Messalina nicht durch eine Unterredung vorher von der Anklage und dem Kläger wissen zu lassen. Er selbst lauerte auf jede günstige Gelegenheit, und während sich der Caesar lange in Ostia aufhielt, veranlaßte er zwei Mätressen, die seine bevorzugten Beischläferinnen waren, durch Geschenke und Versprechungen und durch die Aussicht auf vermehrten Einfluß nach dem Sturz der Gemahlin, die Anzeige zu übernehmen.

(30) Als dann Calpurnia – so hieß die eine Mätresse – mit dem Caesar allein war, warf sie sich ihm zu Füßen und rief: „Messalina hat den Silius geheiratet!" Zugleich fragte sie Cleopatra, die in der Nähe stand und darauf wartete, ob sie es auch erfahren habe. Als sie dies bejahte, verlangte Calpurnia, daß man Narcissus herbeirufe. Dieser bat um Verzeihung für sein bisheriges Verschweigen des Treibens von Leuten wie Vettius und Plautius[134]. Auch jetzt wolle er ihr das ehebrecherische Treiben nicht zum Vorwurf machen, geschweige denn, daß er den Palast, die Dienerschaft und den übrigen Hofstaat von Silius zurückfordere. Nein! Dessen solle sich Silius ruhig erfreuen. Aber die Gattin solle er zurück-

geben und den Ehevertrag vernichten. „Weißt du etwa“, sagte er, „daß deine Ehe geschieden ist? Die Heirat des Silius hat ja das Volk, der Senat und das Heer[135] gesehen. Und wenn du nicht schnell handelst, ist der Ehemann Herr von Rom.“

(31) Da ließ der Caesar seine nächsten Freunde kommen. Zuerst befragte er Turranius, den Präfekten der Getreideversorgung, dann Lusius Geta[136], den Befehlshaber der Prätorianer. Als diese die Angaben bestätigten, schrien alle übrigen um die Wette, er solle in die Kaserne gehen, sich der Prätorianerkohorten versichern und zuerst auf seine Sicherheit und dann erst auf Rache bedacht sein. Es ist verbürgt, daß Claudius von Angst so benommen war, daß er wiederholt fragte, ob er eigentlich noch im Besitz der Herrschaft sei, ob Silius sie nicht bereits übernommen habe. –

Aber Messalina, die sich ihrer Verschwendungssucht so ungezügelt wie noch nie hingab, feierte – es war mitten im Herbst – in ihrem Palast ein Winzerfest. Die Keltern preßten, die Kufen füllten sich. Die Frauen, in Felle gekleidet, tanzten umher wie opfernde oder rasende Bacchantinnen. Messalina selbst schritt einher mit flatternden Haaren, den Thyrsus schwingend, und neben ihr Silius, mit Epheu bekränzt, beide auf Kothurnen, den Kopf hin- und herwerfend, während ringsumher der freche Chor lärmte. Man erzählt, Vettius Valens sei in seiner Ausgelassenheit auf einen sehr hohen Baum geklettert und habe auf die Frage, was er denn erblicke, geantwortet: „Ein schweres Unwetter von Ostia her.“ Mag nun ein solches wirklich im Anzug oder mag es nur eine zufällige Äußerung gewesen sein, die sich in eine Weissagung wandelte.

(32) Inzwischen verlautete, nicht als Gerücht, sondern von überallher als sichere Nachricht, Claudius wisse alles und komme, zur Rache entschlossen. Daher eilte Messalina in die Lucullischen Gärten[137], Silius, um seine Angst nicht merken zu lassen, zu seinen Geschäften auf dem Forum. Während die übrige Gesellschaft sich überallhin zerstreute, waren schon Centurionen da und fesselten jeden, den sie auf der Straße oder in einem Versteck fanden. Aber obgleich Un-

glück sonst ruhige Überlegung raubt, raffte sich doch Messalina zu dem Entschluß auf, ihrem Gemahl entgegenzugehen und ihm vor die Augen zu treten, ein Mittel, mit dem sie schon oft Glück gehabt hatte. Sie schickte zu Britannicus und zu Octavia, sie sollten sich auf den Weg machen, um ihren Vater zu begrüßen[138]. Auch bat sie Vibidia, die älteste[139] der Vestalischen Jungfrauen, sich bei dem Pontifex Maximus Gehör zu verschaffen und um Milde zu bitten. Inzwischen wanderte sie nur noch mit drei Begleitern – so einsam war es plötzlich um sie geworden – zu Fuß durch die ganze Stadt und schlug auf einem Fuhrwerk, mit dem man den Unrat aus den Gärten wegschafft, die Straße nach Ostia ein, von niemand bemitleidet, weil ihre häßlichen Schandtaten zu groß waren.

(33) Nichtsdestoweniger herrschte in der Umgebung des Caesars große Aufregung: denn man traute dem Prätorianerpräfekten Geta nicht so recht, der sich zum Guten wie zum Schlechten leicht bewegen ließ. Und so versicherte Narcissus, unterstützt von denen, die in der gleichen Furcht schwebten, es gebe keine andere Hoffnung für den Caesar, sein Leben zu retten, als an diesem Tag die militärische Befehlsgewalt irgendeinem Freigelassenen zu übertragen. Er bot sich selbst an, dies zu übernehmen. Und damit der Caesar während der Fahrt in die Stadt nicht von L. Vitellius und Largus Caecina[140] zur Reue umgestimmt werde, verlangte er in dem gleichen Wagen einen Platz, den er auch erhielt.

(34) Später wurde immer wieder erzählt, bei den unterschiedlichen Äußerungen des Princeps, in denen er das eine Mal über die Schandtaten seiner Gemahlin schalt und dann wieder sich der Erinnerung an seine Ehe und an seine unmündigen Kinder hingab, habe Vitellius nur das eine Wort herausgebracht: „Welche Schandtat, welches Verbrechen!" Narcissus drängte ihn zwar, diese zweideutigen Worte klarzustellen und seine wahre Meinung kundzutun, aber er brachte ihn nicht weiter als zu Antworten, die alles in der Schwebe ließen und die man nach Belieben deuten konnte, und Largus Caecina folgte seinem Beispiel.

Schon war Messalina in Sicht. Sie rief laut, Claudius solle der Mutter der Octavia und des Britannicus Gehör schenken. Dagegen erhob der Ankläger lauten Einspruch und wies auf Silius und auf die Hochzeitsfeier hin. Zugleich überreichte er ein schriftliches Verzeichnis ihrer Ausschweifungen, um die Blicke des Caesars von ihr abzulenken. Und bald darauf wären ihm bei seiner Fahrt in die Stadt die gemeinschaftlichen Kinder begegnet, hätte nicht Narcissus befohlen, sie fortzuschaffen. Vibidia konnte er nicht abweisen. Sie forderte in höchst gehässiger Form, die Gemahlin nicht ohne Verteidigung dem Tode zu überantworten. Narcissus antwortete daher, der Princeps werde sie anhören und sie werde Gelegenheit finden, sich gegen die Beschuldigung zu rechtfertigen. Inzwischen solle die Jungfrau gehen, um ihres heiligen Amtes zu walten.

(35) Dabei hüllte sich Claudius in ein auffallendes Schweigen, Vitellius tat so, als ob er von nichts wisse, überall fand der Freigelassene Gehör. Er befahl, das Haus des Ehebrechers zu öffnen und dorthin den Imperator zu führen. Zuerst zeigte Vitellius ihm in der Vorhalle das Bild des Vaters von Silius[141], dessen Beseitigung durch Senatsbeschluß angeordnet worden war, dann alles, was von dem neronischen und drusischen Erbe den Lohn für die Schandtat gebildet hatte[142]. Claudius, der in Wut geriet und in Drohungen ausbrach, verbrachte er dann in die Kaserne, in der schon die Soldaten zur Versammlung angetreten waren, an die sich Claudius nach einer vorhergehenden Ansprache des Narcissus, nur mit wenigen Worten wandte. Denn das Gefühl der Beschämung hielt seine berechtigte Entrüstung zurück. Darauf erhoben die Kohorten ein anhaltendes Geschrei und forderten die Bekanntgabe der Namen der Schuldigen und ihre Bestrafung. Silius wurde vor das Tribunal gebracht. Er machte keinen Versuch, sich zu verteidigen oder einen Aufschub zu erlangen. Er bat lediglich um einen schleunigen Tod. Mit gleicher fester Haltung verlangten auch einige erlauchte römische Ritter ein rasches Ende. Titius Proculus, der von Silius der Messalina als Bewacher[143] beige-

geben war und sich erbot, Angaben zu machen, Vettius Valens, der ein Geständnis abgelegt hatte, und Pompeius Urbicus sowie Saufeius Trogus, die zu den Verschworenen gehörten, befahl er, dem Henker[144] zu übergeben. Decrius Calpurnianus, der Polizeipräfekt, Sulpicius Rufus, der Leiter der Gladiatorenschule[145], und der Senator Iuncus Vergilianus erlitten die gleiche Strafe.

(36) Mnester war der einzige, bei dem man unschlüssig war, da er sein Kleid zerriß und rief, Claudius solle seine Striemen[146] anschauen und sich an sein Wort erinnern, mit dem er ihn den Befehlen Messalinas preisgegeben habe. Andere seien durch Bereicherung oder hochfliegende Hoffnungen schuldig geworden, er nur in einer Zwangslage. Und er hätte als erster sterben müssen, wenn Silius an die Macht gekommen wäre. Dadurch ließ sich der Caesar rühren und neigte zu Mitleid. Aber die Freigelassenen bestürmten ihn, er solle nach der Hinrichtung von so viel erlauchten Männern nicht einen Schauspieler schonen. Ob er freiwillig oder gezwungen so schwer gefehlt habe, spiele keine Rolle. Nicht einmal dem römischen Ritter Traulus Montanus wurde genehmigt, sich zu verteidigen. Dieser, ein bescheidener und besonders schöner Mann, war von Messalina ohne sein Zutun bestellt und nach einer einzigen Nacht wieder fortgejagt worden. Sie war in ihrer Begierde ebenso unbeherrscht wie in ihrem Überdruß. Suillius Caesoninus und Plautius Lateranus[147] wurde die Todesstrafe erlassen, diesem wegen der hervorragenden Verdienste seines Oheims, Caesoninus schützte seine Lasterhaftigkeit, da er sich in jener verkommenen Gesellschaft nur als Weib habe mißbrauchen lassen.

(37) Inzwischen fristete Messalina in den Lucullischen Gärten ihr Leben. Sie verfaßte eine Bittschrift, manchmal hoffnungsvoll, dann wieder voll Wut. So hochfahrend war sie noch in ihren letzten Stunden. Und hätte nicht Narcissus ihre Ermordung beschleunigt, hätte sich das Verderben gegen den Ankläger gewendet. Denn als Claudius in seinen Palast zurückgekehrt war und durch ein zeitig eingenommenes

Mahl milde gestimmt wurde, befahl er, vom Weine erhitzt, zu der armen Frau – diesen Ausdruck soll er gebraucht haben – hinzugehen und ihr mitzuteilen, sie solle den folgenden Tag erscheinen, um sich zu verantworten. Als man davon hörte und man befürchtete, daß des Claudius Zorn sich lege, die Liebe wieder erwache und er, falls man zögere, bei der nahen Nacht an das eheliche Schlafgemach denke, stürzte Narcissus hinaus und gab den Centurionen und dem anwesenden Tribunen[148] die Weisung, die Hinrichtung zu vollziehen. So habe es der Imperator befohlen. Zur Aufsicht und Vollstreckung wurde aus den Freigelassenen Enodus bestellt. Dieser eilte rasch in den Park voraus und fand Messalina auf dem Boden liegend, neben ihr sitzend ihre Mutter Lepida[149], die mit ihrer Tochter in deren guten Zeiten keineswegs einig gewesen war, aber jetzt in ihrer höchsten Not sich zum Mitleid durchgerungen hatte und ihr zuredete, den Mörder nicht abzuwarten. Mit ihrem Leben sei es aus, und es handle sich nur noch darum, einen anständigen Tod zu suchen. Aber in ihrem durch die Ausschweifungen verkommenen Sinn hatte sie kein Gefühl mehr für Anstand. Sie erging sich weiter in Weinen und nutzlosen Klagen, bis die Soldaten herbeistürmten, die Türe eindrückten und der Tribun schweigend vor ihr stand, während der Freigelassene sie mit einem Schwall von gemeinen Schmähungen beschimpfte.

(38) Jetzt erst erkannte sie klar ihre Lage, und sie nahm den Dolch. Während sie ihn zitternd und vergeblich bald an den Hals, bald an die Brust setzte, wurde sie von dem Tribunen erstochen. Der Leichnam wurde der Mutter überlassen. Claudius wurde beim Essen benachrichtigt, Messalina sei gestorben, ohne bestimmte Angabe, ob von eigener oder fremder Hand. Claudius fragte auch nicht danach; er verlangte einen Becher und gab sich den üblichen Tafelgenüssen hin. Auch in den folgenden Tagen ließ er kein Zeichen von Haß oder Freude, von Zorn oder Betrübnis, kurz von irgendeiner menschlichen Regung merken, nicht als er die Ankläger in ihrer Freude, nicht als er die Kinder in ihrem

Leid erblickte. Sein Vergessen förderte der Senat durch den Beschluß, ihren Namen und ihre Bilder von privaten und öffentlichen Plätzen zu entfernen. Narcissus wurden die Ehrenzeichen eines Quästors zuerkannt, was im Verhältnis zu seinem Dünkel leicht wog, da er sich für mehr als Pallas und Callistus hielt.

Dies alles war zwar ehrenwert, aber es sollten sich daraus höchst abscheuliche und für viele betrübliche Folgen ergeben[150].

BUCH XII

(1) Die Ermordung Messalinas erschütterte das Haus des Princeps. Es kam zu einem Wettrennen unter den Freigelassenen: jeder wollte für Claudius, der ein eheloses Leben nicht ertragen konnte und von den Befehlen seiner Gemahlinnen abhängig war, eine solche für ihn aussuchen[1]. Nicht geringerer Wetteifer um seine Gunst war bei den Frauen entbrannt. Jede machte ihren Adel, ihre Schönheit und ihren Reichtum geltend und rückte ihre Ansprüche auf eine solche Ehe ins Licht. Hauptsächlich schwankte die Wahl zwischen Lollia Paulina[2], der Tochter des ehemaligen Konsuls M. Lollius, und Iulia Agrippina, der Tochter des Germanicus. Diese fand des Pallas, jene des Callistus Gunst. Aber Aelia Paetina[3] aus der Familie der Tuberonen wurde von Narcissus begünstigt. Claudius selbst neigte bald hierhin, bald dorthin, je nach dem Ratgeber, den er gerade angehört hatte. Er berief die Uneinigen zu einer Beratung und befahl ihnen, ihre Meinung offen darzulegen und zu begründen.

(2) Narcissus sprach von seiner früheren Ehe[4] mit Paetina, von der gemeinschaftlichen Tochter – Antonia[5] war ein Kind von ihr – und daß in seinem Hause alles beim alten bleiben werde, wenn die gewohnte Gemahlin zurückkehre. Keineswegs werde sie mit stiefmütterlichem Haß Britannicus und Octavia, die so gut wie eigene Kinder seien, ansehen. Callistus dagegen meinte, sie habe durch die lange Scheidungszeit ihre Eignung eingebüßt, und falls sie wieder aufgenommen werde, würde sie eben dadurch hochmütig werden. Weit besser tue man, Lollia in die Ehe zu bringen; da sie keine Kinder geboren habe, werde sie frei von Ehrgeiz sein und bei den Stiefkindern Mutterstelle vertreten. Pallas andrerseits lobte an Agrippina gerade dies, daß sie einen Enkel des Germanicus[6] in die Ehe mitbringe, einen

Sproß aus adeligem Geschlecht, der der Würde des Herrscherhauses voll entspreche und die Nachkommen der iulischen und claudischen Familie vereinige. Sodann dürfe nicht eine Frau von erwiesener Fruchtbarkeit, die noch in der vollen Kraft der Jugend stehe[7], den Glanz der Caesaren in ein anderes Haus übertragen.

(3) Diese Gründe gaben den Ausschlag, unterstützt durch die Verführungskünste Agrippinas. Sie besuchte unter dem Schein der Verwandtschaft häufig ihren Onkel und umgarnte ihn so, daß sie den übrigen vorgezogen wurde und, wenn sie auch noch nicht Gemahlin war, so doch bereits den Einfluß einer solchen ausübte. Denn sobald sie ihrer Vermählung sicher war, sann sie auf Höheres und betrieb die Heirat des Domitius[8], ihres Sohnes aus der Ehe mit Cn. Ahenobarbus, mit Octavia[9], der Tochter des Caesars. Dies konnte ohne ein Verbrechen nicht durchgesetzt werden, weil der Caesar Octavia mit L. Silanus[10] verlobt hatte. Diesen ohnehin schon angesehenen jungen Mann hatte er durch die Triumphinsignien ausgezeichnet und durch die Veranstaltung eines prunkvollen Fechterspieles beim Volk beliebt gemacht. Aber nichts schien zu schwierig bei dem Wesen eines Princeps, der keine Urteilsfähigkeit hatte und keinen Haß kannte, wenn er ihm nicht eingegeben und geradezu anbefohlen war.

(4) So wollte sich denn Vitellius, unter dem Titel eines Censors seine falsche Sklavenseele verdeckend und voraussehend, wem die Herrschergewalt zufallen sollte, bei Agrippina beliebt machen und ließ sich in ihre Machenschaften verwickeln. Er hinterbrachte Beschuldigungen gegen Silanus, der eine immerhin schöne, aber leichtfertige Schwester, Iunia Calvina, hatte, die noch vor kurzem die Schwiegertochter des Vitellius[11] gewesen war. Darauf gründete er seine Anklage. Er stellte die zwar nicht blutschänderische, aber unvorsichtige Liebe zwischen den Geschwistern in einem schändlichen Zerrbild dar. Der Caesar schenkte ihm Gehör, weil ihn die Liebe zu seiner Tochter empfänglicher machte für Verdächtigungen gegen den Schwiegersohn. Aber Silanus,

der von diesen Nachstellungen nichts ahnte – er war zufällig in diesem Jahr Prätor –, wurde plötzlich durch ein Edikt des Vitellius aus dem Senatorenstand entfernt, obgleich die Auslese des Senats schon lange abgeschlossen und das Sühneopfer vollzogen war. Zugleich hob Claudius die verwandtschaftlichen Beziehungen auf. Silanus wurde gezwungen, sein Amt niederzulegen. Der noch übrige Tag[12] seiner Prätur wurde Eprius Marcellus[13] zugeteilt.

49 n. Chr. (5) Unter dem Konsulat des C. Pompeius und Q. Veranius[14] wurde der Ehevertrag zwischen Claudius und Agrippina geschlossen. Er war bereits das Stadtgespräch und bereits auch durch das unerlaubte Liebesverhältnis in Kraft getreten. Aber sie wagten noch nicht, die Hochzeitsfeier abzuhalten, da es ohne Beispiel war, daß die Tochter des Bruders in das Haus des Onkels heimgeführt wird. Ja, es sei sogar Blutschande. Und wenn man sich darüber hinwegsetzte, fürchtete man, es könnte zu einem öffentlichen Unglück werden[15]. Über die Bedenken setzte man sich erst hinweg, als Vitellius es auf sich nahm, die Sache mit dem ihm eigenen Geschick durchzuführen. Er befragte den Caesar, ob der den Befehlen des Volkes, ob er sich dem Beschluß des Senats[16] fügen werde. Und als Claudius antwortete, er sei nur ein einzelner Bürger und könne nichts gegen einen einheitlichen Willen ausrichten, hieß er ihn im Palast warten. Er selbst begab sich in die Kurie, beteuerte, es handle sich um die Existenz des Gemeinwesens, und forderte, daß ihm vor allen anderen das Wort erteilt werde. Dann begann er mit dem Hinweis auf die überaus mühevollen Aufgaben des Princeps, die sich auf die ganze Welt erstrecken und bei denen er unterstützt werden müsse, damit er, frei von häuslicher Sorge, sich um die Allgemeinheit kümmere. Und wie könne das Herz eines Censors[17] anständiger sich erleichtern, als wenn er sich eine Gattin nehme, als Gefährtin in guten und schlechten Tagen, der er seine geheimsten Gedanken, der er seine kleinen Kinder[18] anvertraue, er, der weder an ein üppiges Leben noch an sinnliche Genüsse gewöhnt sei, sondern von frühester Jugend an den Gesetzen gehorcht habe.

(6) Nachdem er dies in gewinnender Rede vorausgeschickt hatte, wobei er die volle Zustimmung der Väter fand, ergriff er wiederum das Wort und erklärte, da alle dazu raten, daß der Princeps sich verheirate, müsse man eine Frau auswählen, die sich durch Adel, Kindersegen und Sittenreinheit auszeichne. Man brauche sich nicht lange umzusehen, um zu erkennen, daß Agrippina durch den Glanz ihres Geschlechts an erster Stelle stehe. Sie habe ihre Fruchtbarkeit unter Beweis gestellt, und im Einklang damit stehe ihr ehrbarer Wandel. Aber etwas besonders Herrliches sei es, daß sie durch die Vorsehung der Götter als Witwe[19] mit dem Princeps verbunden werde, der sich stets mit seiner eigenen Gattin begnügt habe. Von ihren Vätern hätten sie es gehört und auch selbst erlebt[20], daß Frauen, wie es den Caesaren gerade paßte, aus ihrer Ehe weggerissen wurden. Solches liege weitab von der gegenwärtigen Sittlichkeit. Ja, man wolle ein Vorbild dafür aufstellen, nach welchen Grundsätzen ein Imperator sich seine Gemahlin nehmen solle. Allerdings seien Heiraten mit Bruderstöchtern bei uns etwas Neues. Aber bei anderen Völkern seien sie gebräuchlich und durch kein Gesetz verwehrt. Auch Ehen zwischen Geschwisterkindern, die lange unbekannt waren, seien im Laufe der Zeit häufig geworden. Die Sitte richte sich nach den jeweiligen Bedürfnissen, und auch diese Neuerung werde bald zu den üblichen Geschehnissen zählen.

(7) Es fehlte nicht an Senatoren, die einander mit der Versicherung zu überbieten suchten, daß sie Gewalt anwenden würden, wenn der Caesar zögere, und aus der Kurie stürzten. Eine bunte Menschenmenge scharte sich zusammen und schrie, dies sei auch die Bitte des römischen Volkes. Auch Claudius wartete nicht länger. Er ging auf das Forum, wo er die Glückwünsche entgegennahm, betrat den Senat und forderte einen Beschluß, durch den eine Ehe zwischen Onkel und Geschwistertöchtern für die Zukunft für rechtmäßig erklärt werde. Doch fand sich als einziger, der eine solche Ehe befürwortete, Alledius Severus, ein römischer Ritter, von dem es allgemein hieß, Agrippina zuliebe habe er sich dazu herbeigelassen.

Seitdem war die Bürgerschaft wie umgewandelt: alles war einer Frau hörig, die nicht leichtfertig, wie Messalina, mit Rom ihr Spiel trieb: sie zog die Zügel straff an, wobei sie gleichsam die Männer zu Sklaven machte. Nach außen trug sie Strenge, häufiger auch Hochmut zur Schau. In ihrem Privatleben verstieß sie nicht gegen die sittlichen Grundsätze, höchstens wenn dies ihrer Herrschsucht dienlich war. Für ihre unersättliche Geldgier fand sie eine Begründung: sie tat so, als ob damit ein Rückhalt für ihr tyrannisches Regiment geschaffen würde.

(8) An dem Tage der Hochzeit beging Silanus Selbstmord, sei es, daß er bis dahin immer noch gehofft hatte, am Leben zu bleiben, oder um durch die Wahl des Tages den Haß zu nähren. Seine Schwester Calvina wurde aus Italien verbannt[21]. Claudius veranstaltete zudem eine gottesdienstliche Feier, die den Verordnungen des Königs Tullus entsprach, und Sühneopfer, die in dem Hain der Diana[22] durch die Priester darzubringen waren, wobei allgemein darüber gespottet wurde, daß Strafen und Sühnemittel für Blutschande in solcher Zeit[23] hervorgesucht würden. Um jedoch nicht nur durch Übeltaten sich einen Namen zu machen, erbat Agrippina für Annaeus Seneca die Aufhebung der Verbannung[24] und zugleich die Prätur, wobei sie glaubte, dies mache in der Öffentlichkeit einen erfreulichen Eindruck, weil dessen Gelehrsamkeit berühmt war; auch sollte der Knabe Domitius (Nero) unter einem solchen Lehrer heranwachsen, und sie[25] sollten dessen Ratschläge für die erhoffte Herrschermacht benützen können. Denn man glaubte von Seneca, er sei Agrippina im Gedenken an ihre Wohltat treu und auf Claudius wegen des kränkenden Unrechts erbittert.

(9) Darauf beschlossen sie, nicht mehr länger zu zögern. Sie veranlaßten den designierten Konsul Mammius Pollio[26] durch riesige Versprechungen, den Antrag einzubringen, Claudius solle gebeten werden, Octavia mit Domitius zu verloben. Dies war angesichts des Alters von beiden nicht unangebracht und sollte den Weg zu höheren Zielen bahnen. Pollio stellte in ähnlicher Form wie kürzlich Vitellius einen

entsprechenden Antrag. Octavias Verlobung fand statt, und Domitius, der zu der bisherigen Verwandtschaft[27] hinzu nunmehr auch noch Verlobter und Schwiegersohn war, wurde durch die Bemühungen seiner Mutter und durch die Machenschaften derer, die wegen der Anklage gegen Messalina die Rache ihres Sohnes zu befürchten hatten, dem Britannicus gleichgestellt.

(10) Um die gleiche Zeit erschienen Gesandte der Parther im Senat, die, wie berichtet[28], geschickt worden waren, um sich Meherdates[29] als König zu erbitten, und brachten ihre Aufträge folgendermaßen vor: Sie seien sich des Vertragsverhältnisses[30] wohl bewußt und kämen auch nicht als Abtrünnige von dem Hause der Arsaciden. Vielmehr riefen sie den Sohn des Vonones, den Enkel des Phraates[31], gegen die Gewaltherrschaft des Gotarzes herbei, da diese für Adel und Volk gleichermaßen unerträglich sei. Schon seien seine Brüder, schon die nahen, schon auch die entfernteren Verwandten durch Mord beseitigt. Jetzt kämen schwangere Ehefrauen, kleine Kinder an die Reihe, während er, im Frieden unfähig, im Kriege von Unheil verfolgt, seine Feigheit hinter Grausamkeit verberge. Ihre Freundschaft mit uns sei alt und beruhe auf einem Staatsvertrag. Man müsse einem Bundesgenossen zu Hilfe kommen, der uns ebenbürtig an Kräften sei, aber aus Ehrfurcht uns den Vorrang lasse. Darum würden sie als Geiseln die Kinder ihrer Könige geben, damit sie, falls sie mit der einheimischen Regierung unzufrieden seien, auf den Princeps und die Väter sich stützen und so einen besseren, an römische Sitten gewöhnten König bekommen könnten.

(11) Als sie dies und ähnliches vorgetragen hatten, begann der Caesar seine Ansprache mit dem Hinweis auf die überragende Macht Roms und die Abhängigkeit der Parther. Er stellte sich dem vergöttlichten Augustus gleich und bemerkte, daß sie sich einen König von ihm erbeten hätten, ohne dabei Tiberius zu erwähnen[32], der ihnen doch auch einen König geschickt hatte. Er fügte die Belehrung für Meherdates hinzu – denn dieser war anwesend –, er solle nicht denken, daß

er Herr und die anderen Sklaven, sondern daß er der Führer und die anderen Mitbürger seien, und er möge Milde und Gerechtigkeit walten lassen, die den Barbaren zwar unbekannt, aber darum um so willkommener seien. Dann wandte er sich an die Gesandten und lobte den Zögling Roms, der bisher ein Muster von Bescheidenheit gewesen sei. Doch müsse man den Charakter von Königen hinnehmen, häufiger Wechsel bringe keinen Nutzen. Rom habe sein Ruhmbedürfnis so weit gestillt, daß es auch für auswärtige Völker Frieden wünsche. Darauf wurde der Statthalter von Syrien, C. Cassius, beauftragt, den Jüngling an das Ufer des Euphrat zu geleiten.

(12) In dieser Zeit überragte Cassius[33] alle anderen an Gesetzeskenntnis. Militärische Talente bleiben ja in Friedenszeiten unbekannt: ob einer tatkräftig oder schlaff ist, spielt im Frieden keine Rolle. Dennoch rief er, soweit es ohne Krieg möglich war, die alte Disziplin wieder ins Leben, ließ die Legionen Übungen machen und traf umsichtige Maßregeln, als ob der Feind im Anrücken wäre. Dies entspreche dem Vorbild seiner Vorfahren und der Familie der Cassier, die auch bei jenen Völkerschaften einen berühmten Namen habe[34]. Deshalb rief er diejenigen, auf deren Antrag hin der König erbeten worden war, zu den Waffen, schlug ein Lager bei Zeugma[35], wo man am besten den Fluß überschreiten kann, und als die parthischen Edelleute und Acbarus, der König der Araber[36], angekommen waren, wies er Meherdates darauf hin, daß der Feuereifer, den die Barbaren zuerst zeigen, erlahme, wenn man zuwarte, oder auch in Verrat übergehe. Daher solle er rasch zur Tat schreiten. Diese Mahnung blieb unbeachtet. Der hinterlistige Acbarus hielt den unerfahrenen Jüngling, der die Aufgaben seiner hohen Stellung mit Wohlleben verwechselte, viele Tage in der Stadt Edessa[37] fest. Und obgleich Carenes[38] sie herbeirief und einen raschen Erfolg vor Augen stellte, wenn sie rasch kämen, zog er nicht auf dem nächsten Weg nach Mesopotamien, sondern machte einen Umweg über Armenien, das in dieser Jahreszeit schwer zugänglich war, weil der Winter[39] einsetzte.

(13) Als sie dann, von dem Marsch über die verschneiten Berge erschöpft, sich dem Flachland näherten, vereinigten sie sich mit den Truppen des Carenes, überquerten den Tigris und zogen durch das Land der Adiabener[40], deren König Izates[41] offen sich zum Bundesgenossen des Meherdates erklärt hatte, aber im geheimen mit um so größerer Treue zu Gotarzes neigte. Auf dem Durchmarsch wurde die Stadt Ninus[42], die älteste Niederlassung Assyriens, eingenommen sowie das Kastell, das einen berühmten Namen hat, weil hier in der Schlacht zwischen Darius und Alexander die Macht der Perser zusammengebrochen war[43].

Inzwischen brachte Gotarzes bei einem Berg namens Sanbulos[44] den örtlichen Göttern Gelübde dar. Unter ihnen wird vornehmlich Hercules[45] verehrt, der zu einer bestimmten Zeit durch ein Traumbild die Priester mahnt, Pferde zur Jagd zu rüsten und neben dem Tempel bereitzustellen. Sobald man den Pferden die mit Pfeilen gefüllten Köcher aufgeladen hat, rennen sie durch das Waldgebiet, und erst bei Nacht, wenn die Köcher leer sind, kehren sie mit heftigem Schnauben zurück. Der Gott zeigt, wiederum in einem nächtlichen Gesicht, wo er die Wälder durchstreift habe, und überall findet man das erlegte Wild.

(14) Jedoch suchte Gotarzes, dessen Heer noch nicht genügend stark war, Schutz hinter dem Flusse Corma[46], und obgleich Leute geschickt wurden, die ihn durch Spottreden zum Kampfe herausfordern sollten, nahm er eine abwartende Haltung ein, wechselte seine Stellungen und schickte Unterhändler, die durch Bestechung die Feinde zur Preisgabe ihrer Treue erkaufen sollten. Von diesen zogen Izates mit seinen Adiabenern und dann Acbarus mit seinem Araberheer ab, unzuverlässig, wie dieses Volk ist, und weil, wie die Erfahrung lehrt, die Barbaren sich lieber in Rom Könige erbitten als wirklich behalten. Aber Meherdates, der von starken Hilfstruppen verlassen war und Verrat bei den übrigen argwöhnte, beschloß – es war der einzige Ausweg, den er sah –, sein Glück in einer Schlacht zu versuchen. Auch Gotarzes wich dem Kampf nicht aus. Er hatte angesichts der

Schwächung des Feindes Mut gefaßt. Es gab ein verlustreiches Ringen, dessen Ausgang ungewiß war, bis Carenes, der seine Gegner niedergeschlagen hatte und dabei zu weit vorgeprellt war, im Rücken von einem frischen Haufen umzingelt wurde. Da gab Meherdates alle Hoffnung auf. Er verließ sich auf das Versprechen des Parraces, eines Klienten seines Vaters, wurde aber von diesem heimtückisch gefesselt und dem Sieger ausgeliefert. Und jener betrachtete ihn nicht als Verwandten und auch nicht als Arsaciden, sondern schalt ihn einen Fremdling und Römer und ließ ihn mit abgeschnittenen Ohren weiterleben als Kennzeichen seiner Gnade und uns zur Schande. Bald wurde Gotarzes krank und starb. Vonones[47], der damals über die Meder regierte, wurde auf den Thron berufen. Weder glückliche noch unglückliche Ereignisse seiner Regierungszeit geben Anlaß, ihn weiter zu erwähnen. Sie war kurz und ruhmlos, und das Partherreich ging auf seinen Sohn Vologaeses über.

(15) Aber als der Bosporaner Mithridates[48], der nach Verlust seiner Macht heimatlos umherzog, erfuhr, der römische Feldherr Didius[49] sei mit seinen Kerntruppen abgezogen und in dem neuen Königreich sei nur der jugendlich unerfahrene Cotys mit wenigen Kohorten unter dem römischen Ritter Iulius Aquila zurückgeblieben, da kümmerte er sich um beide nicht, rief die Volksstämme zu den Waffen und lockte Überläufer herbei. Zuletzt brachte er ein richtiges Heer zusammen, verjagte den König der Dandariden[50] und bemächtigte sich seines Reiches. Als man dies erfuhr und man sich schon auf seinen Angriff auf den Bosporus gefaßt machte, verließen sich Aquila und Cotys nicht auf ihre eigenen Streitkräfte, weil ja der König der Siracer[51], Zorsines, die Feindseligkeiten wiederaufgenommen hatte, sondern suchten ihrerseits auswärtigen Beistand durch Gesandte zu erhalten, die sie an Eunones, das Stammesoberhaupt der Aorser[52], schickten. Und einem Bündnis stellten sich keine Schwierigkeiten entgegen, da sie auf die Macht Roms gegenüber dem Rebellen Mithridates hinwiesen. So trafen sie die Verabredung, Eunones solle in Reiterkämpfen die Entschei-

dung suchen und die Römer die Belagerung der Städte übernehmen.

(16) Dann traten sie in Marschordnung an. Die Spitze und die Nachhut bildeten die Aorser, in der Mitte marschierten die Kohorten und die mit römischen Waffen ausgerüsteten Bosporaner. So wurde der Feind verjagt, und man kam nach Soza[53], einem festen Platz in Dandarica, der von Mithridates wegen der unsicheren Haltung der Einwohner geräumt worden war. Es schien geraten, eine Besatzung dort zurückzulassen und ihn damit fest in der Hand zu behalten. Dann ging der Marsch weiter in das Land der Siracer. Sie überschritten den Fluß Panda und schlossen die Stadt Uspe ein, die auf einer Anhöhe lag und durch Mauern und Gräben befestigt war. Allerdings war es keine Steinmauer, sondern eine aus Reisig und Flechtwerk, wobei der Zwischenraum mit Erde ausgefüllt war, und die daher zu schwach war, um einem Angriff standzuhalten. Auch machten die überragenden Türme, von denen Feuerbrände und Lanzen geworfen wurden, den Belagerten schwer zu schaffen. Und wenn die Nacht nicht dem Kampf ein Ende gemacht hätte, wäre am gleichen Tag die Eroberung begonnen und zu Ende geführt worden.

(17) Am folgenden Tag schickten sie Gesandte, baten um Gnade für die freigeborenen Personen und boten zehntausend Sklaven an. Dies lehnten die Sieger ab, weil es grausam sei, Leute, die sich ergeben hätten, niederzumetzeln, und schwierig, eine so große Menschenmenge unter Bewachung zu halten. Sie sollten lieber nach dem Kriegsrecht fallen. Damit wurde den Soldaten, die schon auf Leitern hinaufgestiegen waren, das Zeichen zum Morden gegeben. Die Vernichtung der Bewohner von Uspe jagte allen übrigen Schrekken ein, da sie sich nirgends mehr sicher wähnten und nicht Waffengewalt und Befestigungen, nicht schwieriges oder hochgelegenes Gelände, nicht Flüsse und Städte den Feinden Halt zu bieten vermöchten. Nach langer Überlegung, ob er dem Mithridates in seiner verzweifelten Lage helfen oder für sein väterliches Reich sorgen solle, gab da für Zorsines

die Rücksicht auf das Wohl seines Volkes den Ausschlag. Er stellte Geiseln und warf sich vor dem Bild des Caesars nieder. Dies war eine große Ehrung für das römische Heer, das, wie man wußte, ohne Verluste erlitten zu haben, siegreich nur noch drei Tagemärsche vom Fluß Tanais entfernt stand. Doch bei der Rückkehr war ihm das Glück nicht hold; denn einige der Schiffe – die Rückkehr fand zur See statt – wurden an die Küste der Taurer[54] verschlagen und fielen den Barbaren in die Hände. Dabei wurden der Befehlshaber einer Kohorte und ein großer Teil der Hilfstruppen umgebracht.

(18) Inzwischen überlegte Mithridates, der sich auf Waffengewalt nicht mehr zu stützen vermochte, wessen Mitleid er in Anspruch nehmen solle. Seinen Bruder Cotys, den einstigen Verräter, dann seinen offenen Feind, fürchtete er. Bei den Römern gab es niemand, der so viel Ansehen gehabt hätte, daß seine Versprechungen ins Gewicht gefallen wären. Er wandte sich an Eunones, der keinen persönlichen Haß gegen ihn hegte und durch die erst kürzlich mit uns geschlossene Freundschaft Einfluß besaß. Also paßte er sein Äußeres und seine Mienen möglichst seiner augenblicklichen Lage an und ging in den Palast. Er warf sich ihm zu Füßen und sagte: „Ich, Mithridates, den die Römer so viele Jahre zu Wasser und zu Lande gesucht haben, stehe hier freiwillig vor dir. Verfahre, wie du willst, mit dem Nachkommen des großen Achaemenes[55]. Dies ist das einzige, was mir die Feinde nicht genommen haben."

(19) Aber Eunones, durch die hohe Abkunft des Mannes, durch den Wandel des Schicksals und durch die keineswegs unedle Art seiner Bitte tief beeindruckt, richtete den fußfällig Bittenden auf und lobte ihn, daß er das Volk der Aorser und seine Hand zu der Bitte um Gnade ausersehen habe. Zugleich schickte er Gesandte an den Caesar mit einem Schreiben folgenden Inhalts: Die Imperatoren des römischen Volkes und die Könige großer Völker schlössen zuerst Freundschaft auf der Grundlage gleicher Machtstellung. Er und Claudius seien noch durch einen gemeinsamen Sieg miteinander verbunden. Schön sei der Ausgang von Kriegen,

wenn sie mit Verzeihen beendigt werden. So sei dem besiegten Zorsines nichts entrissen worden. Für Mithridates erbitte er, da er härtere Maßnahmen verdiene, nicht etwa Macht oder Thron, sondern, daß er nicht im Triumph aufgeführt werde und nicht mit dem Tode büßen müsse.

(20) Aber obgleich Claudius gegenüber auswärtigen Fürsten nachsichtig war, schwankte er doch, ob es richtiger sei, ihn als Gefangenen unter Zusicherung seines Lebens anzunehmen oder ihn mit Waffengewalt zu holen. Dazu trieb ihn die Empörung über die Beleidigungen und die Gier nach Rache. Aber dagegen wurde eingewandt: man nehme einen Krieg in unwegsamem Land, auf einem Meer ohne Hafen auf sich. Dazu kämen die trotzigen Könige, die Stämme ohne feste Wohnsitze, ein an Feldfrüchten armer Boden, die Mißstimmung bei längerer und die Gefahren bei übereilter Kriegsführung, bescheidener Ruhm für den Sieger und große Schande im Falle einer Niederlage. Er solle doch das Anerbieten annehmen und den Landflüchtigen am Leben lassen. Je länger er sein Leben in Hilflosigkeit friste, um so härter werde die Strafe sein. Unter dem Eindruck dieser Gründe schrieb er an Eunones, zwar habe Mithridates die schwerste Strafe verdient, auch fehle es ihm nicht an Macht, sie zu vollziehen. Aber so hätten es schon die Vorfahren gehalten: ebenso unerbittlich gegenüber dem Feind wie gütig gegen demütig Bittende zu sein. Denn Triumphe suche man nur über ungeschwächte Völker und Könige zu feiern.

(21) Daraufhin wurde Mithridates ausgeliefert und durch den Prokurator in Pontus, Iunius Cilo[56], nach Rom überführt. Vor dem Caesar soll er herausfordernder, als es seiner Lage angemessen war, gesprochen haben. Ein Wort von ihm drang in die Öffentlichkeit: „Ich bin zu dir nicht zurückgeschickt worden, sondern ich bin zurückgekehrt. Oder falls du es nicht glaubst, entlasse und suche mich." Er behielt auch seine unerschrockene Miene, als er neben der Rednerbühne, von Wachen umgeben, dem Volk zur Schau gestellt wurde. Cilo wurden die Insignien eines Konsuls, Aquila die eines Prätors zuerkannt.

(22) Unter denselben Konsuln suchte Agrippina in ihrem erbitterten Haß und in ihrer Feindschaft gegen Lollia, weil sie ihre Mitbewerberin um die Ehe mit dem Princeps gewesen war, Anklagepunkte und einen Ankläger zu beschaffen, der ihr den Umgang mit Chaldaeern[57] und Zauberern sowie die Befragung des Orakels des Klarischen Apollo[58] über die Vermählung des Imperators vorwerfen sollte. Darauf sprach Claudius vor dem Senat, ohne die Beschuldigte angehört zu haben, ausführlich über ihre hohe Abkunft: sie sei eine Schwestertochter des L. Volusius und ihr Großoheim väterlicherseits sei Cotta Messalinus[59]. Sie selbst sei früher mit Memmius Regulus[60] verheiratet gewesen (über ihre Vermählung mit C. Caesar schwieg er absichtlich). Dann fügte er Bemerkungen über staatsgefährdende Pläne hinzu, man müsse ihr die Möglichkeit zum Verbrechen nehmen. Darum solle sie nach Beschlagnahme ihres Vermögens Italien verlassen. So wurden der Verbannten von ihrem ungeheuren Vermögen nur fünf Millionen Sesterzen belassen. Auch Calpurnia, eine erlauchte Frau, ereilte das Verderben[61], weil der Princeps ihre Schönheit gepriesen hatte, nicht als ob es ihn nach ihr gelüstete, sondern nur in einem zufälligen Gespräch, weshalb auch Agrippinas Zorn nicht bis zum Äußersten ging. Zu Lollia wurde ein Tribun abgeschickt, der sie zum Selbstmord zwingen sollte. Auch wurde aufgrund des Repetundengesetzes Cadius Rufus auf die Anklage der Bithynier[62] hin verurteilt.

(23) Dem narbonensischen Gallien wurde wegen besonderer Beflissenheit gegenüber den Vätern zugebilligt, daß die aus dieser Provinz stammenden Senatoren, ohne die Genehmigung des Princeps einzuholen, nach dem auch für Sizilien geltenden Recht in Privatangelegenheiten heimreisen durften[63]. Ituraea und Judäa wurden nach dem Tode ihrer Könige Sohaemus und Agrippa[64] der Provinz Syrien angegliedert. Man beschloß, das Augurium für das Staatswohl, das fünfundzwanzig Jahre ausgesetzt worden war, wieder vorzunehmen und weiterhin beizubehalten[65]. Auch den Stadtbereich erweiterte der Caesar nach der uralten Sitte,

die denen, welche das Imperium vergrößerten, gestattete, auch die Grenzen der Stadt hinauszurücken[66]. Doch hatten die römischen Feldherren, auch wenn sie große Völker unterworfen hatten, davon keinen Gebrauch gemacht, ausgenommen L. Sulla und der vergöttlichte Augustus.

(24) Ob bei den Königen Ruhmsucht oder wirklicher Ruhm dabei eine Rolle spielte, darüber gibt es verschiedene Darlegungen. Allein, den Gründungsbeginn und das Stadtgebiet, wie es Romulus festgelegt hat[67], kennenzulernen, halte ich für nicht unangebracht. Von dem Rindermarkt[68] aus, wo wir das eherne Standbild des Stieres sehen – weil man diese Tierart vor den Pflug spannt –, begann die Furche für den Umriß der Stadt, so daß sie den großen Altar des Hercules umfaßte. Von da an waren in bestimmten Abständen Steine gesetzt, ganz unten am Palatinischen Berg entlang bis zum Altar des Consus, dann bis zu den alten Kurien und weiter bis zu der Kapelle der Laren. Das römische Forum[69] und das Capitolium sind nicht, wie man glaubte, von Romulus, sondern von Titus Tatius der Stadt beigefügt worden. In der Folge wurde das Stadtgebiet je nach der Gunst der Verhältnisse erweitert. Welche Grenzen Claudius damals gesetzt hat, kann man leicht erkennen, und sie sind auch in den öffentlichen Dokumenten niedergelegt[70].

(25) Unter dem Konsulat des C. Antistius und M. Suil- 50
lius[71] beschleunigte Pallas mit seinem Einfluß die Adoption n. Chr.
des Domitius. Dieser, als der Ehevermittler Agrippina verpflichtet und später durch Ehebruch an sie gefesselt, trieb den Claudius an, für das Gemeinwesen Sorge zu tragen und dem jungen Britannicus eine starke Stütze beizugeben. So hätten bei dem vergöttlichten Augustus, obwohl er sich auf seine Enkel stützte, die Stiefsöhne eine bedeutende Rolle gespielt und Tiberius habe zu seiner eigenen Nachkommenschaft hinzu den Germanicus angenommen. Auch er solle einen jungen Mann zur Übernahme eines Teiles der Regierungsgeschäfte beiziehen. Durch diese Vorstellungen ließ er sich bereden und erhob den nur um drei Jahre älteren Domitius über seinen Sohn[72], wobei er vor dem Senat eine Rede

in dem Sinne hielt, wie er es von seinem Freigelassenen vernommen hatte. Leute, die Bescheid wußten, bemerkten, es finde sich bisher keine Adoption bei den patrizischen Claudiern[73] und diese würden sich in ununterbrochener Folge von Attus Clausus[74] herleiten.

(26) Indessen wurde dem Princeps mit ausgesuchter Schmeichelei für Domitius der Dank ausgesprochen und ein Gesetz beantragt, er solle in die claudische Familie mit dem Namen Nero[75] aufgenommen werden. Auch wurde Agrippina durch den Beinamen Augusta geehrt. Nach der Durchführung dieser Maßnahmen gab es niemand, der nicht Mitleid gehabt hätte und über das Schicksal des Britannicus betrübt gewesen wäre. Allmählich ließ ihn sogar seine Dienerschaft im Stich, und der Knabe spottete über die unangebrachten Liebesbeweise seiner Stiefmutter, da er ihre Unaufrichtigkeit erkannte. Denn er soll nicht stumpf veranlagt gewesen sein, mag dies nun wahr sein oder mag ihm seine gefahrvolle Lage Sympathien verschafft und er diesen Ruf behalten haben, ohne den Beweis dafür zu erbringen.

(27) Aber um ihre Macht auch den verbündeten Völkern zu zeigen, setzte es Agrippina durch, daß in die Stadt der Ubier[76], ihren Geburtsort, der nach ihr benannt wurde, eine Kolonie von Veteranen entsandt wurde. Der Zufall hatte es gefügt, daß ihr Großvater Agrippa die Unterwerfung dieses Stammes, als dieser den Rhein überschritten hatte, entgegengenommen hatte.

In der gleichen Zeit versetzte Obergermanien das Anrücken der Chatten[77], die sich auf Raubzügen befanden, in Schrecken. Deshalb schickte der Legat P. Pomponius[78] die Hilfsvölker der Vangionen und Nemeter[79], die durch bundesgenössische Reiterei verstärkt waren, ab mit der Weisung, die Plünderer zu überholen oder, wenn sie sich zerstreut hätten, unversehens zu umzingeln. Den klugen Plan des Führers unterstützte die Tatkraft der Soldaten. Sie wurden in zwei Kolonnen[80] eingeteilt. Diejenige, die den linken Weg eingeschlagen hatte, umzingelte die eben zurückgekehrten Feinde, die in dem Genuß ihrer Beute schwelgten und in tiefem Schlafe lagen, wobei die Freude noch dadurch vermehrt wurde, daß sie einige Leute vierzig Jahre nach der Niederlage des Varus aus der Knechtschaft befreiten.

(28) Aber die Kolonne, die rechts auf näheren Abkürzungswegen marschiert war, stieß auf den Feind, der eine Schlacht wagte, und brachte ihm große Verluste bei, worauf sie reich an Beute und Ruhm zu dem Taunus-Gebirge[81] zurückkehrte, wo Pomponius mit den Legionen wartete, ob vielleicht die Chatten aus Verlangen nach Rache sich zum Kampfe stellen würden. Aber diese befürchteten, auf der einen Seite möchten sie von den Römern, auf der andern von den Cheruskern, mit denen sie in ewiger Zwietracht leben, umgangen werden, und schickten Gesandte und Geiseln nach Rom. Pomponius wurden die Ehrenzeichen eines Triumphes bewilligt, was nur einen bescheidenen Teil seines Ruhms bei der Nachwelt bildet, bei der er vornehmlich durch seinen Dichterruhm glänzt.

(29) Um dieselbe Zeit wurde Vannius[82], den der Caesar Drusus über die Sueben gesetzt hatte, von seinem Thron vertrieben. Er war in der ersten Zeit seiner Regierung bei seinen Landsleuten hochangesehen und beliebt gewesen; dann aber wandelte er sich im Laufe der Zeit zu einem hochfahrenden Menschen und fiel dem Hasse der Grenznachbarn und zugleich innerer Zwietracht zum Opfer. Die führenden Kräfte waren dabei Vibilius, der König der Hermunduren, und Vangio und Sido, die Schwestersöhne des Vannius. Claudius, obwohl oft gebeten, trat nicht mit Waffengewalt zwischen die streitenden Barbaren, sondern versprach nur dem Vannius einen sicheren Zufluchtsort, falls er vertrieben würde. Er schrieb an den Statthalter von Pannonien, Palpellius Hister[83], er solle eine Legion mit auserlesenen Hilfstruppen aus seiner Provinz an dem Donauufer aufstellen, als Rückhalt für die Besiegten und zur Abschreckung der Sieger, damit diese nicht im Hochgefühl ihres Glücks auch unseren Frieden störten. Denn in einer unzählbaren Menge waren Lugier[84] und andere Stämme im Anzug, da sie von den Schätzen des Königreiches gehört hatten, das Vannius in

dreißig Jahren durch Raubzüge und Steuerdruck reich gemacht hatte. Er selbst verfügte über eine eigene Truppe zu Fuß, seine Reiterei bestand aus iazygischen Sarmaten[85]. Sie war der feindlichen Übermacht nicht gewachsen, weshalb er beschloß, sich in Kastellen zu verteidigen und den Krieg hinhaltend zu führen.

(30) Aber die Iazygen, die eine Belagerung nicht durchhalten wollten und die benachbarten Ebenen durchstreiften, brachten ihn in die Zwangslage, sich zu einer Schlacht zu stellen, weil die Lugier und Hermunduren dort eingefallen waren. Deshalb kam Vannius von seinen Kastellen herunter. Er wurde in einem Gefecht geschlagen, wobei er trotz seinem Mißgeschick sich Lob verdiente, weil er in den Kampf persönlich eingriff und vorn an seinem Körper verwundet wurde. Indessen entfloh er zu der Flotte, die auf der Donau wartete[86]. Bald kamen auch seine Lehensleute; sie erhielten Ländereien zugewiesen und wurden in Pannonien angesiedelt. Das Königreich teilten Vangio und Sido[87] unter sich. Sie bewiesen hervorragende Treue uns gegenüber und fanden – mag dies nun eine Folge ihrer Veranlagung oder allgemeiner Untertanengesinnung sein – große Anhänglichkeit bei ihren Untertanen, bis sie die Regierung erlangten, aber noch größeren Haß, als sie diese erlangt hatten.

(31) Aber in Britannien waren, als der Proprätor P. Ostorius dort eintraf, Unruhen ausgebrochen[88]. Die Feinde waren in das Gebiet der Bundesgenossen eingedrungen, und zwar um so ungehemmter, weil sie glaubten, der neue Heerführer werde ihnen mit einem ihm unbekannten Heere bei Wintersanfang nicht entgegentreten. Da jedoch Ostorius wußte, daß von den ersten Erfolgen Furcht oder Zuversicht abhängen, brach er eilends mit schnellen Kohorten auf, machte alle, die ihm Widerstand leisteten, nieder, verfolgte die Zersprengten, und damit sie sich nicht wieder zusammenrotten und ein gefährlicher und unsicherer Friede weder den Heerführer noch die Truppe zur Ruhe kommen lasse, traf er Anstalten, die Verdächtigen zu entwaffnen und das ganze Gebiet zwischen den Flüssen Avona und Sabrina[89] durch

feste Stützpunkte abzuriegeln. Das ließen sich zuerst die Icener[90] nicht gefallen, ein starker Volksstamm, dessen Kräfte sich durch Kämpfe nicht erschöpft hatten, weil sie freiwillig unsere Bundesgenossen geworden waren. Von ihnen veranlaßt, wählten die umliegenden Völkerschaften ein Schlachtfeld aus, das von einem Erdwall umsäumt war und einen nur schmalen Zugang hatte, damit Reiterei nicht eindringen konnte. Diese Befestigungsanlage zu durchbrechen, unternahm der römische Heerführer, obgleich er über keine Legionstruppen verfügte, sondern nur bundesgenössische Kontingente befehligte. Nachdem er die Kohorten aufgestellt hatte, setzte er auch die Reiterabteilungen für den Kampf zu Fuß ein. Dann wurde das Angriffsignal gegeben; sie durchbrachen den Wall und brachten die Feinde, die in ihrer eigenen Umschließung sich nicht bewegen konnten, in große Bedrängnis. Doch da sich diese ihrer Schuld als Empörer bewußt waren und die Fluchtwege versperrt sahen, vollbrachten sie viele Heldentaten. In dieser Schlacht erwarb sich der Sohn des Legaten, M. Ostorius[91], die Auszeichnung für die Rettung eines Bürgers.

(32) Indessen wurden durch die Niederlage der Icener die Völkerschaften zur Ruhe gebracht, die zwischen Krieg und Frieden hin und her schwankten. Das Heer wurde in das Gebiet der Ceanger[92] geführt, die Felder verwüstet, überall Beute aufgebracht, ohne daß die Feinde eine Schlacht wagten, während ihnen die Versuche, aus einem Hinterhalt über die Marschkolonne herzufallen, teuer zu stehen kamen. Schon war man in die Nähe des Meeres, gegenüber der Insel Hibernia[93], gekommen, als bei den Briganten[94] innere Streitigkeiten ausbrachen, die den Heerführer zurückriefen, der fest entschlossen war, sich auf keine neuen Unternehmungen einzulassen, ehe das bisher Erreichte gesichert sei. Die Briganten kehrten wieder zu Ruhe und Ordnung zurück, als einige wenige, die zu den Waffen greifen wollten, getötet wurden und die übrigen Verzeihung erhielten. Der Stamm der Silurer[95] jedoch ließ sich weder durch Härte noch durch Milde umstimmen, sondern setzte den Krieg fort und sollte

durch Legionen, die als Besatzungstruppe in ihr Land gelegt wurden, gebändigt werden. Damit dies um so rascher erfolge, wurde die starke Veteranenkolonie Camulodunum[96] in die eroberte Markung verlegt, zur Unterstützung gegen die Empörer und um die Bundesgenossen an ihre gesetzlichen Verpflichtungen zu gewöhnen.

(33) Darauf zog man in das Gebiet der Silurer, die, an sich schon von unbändiger Tapferkeit, sich auf die Tatkraft des Caratacus[97] verließen, der viele Gefahren bestanden und auch viele Erfolge errungen und es so weit gebracht hatte, daß er alle übrigen Heerführer der Britannier überragte. Jetzt jedoch war er zwar an Stärke seiner Truppen unterlegen, aber sonst überlegen, weil er die Tücke des Geländes mit List ausnützen konnte. Und so verlegte er den Kriegsschauplatz in das Gebiet der Ordovicer[98], verstärkte sich mit solchen Leuten, die den Frieden mit uns fürchteten[99], und setzte alles auf eine Karte. Er wählte den Kampfplatz so aus, daß der Anmarsch zugleich Abmarsch und alles für uns ungünstig und für seine Leute vorteilhaft war, da auf der einen Seite schwer zugängliche Berge waren, und wo man ohne Schwierigkeit heranrücken konnte, türmte er Steine zu einer Art Wall auf. Auch strömte ein Fluß vorbei, dessen Bett keinen sicheren Halt bot, und Haufen von Bewaffneten hatten sich auf den Befestigungen aufgestellt.

(34) Dazu machten die Stammeshäuptlinge mit ermahnenden und ermutigenden Worten die Runde, suchten die Furcht zu mindern und die Zuversicht zu stärken und griffen auch zu andern Mitteln, um die Kampfbegeisterung zu wecken. Caratacus vor allem sprengte bald hierhin, bald dorthin und versicherte, dies sei der Tag, dies sei die Schlacht, mit der man entweder die Freiheit wiedergewinnen oder ewige Knechtschaft antreten werde. Er rief die Vorfahren, die den Diktator Caesar vertrieben hätten[100], bei Namen an. Ihrer Tapferkeit sei es zu verdanken, daß sie, frei von Beilen und Tributen, ihre Frauen und Kinder ungeschändet bewahrt hätten. Diesen und ähnlichen Worten zollte die Menge stürmischen Beifall. Jeder verpflichtete sich nach seinem religiö-

sen Stammesbrauch, nicht vor Waffengewalt zu weichen und auf Verwundungen keine Rücksicht zu nehmen.

(35) Dieser Kampfesmut verblüffte den römischen Heerführer; auch schreckten ihn die durch den Strom gedeckte Stellung, die noch durch einen Wall verstärkt war, die aufragenden Höhen, kurz, wo man hinsah, gab es nur gefährliche Hindernisse und zeigte sich die große Menge der Verteidiger. Doch die Mannschaften forderten die Schlacht und riefen, Tapferkeit werde über alles Herr. Die Präfekten[101] und Tribunen redeten im gleichen Sinn und steigerten die Begeisterung des Heeres. Dann setzte sich Ostorius, der Umschau gehalten hatte, wo das Gelände unwegsam und wo es begehbar sei, an die Spitze seiner angriffslustigen Truppe und führte diese ohne Schwierigkeiten über den Fluß. Als man den Damm erreichte, gab es, solange man mit den Fernwaffen kämpfte, bei uns die größere Zahl von Verwundeten und viele Tote. Dann bildete man aber ein Schirmdach und riß den rohen, unförmigen Steindamm ein, so daß sich jetzt der Kampf Mann gegen Mann unter gleichen Bedingungen abspielte, worauf sich die Barbaren auf die Berghöhen zurückzogen. Aber auch dort stürmten die Leichtbewaffneten und die Schwerbewaffneten auf sie ein, jene mit ihren Fernwaffen sie bedrängend, diese in geschlossener Formation nachmarschierend, während bei den Britanniern die Reihen sich auflösten, da sie keinen Schutz durch Panzer oder Helme hatten. Wo sie den Hilfstruppen Widerstand leisteten, wurden sie durch die Schwerter und Speere der Legionstruppen, und wo sie sich gegen diese wandten, durch die Säbel und Lanzen der Hilfstruppen niedergemäht. Herrlich war dieser Sieg: die Gattin und die Tochter des Caratacus wurden gefangengenommen, seine Brüder ergaben sich.

(36) Er selbst wurde – wie man denn in der Regel sich im Unglück auf niemand stützen kann –, als er bei der Königin der Briganten Cartimandus Schutz suchte, gefesselt den Siegern ausgeliefert, im neunten Jahr nach dem Kriegsbeginn[102] in Britannien. Dadurch wurde sein Name über die Insel hinaus bei den nächstgelegenen Provinzen bekannt und auch in

Italien berühmt. Man wollte den Mann sehen, der so viele Jahre hindurch unsere Macht verachtet habe. Auch in Rom stand der Name Caratacus in Ehren, und indem der Caesar seinen eigenen Glanz erhöhte, trug er zum Ruhm des Besiegten bei. Denn das Volk wurde wie zu einem besonderen Schauspiel gerufen. In voller Rüstung standen die prätorischen Kohorten auf dem freien Platz vor der Kaserne angetreten. Dann zogen die Vasallen des Königs vorbei, der Brustschmuck, die Halsketten und alle Beute, die er bei auswärtigen Kriegen[103] gemacht hatte, wurden vorgeführt. Darauf wurden die Brüder, die Gattin, die Tochter und schließlich er selbst zur Schau gestellt. Die übrigen ließen sich aus Furcht zu entwürdigenden Bitten bewegen. Nur Caratacus suchte weder mit demütiger Miene noch mit Worten Mitleid zu erregen. Als er vor dem Tribunal stand, sprach er folgendermaßen:

(37) „Wenn meiner hohen Herkunft und Stellung das Maßhalten in glücklichen Tagen entsprochen hätte, wäre ich als Freund und nicht als Gefangener in diese Stadt gekommen. Und du hättest es nicht als unter deiner Würde betrachtet, den Sproß berühmter Ahnen, den Herrscher über viele Völkerschaften in ein Friedensbündnis aufzunehmen. Nunmehr bedeutet mein augenblickliches Los für mich Erniedrigung wie für dich Erhöhung. Ich habe Pferde und Männer, Waffen und Reichtum gehabt. Was Wunder, wenn ich mich dagegen wehrte, dies alles zu verlieren. Denn wenn ihr schon über alle herrschen wollt, folgt denn daraus, daß alle sich unter das Joch der Knechtschaft beugen? Hätte ich mich sofort ergeben und würde fortgeschleppt, wäre weder mein Schicksal noch dein Ruhm gepriesen worden. Auch würde meine Hinrichtung bald der Vergessenheit anheimfallen. Wenn du dagegen mir das Leben schenkst, werde ich für immer ein Zeugnis deiner Milde sein.“ Daraufhin ließ der Caesar ihm selbst, seiner Gemahlin und seinen Brüdern[104] Gnade widerfahren. Die Fesseln wurden ihnen abgenommen und sie erwiesen auch Agrippina, die nicht weit entfernt auf einer anderen Tribüne die Blicke auf sich zog, ebenso wie

dem Princeps, lobend und dankend ihre Verehrung. Das war allerdings etwas Neues und gegenüber den alten Sitten Fremdes, daß eine Frau römische Truppen kommandierte. Sie selbst gab sich damit als Teilhaberin der Herrschaft aus, die ihre Vorfahren erworben hatten.

(38) Darauf wurden die Väter gerufen und ergingen sich in weitläufigen und großspurigen Reden über die Gefangennahme des Caratacus: diese sei ein nicht weniger ruhmvolles Ereignis als die Vorführung des Syphax durch P. Scipio, des Perseus durch L. Paulus[105] und sonstiger gefesselter Könige vor dem römischen Volk. Ostorius wurden die Triumphinsignien zuerkannt. Ihm stand bis zu dieser Zeit das Glück zur Seite, das ihm aber in der Folge nicht treu blieb, ob nun nach der Beseitigung des Caratacus der Krieg, wie wenn er schon zu Ende wäre, von uns mit geringerem Einsatz betrieben wurde oder die Feinde aus Mitleid mit dem großen König mit glühender Leidenschaft die Rache betrieben. Sie schlossen den Lagerbefehlshaber mitsamt den Legionskohorten, die im Gebiet der Silurer zur Anlage von Stützpunkten zurückgelassen worden waren, ein. Und wären nicht schnell die nächstgelegenen Kastelle durch Boten benachrichtigt und den belagerten Truppen Hilfe geschickt worden, wäre es um sie geschehen gewesen. Doch fielen der Befehlshaber und acht Centurionen mit den Tapfersten der Mannschaften. Nicht viel später wurden auch unsere Furagierkommandos und die zur Hilfe geschickten Reiterabteilungen überwältigt.

(39) Jetzt stellte Ostorius die leichten Kohorten entgegen. Und trotzdem hätte er die Fliehenden nicht zum Stehen gebracht, wenn nicht die Legionen in den Kampf eingegriffen hätten. Durch ihre Kampfkraft wurde die Schlacht zum Stehen gebracht, und unsere Lage besserte sich. Die Feinde entkamen mit nur geringen Verlusten, weil der Tag sich neigte. Von da an kam es nur mehr zu einer Reihe von Gefechten, die öfters die Form von räuberischen Überfällen hatten und sich in bergigem Waldgelände und in Sumpfgebiet abspielten, wie es der Zufall wollte oder der Mut es zuließ, bald mit, bald ohne Überlegung, um Rache zu üben oder um

Beute zu machen, auf Befehl oder auch mitunter ohne Wissen der Führer. Besonders hartnäckigen Widerstand leisteten die Silurer, die ein ihnen bekanntgewordenes Wort des römischen Oberbefehlshabers aufstachelte: „Wie einst die Sugambrer[106] ausgerottet oder nach Gallien umgesiedelt wurden, so ist der Name der Silurer mit Stumpf und Stiel auszutilgen." Und so fingen sie zwei Kohorten der Hilfstruppen ab, die von ihren habgierigen Befehlshabern zu unvorsichtig auf Plünderung ausgeschickt worden waren. Die erbeuteten Waffen und die Gefangenen verschenkten sie und verleiteten dadurch auch die übrigen Völkerschaften zum Abfall. Da schied Ostorius körperlich erschöpft und seiner Tätigkeit überdrüssig aus dem Leben, zur Freude der Feinde, weil einen nicht zu verachtenden Truppenführer, wenn auch nicht eine Schlacht, so doch der Krieg hinweggerafft habe.

(40) Als der Caesar von dem Tode des Legaten erfuhr, setzte er an seine Stelle A. Didius, damit die Provinz in fester Hand bleibe. Er reiste eilends dorthin und fand eine inzwischen verschlechterte Lage vor: die von Manlius Valens[107] befehligte Legion hatte eine Schlacht verloren. Die Feinde übertrieben allerdings dieses Ereignis, um dem Heerführer bei seiner Ankunft einen Schrecken einzujagen, und auch er stellte die Lage als schlimmer dar, um nach ihrer Bereinigung größeres Lob zu ernten oder, falls sie länger so anhalte, die Nachsicht größere Berechtigung habe. Auch diese Schlappe hatten uns die Silurer beigebracht. Auf weiten Raum erstreckten sich ihre Streifzüge, bis sie von dem herbeieilenden Didius verjagt wurden. Nach der Gefangennahme des Caratacus spielte Venutius, der dem Stamm der Briganten angehörte, durch seine Kenntnis des Kriegswesens eine besondere Rolle. Er war, wie oben erwähnt[108], seit langem den Römern treu und stand unter dem Schutze ihrer Waffen, solange er mit der Königin Cartimandus verheiratet war, trat aber dann, nach der Scheidung, in dem unmittelbar folgenden Krieg auch gegen uns feindselig auf. Doch zuerst war es nur ein Streit, den sie unter sich austrugen. Cartimandus beseitigte durch schlaue Machenschaften

den Bruder und die Verwandten des Venutius[109]. Dadurch erbittert und entrüstet über die Schmach, unter die Herrschaft einer Frau zu kommen, brachen diese mit einer starken, gut bewaffneten Schar in ihre Residenz ein. Dieser Fall war von uns vorausgesehen, und die zu Hilfe geeilten Kohorten lieferten ein erbittertes Gefecht, das anfangs unentschieden war, aber erfolgreich für uns endigte. Und ebenso günstig war der Ausgang des Kampfes der Legion unter dem Befehl des Caesius Nasica. Denn der in seinem hohen Alter schwerfällige und bereits über eine Menge von Ehren verfügende Didius begnügte sich, seine Untergebenen wirken zu lassen und den Feind abzuwehren. Diese Ereignisse unter den beiden Proprätoren Ostorius und Didius verteilen sich zwar auf mehrere Jahre[110], aber ich habe sie zusammengestellt, damit sie nicht, wenn ich sie getrennt berichte, sich dem Gedächtnis weniger einprägen.

(41) Unter dem fünften Konsulat des Ti. Claudius und dem Konsulat des Servius Cornelius [Orfitus][111] wurde Nero vorzeitig die Männertoga verliehen, damit er dadurch sich als fähig für die Teilnahme an den Regierungsgeschäften ausweise. Der Caesar fügte sich willig den schmeichelnden Wünschen des Senats. Nero solle im zwanzigsten Lebensjahr[112] das Konsulat antreten und inzwischen als designierter Konsul das prokonsularische Imperium außerhalb der Hauptstadt innehaben sowie den Titel „Führer der Jugend" erhalten[113]. In seinem Namen wurde den Soldaten eine Geldschenkung, dem Volk eine Naturalspende zugeteilt. 51 n. Chr.

Bei dem circensischen Festspiel, das veranstaltet wurde, um die Sympathien der Massen zu gewinnen, wurden Britannicus in der Praetexta[114], Nero im Triumphkleid vorgeführt. Ihn sollte das Volk im Schmuck des Imperators, jenen im Aufzug eines Knaben sehen und somit auf die künftige Stellung beider Schlüsse ziehen. Zugleich wurden jene Centurionen und Tribunen[115] entfernt, die des Britannicus Schicksal bedauerten, teils unter erdichteten Vorwänden, teils unter dem Schein einer Beförderung. Auch Freigelassene, die ihm unverbrüchliche Treue hielten, wurden entfernt, und zwar ging man folgendermaßen zu Werke: Bei einer Begegnung begrüßte Nero den Britannicus mit seinem richtigen Namen, Britannicus den Nero mit Domitius. Dies überbrachte Agrippina, die darin den Beginn von Zwietracht sah, unter lebhafter Klage ihrem Gemahl: die Adoption werde mißachtet. Was die Väter beantragt und das Volk gutgeheißen habe, werde innerhalb der Familie außer Kraft gesetzt, und wenn man nicht der Verworfenheit von Personen, die so Gefährliches lehren, steuere, werde dies zum Verderben des Gemeinwesens ausschlagen. Durch diese Vorhaltungen ließ sich Claudius, als handle es sich um wirkliche Verbrechen, so beeindrucken, daß er die besten Erzieher seines Sohnes verbannen oder hinrichten ließ und zu dessen Bewachung Leute einsetzte, die ihm Agrippina daherbrachte.

(42) Trotzdem wagte Agrippina noch nicht, aufs Ganze zu gehen, solange nicht Lusius Geta und Rufrius Crispinus, von denen sie glaubte, daß sie Messalina nicht vergessen hatten und sich ihren Kindern gegenüber verpflichtet fühlten, ihrer Verfügungsgewalt über die Prätorianerkohorten enthoben würden. Als daher seine Gattin behauptete, das Buhlen um die Gunst der Soldaten seitens der zwei Männer spalte die Kohorten, wenn sie aber unter einem einheitlichen Kommando stünden, werde die Disziplin straffer, wurde die Führung der Kohorten dem Burrus Afranius[116] übertragen, der als Soldat einen ausgezeichneten Ruf genoß, dem es aber nicht verborgen war, wem er diese Kommandostelle verdanke. Auch ihre eigene Stellung suchte Agrippina zu erhöhen: sie fuhr auf einem Wagen auf das Capitol, eine Ehre, die den Priestern mit ihren kultischen Gegenständen seit alters vorbehalten war und daher die dargebrachte Verehrung für eine Frau verstärkte, die als Tochter eines Imperators und als Schwester, als Gattin und Mutter eines regierenden Fürsten bis zum heutigen Tag ein einzigartiges Beispiel gegeben hat. Inzwischen wurde der hochbetagte Vitellius[117], der sich in erster Linie für sie eingesetzt hatte und bei ihr in höchster Gunst stand (so unsicher ist das Glück der Mächtigen), in eine Anklage verstrickt, die der Senator Iu-

nius Lupus einreichte. Er warf ihm Majestätsverbrechen und Streben nach der höchsten Macht vor. Und der Caesar hätte ihm Gehör geschenkt, wenn nicht Agrippina ihn mehr mit Drohungen als mit Bitten umgestimmt hätte, so daß er den Ankläger mit der Ächtung bestrafte. Nur so weit war der Wunsch des Vitellius gegangen.

(43) Viele Wundererscheinungen gab es in diesem Jahre. Unglücksvögel[118] ließen sich auf dem Capitol nieder, infolge häufiger Erderschütterungen stürzten Häuser ein, und während man noch weitere befürchtete, wurden die schwächlichen Personen von der aufgeschreckten Volksmenge niedergetreten. Auch den Mangel an Feldfrüchten und Getreide und in der Folge eine Hungersnot nahm man als Vorzeichen. Und man klagte nicht nur im geheimen; sondern den zu Gericht sitzenden Claudius umringte man mit wildem Geschrei und trieb ihn gewaltsam in die äußerste Ecke des Forums, bis er sich mit einer Schar von Soldaten durch die erbitterte Menge Bahn brach. Es stand fest, daß nur noch für fünfzehn Tage Lebensmittel in der Stadt zur Verfügung standen. Dank der großen Güte der Götter und der Milde des Winters konnte der äußersten Not gesteuert werden. Aber freilich, einst pflegte Italien seinen Legionen in die entferntesten Provinzen Verpflegung nachzuführen, und auch heute noch leidet das Land nicht an Unfruchtbarkeit. Aber wir beuten lieber Afrika und Ägypten aus und geben den Schiffen und den Zufälligkeiten das Leben des römischen Volkes preis.

(44) In demselben Jahr brach ein Krieg zwischen den Armeniern und Hiberern aus, der auch den Anlaß zu schwerwiegendsten Auseinandersetzungen zwischen Parthern und Römern gab. Über das Volk der Parther herrschte Vologaeses[119], der, obwohl mütterlicherseits von einer griechischen Kebse abstammend, mit Zustimmung seiner Brüder auf den Thron gekommen war. Über die Hiberer regierte aufgrund eines alten Besitzstandes Pharasmanes[120], über die Armenier sein Bruder Mithridates, der sich auf unsere Macht stützte. Pharasmanes hatte einen Sohn namens Radamistus, der,

schön und schlank gewachsen, sich durch Körperkraft auszeichnete, in den Künsten seines Landes erfahren war und einen ausgezeichneten Ruf bei den angrenzenden Stämmen genoß. Dieser äußerte sich allzu herausfordernd und allzu häufig, als daß dahinter seine Herrschbegierde verborgen blieb, von seinem greisen Vater werde ihm der unansehnliche Thron von Hiberien vorenthalten. Da Pharasmanes den Jüngling, der nicht schnell genug an die Macht kommen konnte und sich auf die Beliebtheit bei seinen Landsleuten stützte, angesichts seines eigenen, dem Ende sich zuneigenden Lebens fürchtete, lenkte er daher dessen Wünsche auf ein anderes Ziel. Er wies ihn auf Armenien hin, das er ja nach der Vertreibung der Parther selbst dem Mithridates gegeben habe. Aber man dürfe vorläufig noch keine Gewalt anwenden, vorteilhafter sei es, mit List vorzugehen und ihn unversehens zu überwältigen. So stellte sich Radamistus, als ob Zwietracht zwischen ihm und seinem Vater herrsche und er den Haß seiner Stiefmutter nicht ertragen könne, und machte sich auf den Weg zu seinem Oheim. Er wurde von diesem mit viel Freundlichkeit wie ein Sohn aufgenommen und verlockte die armenischen Fürsten zu einem Umsturz, ohne daß es Mithridates merkte, der ihn sogar noch auszeichnete.

(45) Unter dem Schein einer Versöhnung kehrte er zu seinem Vater zurück und berichtete, es sei alles geschehen, was durch List möglich gewesen sei. Das übrige müsse man mit den Waffen erledigen.

Inzwischen sann Pharasmanes auf Vorwände zum Krieg: als er gegen den König der Albaner[121] gekämpft und die Römer zu Hilfe gerufen habe, habe sich sein Bruder gegen ihn aufgelehnt, und für dieses Unrecht wolle er sich mit seiner Vernichtung rächen. Zugleich übergab er seinem Sohn eine starke Kriegsmacht. Dieser setzte Mithridates durch einen plötzlichen Überfall in Schrecken, vertrieb ihn aus dem flachen Lande und warf ihn in das Kastell Gorneae[122], das durch seine natürliche Lage und eine römische Besatzung gesichert war, deren Befehlshaber Caelius Pollio war und die der Centurio Casperius anführte. Nichts ist den Barbaren so fremd wie Belagerungsmaschinen und die dabei verwendeten Listen: uns jedoch ist dieser Teil des Kriegswesens sehr vertraut. So begann Radamistus nach einem vergeblichen und verlustreichen Angriff auf die Befestigungen die Belagerung. Und da Gewalt zu keinem Erfolg führte, kaufte er sich den habsüchtigen Befehlshaber gegen den Widerspruch des Casperius, der nicht wollte, daß ein verbündeter König, daß Armenien, das Geschenk des römischen Volkes, durch frevelhafte Bestechung mit Geld ins Unglück gestürzt werde. Zuletzt schloß Casperius, weil Pollio die Übermacht der Feinde, Radamistus die Befehle seines Vaters vorschützte, einen Waffenstillstand und zog ab, um für den Fall, daß er Pharasmanes nicht vom Krieg abschrekken könnte, Ummidius Quadratus, den Statthalter von Syrien, über die Lage in Armenien aufzuklären.

(46) Mit der Abreise des Centurio fühlte sich der Befehlshaber gleichsam von seinem Aufpasser befreit und forderte Mithridates auf, einen Vertrag abzuschließen, wobei er auf das enge Verhältnis unter Brüdern, das höhere Alter des Pharasmanes und die sonstigen verwandtschaftlichen Beziehungen hinwies. Er habe ja seines Bruders Tochter geheiratet und er selbst sei der Schwiegervater des Radamistus. Die Hiberer würden den Frieden nicht ablehnen, obwohl sie im Augenblick die Stärkeren seien; die Treulosigkeit der Armenier sei zur Genüge bekannt, und es gebe für ihn keinen anderen Stützpunkt als das Kastell, das ohne Verpflegung sei. Er solle lieber, anstatt sich auf einen Waffengang mit zweifelhaftem Ausgang einzulassen, ein Übereinkommen ohne Blutvergießen treffen. Während Mithridates sich dazu nicht entschließen konnte und den Ratschlägen des Präfekten mißtraute – dieser hatte ein Kebsweib des Königs mißbraucht und galt als ein käuflicher Lüstling, dem man alles zutraute –, gelangte Casperius zu Pharasmanes und forderte, daß die Hiberer die Belagerung aufheben. Dieser gab in der Öffentlichkeit ausweichende, öfters auch ziemlich versöhnliche Antworten, mahnte aber in geheimen Botschaften Radamistus, auf jede nur mögliche Weise die Eroberung zu

beschleunigen. Die Belohnung für die Schandtat wurde erhöht, und Pollio veranlaßte durch heimliche Bestechung die Soldaten, den Frieden zu fordern und mit dem Abzug von dem Stützpunkt zu drohen. In dieser Zwangslage nahm Mithridates Tag und Ort zu einem Vertragsabschluß an und verließ das Kastell.

(47) Zuerst warf sich ihm Radamistus in die Arme, heuchelte Willfährigkeit und begrüßte ihn als Schwiegervater und Vater. Dazu schwor er, er werde keine Gewalt gebrauchen, weder mit Dolch noch mit Gift. Zugleich nötigte er ihn in einen nahe gelegenen Hain mit der Behauptung, dort seien Vorkehrungen für ein Opfer getroffen, damit vor den Göttern als Zeugen ein sicherer Friede geschlossen werde. Es ist Sitte bei den Königen, wenn sie zum Abschluß eines Bündnisses zusammenkommen, sich fest die Hände zu fassen, die Daumen aneinanderzubinden und mit einem Knoten zu verschnüren. Wenn dann das Blut in das Ende der Glieder geflossen ist, lassen sie es mit einem leichten Schnitt heraustreten und lecken es gegenseitig ab. Dies gilt als geheimnisvoller Bund, der gewissermaßen durch Blutaustausch geheiligt ist. Jetzt aber tat Radamistus, der diese Schnüre anlegte, so, als ob sie ihm zu Boden gefallen wären. Er umfaßte die Knie des Mithridates und riß ihn zu Boden. Zugleich eilten mehrere Leute herbei und legten ihm Ketten an. An einer Fußfessel – was bei den Barbaren als Schande gilt – wurde er weggeschleppt. Gleich fiel der Pöbel, den er unter einem harten Regiment gehalten hatte, mit Schimpfworten und Schlägen über ihn her. Andere dagegen empfanden bei einem solchen Wechsel des Glücks Mitleid. Seine Gattin, die mit ihren kleinen Kindern ihm folgte, erfüllte alles mit ihrem Jammergeschrei. Sie wurden in verschiedenen verdeckten Wagen abgeführt, und man erkundigte sich inzwischen nach den Befehlen des Pharasmanes. Diesem stand das Verlangen nach dem Thron höher als die Liebe zu Bruder und Tochter, und er war zu jedem Verbrechen bereit. Doch brachte er es nicht über sich, sie vor seinen eigenen Augen und in seiner Gegenwart umbringen zu lassen. Und Radamistus ließ, als

ob er seines Schwures eingedenk wäre, seine Schwester und seinen Onkel nicht durch das Schwert und nicht durch Gift umbringen, sondern er ließ sie auf den Boden werfen und unter vielen schweren Teppichen ersticken. Auch die Söhne des Mithridates wurden ermordet, weil sie über den gewaltsamen Tod ihrer Eltern geweint hatten.

(48) Aber als Quadratus erfuhr, Mithridates sei verraten worden und sein Reich befinde sich in den Händen seiner Mörder[123], berief er einen Kriegsrat, legte die Geschehnisse dar und stellte die Frage, ob er Rache nehmen solle. Nur wenige waren es, denen die Ehre des Staates am Herzen lag. Die Mehrheit erklärte, man solle den sicheren Weg gehen. Jedes Verbrechen, das im Ausland begangen werde, müsse man freudig begrüßen. Auch müsse man den Samen des Hasses ausstreuen, wie schon oft römische Herrscher ebendieses Armenien scheinbar als Schenkung den Barbaren ausgeliefert hätten, nur um bei ihnen Unruhen zu stiften. Radamistus möge behalten, was er auf so üble Weise erworben habe, wofern er nur verrufen und verhaßt bleibe; dies sei ja nützlicher, als wenn er es rühmlich erlangt hätte. Diese Ansicht drang durch. Damit man aber nicht den Anschein erwecke, die Freveltat gebilligt zu haben, und der Caesar nicht Gegenbefehl gebe, wurden an Pharasmanes Gesandte abgeordnet, er solle das Gebiet Armeniens räumen und seinen Sohn abberufen.

(49) Statthalter von Cappadocien war Iulius Paelignus, der ebenso wegen seiner mangelnden Tatkraft wie seiner lächerlich wirkenden Erscheinung wegen verachtet wurde, aber von früher her, da er noch als Privatmann in Gesellschaft von Possenreißern Claudius bei seinem faulen Nichtstun belustigt hatte, mit Claudius sehr eng befreundet war. Dieser Paelignus zog die Hilfstruppen aus seiner Provinz zusammen, als wollte er Armenien wiedererobern, und während er mehr die Bundesgenossen als die Feinde ausplünderte, liefen seine eigenen Leute davon und fielen die Barbaren über ihn her, so daß er ohne jeden Rückhalt zu Radamistus kam. Von diesem wurde er durch Geschenke dahin

gebracht, daß er seinerseits Radamistus aufforderte, das königliche Abzeichen anzulegen, wobei er als Bevollmächtigter und zugleich als Trabant auftrat. Als die Kunde von diesem schmachvollen Vorfall sich verbreitete, wurde, damit man nicht von Paelignus auf alle anderen schließe, der Legat Helvidius Priscus mit einer Legion abgeschickt[124], mit dem Auftrag, je nach Lage einzugreifen und die Ruhe wiederherzustellen. Er zog eilends über das Taurus-Gebirge und hatte bereits mehr durch maßvolles als gewaltsames Vorgehen die Lage bereinigt, als er den Befehl bekam, nach Syrien zurückzukehren, damit es nicht zu einem Krieg mit den Parthern komme.

(50) Denn Vologaeses glaubte, der günstige Zeitpunkt zu einem Einfall in Armenien sei gekommen[125]. Es sei von seinen Vorfahren in Besitz genommen worden[126], und ein Verbrechen habe es jetzt den Händen eines ausländischen Königs ausgeliefert. Er zog daher Truppen zusammen und traf Anstalten, seinen Bruder Tiridates auf den Thron zu setzen, damit kein Glied seines Hauses ohne einen Herrschaftsbereich bleibe. Durch die anrückenden Parther wurden die Hiberer ohne einen Schwertstreich verjagt, und die armenischen Städte Artaxata[127] und Tigranocerta beugten sich unter das Joch. Dann zwangen ein harter Winter, die mangelhafte Vorsorge für Verpflegung und eine Seuche, die aus beiden Ursachen ausbrach, Vologaeses, seine augenblicklichen Pläne aufzugeben. In das erneut herrenlose Armenien fiel Radamistus ein und ging brutaler als früher vor, als ob es gegen Abtrünnige ginge, die bei jeder Gelegenheit sich wieder erheben würden. Doch jene machten, obwohl sie an das Knechtsein gewöhnt waren, Schluß mit dem Sichfügen und umzingelten bewaffnet die Königsburg.

(51) Dem Radamistus half jetzt nichts mehr als die Schnelligkeit seiner Pferde, mit denen er sich und seine Gemahlin rettete. Aber seine Gemahlin[128], die schwanger war, hielt nur zuerst aus Angst vor dem Feinde und aus Liebe zu ihrem Gatten die Flucht einigermaßen aus. Als dann aber bei der eiligen Fortsetzung der Flucht ihr Leib erschüttert wurde

und die Wehen sich einstellten, bat sie ihren Gatten, er möge sie durch einen ehrenhaften Tod einer schmachvollen Gefangenschaft entheben. Dieser umarmte sie zuerst, machte ihr Mut und redete ihr zu, bald ihre männliche Haltung bewundernd, bald von der Angst gepeinigt, sie möchte, wenn sie zurückgelassen werde, in fremde Hände fallen. Zuletzt zog er, von Liebe überwältigt und in Verbrechen nicht ungeübt, seinen Dolch, verwundete sie und schleppte sie an das Ufer des Araxes. Er stieß sie in den Strom, damit auch der Leichnam weggeschwemmt werde. Selbst jagte er davon und gelangte zu den Hiberern in sein väterliches Reich. Inzwischen bemerkten Hirten, wie Zenobia – so hieß die Frau – in dem Uferwasser noch atmete und Lebenszeichen von sich gab. Da sie aus ihrer würdevollen Gestalt auf edle Abkunft schlossen, verbanden sie die Wunde und legten Heilmittel auf, wie sie auf dem Lande üblich sind. Sie erfuhren ihren Namen und den Vorfall und brachten sie in die Stadt Artaxata, wo sie, von der Bevölkerung betreut, zu Tiridates[129] geleitet wurde, dort freundliche Aufnahme fand und königliche Ehren empfing.

(52) Unter dem Konsulat des Faustus Sulla und Salvius Otho[130] wurde Furius Scribonianus verbannt, weil er bei den Chaldaeern sich nach dem Ende des Princeps erkundigt habe. In die Anklage wurde auch seine Mutter Vibia verwickelt und beschuldigt, sich nicht in das Unglück, das schon früher über sie gekommen war – sie war nämlich verbannt worden – zu fügen. Camillus, der Vater des Scribonianus, hatte in Dalmatien die Waffen erhoben, und der Caesar wollte es seiner Milde zuschreiben, daß er dem Sohn eines Staatsfeindes zum zweitenmal das Leben schenke. Doch war dem Verbannten kein langes Leben mehr beschieden. Ob er einen natürlichen Tod gefunden hat oder durch Gift gestorben ist, hat jeder, wie er es gerade glaubte, weiterverbreitet. Über die Ausweisung der Astrologen[131] aus Italien wurde ein Senatsbeschluß gefaßt, der ebenso streng wie wirkungslos war. Dann lobte der Princeps in einer Rede alle die, die wegen ihres geringen persönlichen Vermögens freiwillig aus

52 n. Chr.

dem Senatorenstand ausschieden. Ausgestoßen wurden nur diejenigen, die durch ihr Verbleiben zu ihrer Armut noch Unverschämtheit hinzufügten.

(53) Indessen brachte er bei den Vätern einen Antrag zur Bestrafung der Frauen ein, die eine Verbindung mit Sklaven eingingen. Es wurde beschlossen, daß diejenigen, die ohne Wissen des Eigentümers sich so weit vergangen hätten, als Sklavinnen, wenn dieser aber sein Einverständnis gegeben habe, als Freigelassene zu behandeln seien. Für Pallas[132], den der Caesar als den geistigen Vater dieses Antrags ausgegeben hatte, beantragte der designierte Konsul Barea Soranus[133] die prätorischen Ehrenzeichen und fünfzehn Millionen Sesterzen. Scipio Cornelius stellte den zusätzlichen Antrag, ihm öffentlich den Dank dafür auszusprechen, daß er, aus königlichem Geschlecht Arkadiens stammend[134], seinen uralten Adel hinter das Gemeinwohl zurückstelle und sich unter die Diener des Princeps einreihen lasse. Claudius betonte noch, daß Pallas mit seiner Ehrung zufrieden sei und in seiner bisherigen Armut verbleibe. Und wirklich wurde ein Senatsbeschluß auf einer Erztafel öffentlich angebracht, auf der ein Freigelassener, Besitzer von dreihundert Millionen Sesterzen, mit Lobsprüchen für seine altrömische Sparsamkeit überhäuft wurde.

(54) Sein Bruder aber, mit dem Beinamen Felix, bewies nicht die gleiche Mäßigung[135]. Er war schon seit langem über Judäa gesetzt, glaubte aber, er könne sich alle Übeltaten, gestützt auf eine so machtvolle Stellung, leisten. Allerdings hatte bei den Judäern der Ausbruch von Unruhen gedroht. Und wirklich brach auch ein Aufstand aus[136], nachdem man ihnen befohlen hatte, ein Bildnis von Gaius Caesar im Tempel aufzustellen. Der Befehl war zwar auf die Nachricht von seiner Ermordung nicht ausgeführt worden, aber die Befürchtung blieb bestehen, es möchte irgendein anderer Herrscher den gleichen Befehl geben. Und inzwischen reizte Felix durch ungeeignete Maßnahmen zu weiteren Übergriffen auf, wobei mit ihm an verwerflichen Handlungen Ventidius Cumanus wetteiferte, der einen Teil der Provinz ver-

waltete. Diese war so eingeteilt, daß Ventidius die galiläische Bevölkerung, Felix die Samariter unterstellt waren, zwei Stämme, die, seit alters in Zwietracht lebend[137] und damals ihre Gebieter verachtend, ihrem gegenseitigen Haß ungehemmteren Lauf ließen. Sie beraubten einander, sandten Räuberhorden gegeneinander aus, veranstalteten Überfälle, schlugen sich manchmal sogar in richtigen Gefechten und lieferten die Waffen- und sonstige Beute bei den Prokuratoren ab. Diese freuten sich zuerst darüber. Als aber das verderbliche Treiben um sich griff und römische Truppen eingesetzt wurden, erlitten diese Verluste. Und ein Kriegsbrand hätte die ganze Provinz erfaßt, wenn nicht der Statthalter von Syrien, Quadratus[138], zu Hilfe gekommen wäre. Wo es sich um Judäer handelte, die sich zur Ermordung von Soldaten hatten hinreißen lassen, besann man sich nicht lange. Sie büßten mit dem Tode. Bei Cumanus und Felix schwankte man länger, denn Claudius hatte, als er die Gründe des Aufstandes erfuhr, Quadratus das Recht erteilt, auch über die Prokuratoren das Urteil zu sprechen. Doch dieser wies Felix einen Platz auf dem Tribunal an und ließ ihn unter den Richtern in Erscheinung treten, um die Ankläger von ihrem Übereifer abzuschrecken. So büßte Cumanus für die Schandtaten, die sich beide hatten zuschulden kommen lassen. Damit war die Ruhe in der Provinz wiederhergestellt.

(55) Bald darauf bezogen Stämme der unkultivierten Cilicier, die den Beinamen Cieten[139] führen – sie hatten sich auch sonst oft erhoben –, diesmal unter der Führung des Troxobor in dem unwirtlichen Gebirge eine feste Stellung. Von dort aus machten sie Streifzüge in die Küstengebiete oder gegen die Städte und wagten es, über die Land- und Stadtbevölkerung und sehr oft auch über die Kaufleute und Schiffsbesitzer herzufallen. Sie belagerten die Stadt Anemurium[140] und konnten die unter dem Befehlshaber Curtius Severus von Syrien aus zu Hilfe geschickte Reiterei in die Flucht schlagen, weil das ringsum unebene und nur für Fußtruppen geeignete Gelände einem Reiterkampf nicht günstig war. Als dann Antiochus, der König dieses Küstengebie-

tes[141], durch Schmeichelei gegenüber dem niederen Volk und durch Hinterlist gegenüber dem Führer die Truppen der Barbaren gespalten hatte, wurde Troxobor mit einigen seiner Häuptlinge ermordet. Die übrigen brachte er durch Milde zur Ruhe.

(56) Um die gleiche Zeit wurde durch den Berg zwischen dem Fuciner See und dem Liris[142] ein Kanal gegraben, und damit dieses herrliche Werk von einer größeren Menschenmenge bestaunt würde, setzte man auf dem See einen Schiffskampf in Szene, wie ihn einst Augustus auf dem jenseits des Tiber angelegten Teich[143] veranstaltet hatte, jedoch damals mit leichteren Fahrzeugen und mit geringerer Besatzung. Claudius rüstete Drei- und Vierruderer aus und besetzte sie mit neunzehntausend Bewaffneten[144]. Er ließ ringsum mit Flößen einen Sperriegel anlegen, um ein Entweichen unmöglich zu machen, wobei jedoch noch genügend Raum war für den vollen Einsatz der Ruder, für die Gewandtheit der Steuermänner, für die Angriffe der Schiffe und überhaupt für die in einem richtigen Seegefecht üblichen Manöver. Auf den Flößen hatten sich Manipel und Reiterabteilungen der Prätorianerkohorten aufgestellt, und vor ihnen waren Gerüste aufgebaut, von denen aus man mit Katapulten und Ballisten schießen konnte. Der übrige Teil des Sees war von den Flottenmannschaften mit ihren Deckschiffen besetzt[145]. Die Ufer, Hügel und Anhöhen füllte, wie im Theater, eine zahllose Menschenmenge, die teils aus den nächstgelegenen Landstädten, teils aus Rom selbst Schaulust oder auch Ergebenheit gegenüber dem Princeps herbeigelockt hatte. Er selbst, in einem hervorstechenden Feldherrnmantel, und nicht weit weg von ihm Agrippina, in einer golddurchwirkten Chlamys[146], führten den Vorsitz. Obgleich es sich um Sträflinge handelte, wurde mit dem Mut tapferer Männer gekämpft. Nachdem viel Blut geflossen, schenkte man den Übriggebliebenen das Leben.

(57) Als das Schauspiel zu Ende war, öffnete man den Abflußkanal für das Wasser. Da zeigte sich, wie nachlässig das Werk angelegt war. Denn er war nicht tief genug aus-

gehoben, um den See ganz oder auch nur zur Hälfte ablaufen zu lassen, weshalb nach einiger Zeit tiefere Ausschachtungen vorgenommen wurden. Und um die Volksmenge wieder zusammenzubringen, wurde ein Gladiatorenspiel veranstaltet, wozu Brücken für einen Kampf zu Fuß in den See[147] hineingebaut wurden. Ja, sogar ein Festessen wurde am Ausfluß des Sees veranstaltet, wobei eine allgemeine Panik ausbrach, weil die herabstürzenden Wassermassen mit ihrer Wucht die Uferränder fortrissen, den weiter entfernten Boden unterspülten und das Krachen und Getöse alle in Schrecken versetzte. Zugleich nützte Agrippina die Kopflosigkeit des Princeps aus, um Narcissus[148], den Unternehmer des Bauwerks, der Geldgier und der Unterschlagung zu beschuldigen; doch auch er schwieg nicht, sondern warf ihr weibliche Maßlosigkeit und überspannte Ansprüche vor.

(58) Unter dem Konsulat des D. Iunius und Q. Hate- 53 n. Chr.
rius[149] erhielt Nero im Alter von sechzehn Jahren Octavia, des Caesars Tochter, als Gattin. Um durch edle Bestrebungen und durch rednerischen Ruhm zu glänzen, übernahm er die Rechtsvertretung der Ilienser[150], wobei er in beredten Worten darlegte, daß die Römer Abkömmlinge von Troia seien und Aeneas der Stammvater des iulischen Geschlechtes sei, zusammen mit andern alten, der sagenhaften Zeit naheliegenden Geschichten, und erreichte, daß die Ilienser von allen öffentlichen Lasten befreit wurden. Ebenfalls auf seine Fürsprache hin wurde die einem Brand zum Opfer gefallene Kolonie Bononia[151] mit einer Spende von zehn Millionen Sesterzen unterstützt. Den Rhodiern[152] wurde ihre Selbständigkeit zurückgegeben, die ihnen schon oft genommen oder wieder bestätigt worden war, je nachdem sie sich in auswärtigen Kriegen verdient oder durch Empörung daheim schuldig gemacht hatten. Der Tribut wurde der durch ein Erdbeben heimgesuchten Bevölkerung von Apamea[153] auf fünf Jahre erlassen.

(59) Aber die Machenschaften dieser selben Agrippina verführten Claudius auch dazu, allen seinen grausamen Neigungen freien Lauf zu lassen. So stürzte sie den Statilius

Taurus[154], der durch seinen Reichtum hochangesehen war, aus Gier nach dessen Park ins Unglück, wobei Tarquitius Priscus den Ankläger machte. Er war der Legat des Taurus, während dieser als Prokonsul Afrika verwaltete. Nach ihrer Rückkehr erhob er gegen ihn einige wenige Beschuldigungen wegen Erpressung, warf ihm dazu abergläubische Zauberei vor. Und jener ertrug nicht länger die Falschheit des Anklägers und die entehrende Erniedrigung. Er legte Hand an sich noch vor der Abstimmung des Senats. Doch wurde Tarquitius aus der Kurie verstoßen. Das setzten die Väter aus Haß gegen den Denunzianten entgegen den Umtrieben Agrippinas durch.

(60) In demselben Jahre hörte man öfters von dem Princeps die Äußerung, gleiche Geltung müßten die von seinen Prokuratoren gefällten Entscheidungen haben[155], wie wenn er sie selbst gefällt hätte. Und damit es nicht so aussähe, als ob er zufällig sich bei dieser Äußerung vergriffen habe, wurde sie auch in einem Senatsbeschluß umfassender als vorher und ausführlicher festgelegt. Denn der vergöttlichte Augustus hatte befohlen, daß vor den Rittern, die Ägypten verwalteten, nach dem Gesetz verhandelt werde und ihre Entscheidungen die gleiche Geltung haben, wie wenn sie hohe Beamte des römischen Volkes getroffen hätten[156]. Später wurden ihnen in anderen Provinzen und auch in Rom sehr viele Angelegenheiten überlassen, über die früher die Prätoren[157] befunden hatten. Claudius übergab den Prokuratoren die gesamte Rechtsprechung[158], worüber so oft in Aufständen oder sogar mit Waffengewalt gestritten worden ist, so zum Beispiel, als durch die Sempronischen Gesetze[159] der Ritterstand in den Besitz richterlicher Befugnis kam oder wiederum als die Servilischen Gesetze[160] dem Senat die Gerichtsbarkeit zurückgaben oder als Marius und Sulla[161] dereinst vornehmlich darüber Krieg führten. Aber damals gingen die Interessen der Stände in gegensätzliche Richtung, und was sie durchgesetzt hatten, galt für die Allgemeinheit. C. Oppius und Cornelius Balbus[162] waren die ersten, die aufgrund der Machtstellung Caesars Friedensbedingungen

stellen und entscheidende Anordnungen im Kriege treffen konnten. Die Namen der Matier und Vedier[163] und die sonstigen der römischen Ritter, die in der Folge zu übergroßer Macht aufstiegen, anzuführen, dürfte keinen Zweck haben, da Claudius seine Freigelassenen, die er nur über seinen Hausstand gesetzt hatte, sich selbst und den Gesetzen gleichgestellt hat.

(61) Dann brachte er einen Antrag ein, den Coern[164] Steuerfreiheit zu bewilligen, wobei er viel von ihrer alten Geschichte erzählte: Die Argiver oder Coeus, der Vater der Latona, seien die ältesten Bewohner der Insel gewesen. Dann sei mit dem Erscheinen des Aesculapius dort die Heilkunst eingeführt worden, die hauptsächlich unter seinen Nachkommen berühmt geworden sei[165]. Dabei zählte er sie namentlich auf und gab die Zeit an, in der jeder gelebt habe. Ja, er behauptete sogar, Xenophon[166], dessen Wissen er sich selbst zu Nutzen mache, stamme aus der gleichen Familie, und seine Bitten solle man erfüllen, damit die Coer künftig frei von jeder Steuer die heilige und nur dem Gott dienstbare Insel bewohnen. Und es ist kein Zweifel, daß man von ihr vielfache Verdienste um das römische Volk und gemeinsame Siege hätte anführen können. Aber Claudius suchte, was er in seiner gewohnten Nachgiebigkeit einer einzelnen Person bewilligt hatte, nicht mit anderwärts hergeholten Begründungen zu stützen und zu verschleiern.

(62) Die Byzantier aber holten, als sie das Wort erhielten und vor dem Senat um die Herabsetzung ihrer hohen Lasten baten, weit aus: sie fingen mit dem Vertrag an, den sie mit uns zu der Zeit geschlossen hatten, da wir mit dem König von Macedonien, dem als unechtem Sproß der Name Pseudo-Philippus beigelegt wurde, Krieg geführt haben[167]. Weiterhin berichteten sie von den Truppen, die sie gegen Antiochus, Perseus, Aristonicus[168] geschickt, und von der Unterstützung, die sie im Seeräuberkrieg Antonius[169] geleistet, auch welches Anerbieten sie Sulla, Lucullus oder Pompeius[170] gemacht hätten. Dann kamen sie auf die jüngsten Verdienste um die Caesaren zu sprechen, da sie ja in

einer Gegend wohnten, die für Heerführer und Heere als Durchzugsgebiet zu Wasser und zu Land und zugleich für die Zufuhr von Nachschub wichtig war.

(63) Denn an der engsten Stelle zwischen Europa und Asien haben Griechen am äußersten Rand von Europa Byzantium angelegt. Ihnen war auf Befragung des Pythischen Apollo, wo sie die Stadt gründen sollten, das Orakel erteilt worden, sie sollten einen Wohnsitz gegenüber dem Lande der Blinden suchen. Durch dieses rätselhafte Wort wurde auf die Chalcedonier[171] hingewiesen, da diese zuerst dorthin gefahren seien und obwohl sie vorher gesehen hätten, welches die vorteilhaftere Gegend war, doch die schlechtere gewählt hätten. Denn Byzantium verfügt über fruchtbaren Boden und liegt an einem ergiebigen Meere. Riesige Schwärme von Fischen, die aus dem Schwarzen Meer herauskommen, vermeiden, durch die quer unter dem Wasser liegenden Klippen verscheucht, die Krümmung des jenseitigen Ufers und werden zu den diesseitigen Häfen getrieben. Daher wurden die Bewohner gleich zu Beginn erwerbsam und wohlhabend. Später, als die schweren Lasten sie bedrückten, baten sie um gänzlichen Erlaß oder wenigstens um Ermäßigung, und der Princeps setzte sich für sie ein mit dem Hinweis, daß sie kürzlich durch den Thrakischen und den Bosporanischen Krieg[172] hart mitgenommen worden und daher zu unterstützen seien. So wurden ihnen die Steuern auf fünf Jahre erlassen.

54 n. Chr. (64) Unter dem Konsulat des M. Asinius und M'. Acilius[173] erkannte man an zahlreichen Wundererscheinungen, daß sich eine Wandlung der Lage zum schlimmeren anbahne. Feldzeichen und Zelte der Soldaten gingen durch Feuer vom Himmel in Flammen auf, auf dem Giebel des Capitols ließ sich ein Bienenschwarm nieder, es kamen doppelgeschlechtliche menschliche Geburten vor, ein Schwein warf ein Junges, das Habichtsklauen hatte. Unter die schlimmen Vorzeichen rechnete man auch die Verminderung der Zahl der Staatsbeamten in allen Rangklassen: ein Quästor, ein Ädil, ein Tribun, ein Prätor und ein Konsul waren innerhalb weniger Monate gestorben.

Aber in besonderer Angst schwebte Agrippina. Sie fürchtete sich wegen eines Ausspruches des Claudius, den er in betrunkenem Zustand gemacht hatte: es sei für ihn schicksalhaft, unter den Schandtaten seiner Gattinnen zuerst zu leiden und sie dann zu bestrafen. So beschloß sie, rasch zur Tat zu schreiten, zuerst aber Domitia Lepida zu stürzen, und zwar aus weiblichen Beweggründen. Denn Lepida war die Tochter der jüngeren Antonia, die Großnichte des Augustus und die Tante der Agrippina, doch um einen Verwandtschaftsgrad höher, dazu die Schwester von deren erstem Gatten Gnaeus[174], und so hielt sie sich für gleich hochgeboren. Auch bestand hinsichtlich ihrer Schönheit, ihres Alters und ihres Reichtums kein großer Unterschied. Beide waren zudem sittenlos, verrufen, gewalttätig und wetteiferten miteinander ebenso in ihren Lastern wie in der Ausnützung der Vorteile, die ihnen jeweils ihre hohe Stellung bot. Jedoch der heftigste Streit ging darum, ob die Tante oder die Mutter bei Nero mehr gelte. Denn Lepida suchte durch Zärtlichkeiten und Geschenke das jugendliche Gemüt Neros an sich zu fesseln, während Agrippina mit brutalen Drohungen auftrat. Sie konnte ihrem Sohn zwar die Herrschaft in die Hand geben, aber ihn als Herrscher nicht ertragen.

(65) Übrigens wurde Lepida vorgeworfen, sie habe Zaubersprüche gegen die Gemahlin des Princeps angewendet, auch halte sie ihre Sklavenscharen in Calabrien zu wenig in Zucht und störe so den Frieden Italiens. Daher wurde ihr der Tod angekündigt, unter dem lebhaften Widerspruch des Narcissus, der, in zunehmendem Mißtrauen gegenüber Agrippina, zu seiner nächsten Umgebung geäußert haben sollte, das Verderben sei ihm gewiß, ob nun Britannicus oder Nero an die Macht komme. Allein der Caesar habe sich in einer Weise um ihn verdient gemacht, daß er sein Leben zu dessen Nutzen opfern wolle. Er habe Messalina und Silius bereits überführt. Die gleichen Gründe zu einer Anklage lägen wiederum vor, wenn Nero regiere. Wenn Britannicus die Nachfolge antrete, habe der Princeps nichts zu

befürchten. Aber durch die hinterlistigen Machenschaften der Stiefmutter das ganze Haus zugrunde richten zu lassen, sei eine größere Schändlichkeit, als wenn er das schamlose Treiben der früheren Gemahlin verschwiegen hätte. Indessen fehle es auch jetzt nicht an Schamlosigkeit. Pallas sei ihr Geliebter, und niemand solle im Zweifel sein, daß ihr Ehre, Scham und Körper weniger wert seien als königliche Macht. Bei solchen und ähnlichen Reden umarmte er Britannicus, wünschte ihm jugendliche Kraft, die möglichst rasch heranreife, und bald zu den Göttern, bald zu Britannicus die Hände erhebend, flehte er, er möge zum Manne heranwachsen, die Feinde seines Vaters verjagen und auch an den Mördern seiner Mutter Rache nehmen.

(66) Unter solch drückender Last seiner Regierungsaufgaben wurde Claudius von einer Krankheit ergriffen und reiste nach Sinuessa[175], um in dem milden Klima und durch die Heilkraft der Bäder seine Kräfte aufzufrischen.

Jetzt stellte Agrippina, die schon längst zu dem Verbrechen entschlossen war und eiligst die günstige Gelegenheit ergriff – an Helfershelfern fehlte es ihr ja nicht –, Überlegungen an, welche Art von Gift sie wählen solle. Ein rasches und unmittelbar wirkendes Gift sollte nicht das Verbrechen verraten. Falls sie ein langsam wirkendes und zu Siechtum führendes Gift wähle, könnte Claudius, wenn sein Leben dem Ende zugehe, die Heimtücke merken und sich wieder in Liebe seinem Sohne zuwenden. Sie entschied sich für ein besonders ausgesuchtes Mittel, das eine geistige Störung hervorrufen, aber nicht gleich zum Tod führen solle. Ausgewählt wurde eine Meisterin in diesem Fach namens Locusta, die erst kürzlich wegen Giftmischerei verurteilt und lange Zeit als Werkzeug von dem Herrscherhaus benützt worden war. Diese erfinderische Frau bereitete einen Gifttrank. Ihr Gehilfe war dabei einer der Verschnittenen namens Halotus, der gewöhnlich die Speisen auftrug und sie prüfend vorkostete.

(67) Später wurde dies in allen Einzelheiten so bekannt, daß die Schriftsteller jener Zeit zu überliefern wußten, das

Gift sei in ein schmackhaftes Pilzgericht gegossen worden[176]. Man habe die Wirkung des Mittels nicht sofort wahrgenommen, sei es, daß man darauf nicht achtete oder daß Claudius betrunken war. Zugleich schien ihm ein Durchfall geholfen zu haben. Daher bekam es Agrippina mit der Angst zu tun, und da das Äußerste zu befürchten war, zog sie ohne Rücksicht auf den üblen Eindruck, den dies bei den Anwesenden machen mußte, den schon vorsorglich eingeweihten Arzt Xenophon bei. Dieser habe dem Claudius, als wolle er ihm beim Erbrechen nachhelfen, wie man glaubt, eine mit raschwirkendem Gift bestrichene Feder[177] in den Hals gesteckt, wohl wissend, daß es mit Gefahr verbunden ist, größte Verbrechen zu beginnen, und Lohn einbringt, sie durchzuführen.

(68) Inzwischen wurde der Senat einberufen. Die Konsuln und Priester brachten Gelübde für das Leben des Princeps dar, als dieser, schon entseelt, in Tücher und Binden eingehüllt wurde, während man die erforderlichen Maßnahmen traf, um Nero die Herrschaft zu sichern. Fürs erste schloß Agrippina, als ob sie, von Schmerz überwältigt, Trost suche, Britannicus in ihre Arme, nannte ihn das wahre Ebenbild seines Vaters und suchte ihn unter allerlei Vorwänden in seinem Schlafzimmer zurückzuhalten. Auch seine Schwestern Antonia und Octavia hielt sie zurück und hatte alle Zugänge durch Wachen gesperrt. Immer wieder ließ sie verbreiten, das Befinden des Princeps bessere sich, damit die Soldaten zuversichtlicher Hoffnung seien, bis der von den Chaldaeern prophezeite günstige Zeitpunkt komme.

(69) Endlich, um den Mittag des 13. Oktober, wurden plötzlich die Tore des Palatiums geöffnet. Nero trat, begleitet von Burrus, heraus und vor die Kohorte, die nach militärischer Sitte die Wache bildete. Dort wurde er auf eine Ansprache des Präfekten hin mit Heilrufen begrüßt und in eine Sänfte gesetzt[178]. Einige sollen gezögert und mit der Frage, wo denn Britannicus sei, nach diesem ausgeschaut haben. Aber da niemand diese andersgerichtete Einstellung vertrat, schlossen sie sich dem an, was ihnen die andern vormachten. Nero wurde in die Kaserne gebracht, wo er eine den Um-

ständen angemessene Ansprache hielt, eine Spende nach dem Vorbild seines freigebigen Vaters versprach und als Imperator begrüßt wurde. Der Willensäußerung der Soldaten schlossen sich die Väter mit ihren Beschlüssen an, auch in den Provinzen[179] gab es keine Bedenken. Claudius erhielt göttliche Ehren zuerkannt, das feierliche Leichenbegängnis wurde in der gleichen Form wie bei dem vergöttlichten Augustus begangen, wobei Agrippina in der Prachtentfaltung mit ihrer Urgroßmutter Livia wetteiferte. Doch wurde das Testament nicht vorgelesen, damit nicht die als Ungerechtigkeit empfundene Zurückstellung des Sohnes hinter den Stiefsohn Empörung und Unruhe im Volk errege.

BUCH XIII

(1) Der erste, der unter dem neuen Principat der Hinterlist Agrippinas zum Opfer fiel, war der Prokonsul von Asien, Iunius Silanus[1]. Nicht leidenschaftliches Wesen hatte seinen Sturz heraufbeschworen. Er war energielos und von den bisherigen Herrschern so verachtet, daß ihn C. Caesar das goldene Schaf zu nennen pflegte. Aber Agrippina hatte seinen Bruder L. Silanus dem Henker ausgeliefert und fürchtete in ihm den Rächer, wobei im Volk die Rede ging, man müsse statt des kaum dem Knabenalter entwachsenen und zur Herrschaft durch ein Verbrechen gelangten Nero einen Mann in reifem Alter einsetzen, der unbescholten und vom Adel sei und – worauf man damals noch sah – zu den Nachkommen der Caesaren zähle. Und wirklich war Silanus ein Urenkel des vergöttlichten Augustus. Das war ja auch der Anlaß zu seinem Tode. Handlanger waren dabei P. Celer, ein römischer Ritter, und der Freigelassene Helius[2], die das Vermögen des Princeps in Asien verwalteten. Sie gaben dem Prokonsul beim Essen Gift, zu offen, als daß sie es hätten vertuschen können. Ebenso eilig wurde Narcissus, der Freigelassene des Claudius, von dessen Zerwürfnis mit Agrippina ich berichtet habe[3], durch harte Haft und äußerste Drangsal in den Tod getrieben, gegen den Willen des Princeps, zu dessen noch verborgenen Lastern er mit seiner Habgier und Verschwendungssucht wunderbar paßte.

(2) Und man wäre den Weg des Mordens weitergegangen, wenn nicht Afranius Burrus und Annaeus Seneca entgegengetreten wären. Diese Lenker des jungen Imperators waren – eine Seltenheit bei gemeinsamer Machtausübung – unter sich einig und übten den gleichen Einfluß auf ihn aus, nur mit verschiedenen Mitteln, Burrus durch seine militärische

Tätigkeit und durch seine Sittenstrenge, Seneca als Lehrer der Beredsamkeit und durch sein leutseliges, anständiges Wesen, wobei sie einander in die Hände arbeiteten, um so den Princeps in seinem noch nicht gefestigten Alter, falls er den Weg der Tugend verschmähen würde, durch Zugeständnisse bei sinnlichen Genüssen leichter zu zügeln. Beide hatten nur einen gemeinsamen Kampf gegen das unbeherrschte Wesen Agrippinas durchzufechten, die, von der ganzen Leidenschaft einer schlimmen Herrschsucht entbrannt, Pallas auf ihrer Seite hatte. Dieser hatte ja Claudius zu der blutschänderischen Eheschließung und zu der verhängnisvollen Adoption veranlaßt, durch die sich Claudius selbst ins Verderben gestürzt hatte. Aber Nero hatte keine Veranlagung, sich unter einen Sklaven zu beugen, und Pallas, der in seiner abstoßenden Anmaßung die einem Freigelassenen gesetzten Schranken überschritt, hatte sich mißliebig gemacht. Doch in der Öffentlichkeit überhäufte er Agrippina mit allen Ehren und gab dem Tribunen als Losung, die dieser nach militärischem Brauch einholte: „die beste Mutter". Es wurden ihr auch vom Senat zwei Liktoren und das Amt der Priesterin für Claudius[4] zuerkannt, und zugleich wurde ein zensorisches Leichenbegängnis für Claudius und auch noch die Erhebung unter die Götter beschlossen.

(3) Am Tage des Leichenbegängnisses hielt der Princeps die Lobrede auf ihn. Solange er das Alter seines Geschlechtes, die Konsulate und Triumphe seiner Vorfahren aufzählte, war es ihm selbst und auch den anderen offensichtlich Ernst. Auch als er auf seine wissenschaftliche Tätigkeit[5] zu sprechen kam und darauf, daß unter seiner Regierung von außen dem Gemeinwesen nichts Betrübliches zugestoßen sei, fand er geneigtes Gehör. Als er aber dann seine Umsicht und Weisheit erwähnte, konnte sich niemand des Lachens enthalten, obgleich die von Seneca aufgesetzte Rede kunstvoll aufgemacht war, wie es der den Ohren der Zeit angepaßten Begabung jenes Mannes entsprach. Die Älteren, denen es ein Zeitvertreib ist, Altes und Neues miteinander zu vergleichen, stellten fest, daß Nero unter den Macht-

habern der erste gewesen sei, der die Rednergabe eines anderen benötigt habe. Denn der Diktator Caesar konnte sich mit den größten Rednern messen.

Auch Augustus verfügte über eine schlagfertige, flüssige und einem Princeps wohl anstehende Beredsamkeit. Tiberius verstand sich auch auf die Kunst, seine Worte wohl abzuwägen und sie dazu mit gewichtigen Gedanken zu füllen – oder auch absichtlich zweideutigen. Auch seine geistige Umnachtung konnte bei C. Caesar das rednerische Talent nicht zerrütten. Und auch bei Claudius vermißte man, wenn er eine vorbereitete Rede hielt, nicht die Feinheit der Ausdrucksweise. Nero beschäftigte sich schon in seinen Knabenjahren, bei seinem lebhaften Geist, mit abwegigen Dingen: er meißelte, malte, betätigte sich als Sänger oder Wagenlenker. Und manchmal zeigte er beim Abfassen von Gedichten, daß er elementare Kenntnisse besaß.

(4) Als nun die Trauerkomödie zu Ende war, betrat Nero die Kurie, sprach einleitend von dem guten Willen der Väter und der Einmütigkeit der Soldaten und betonte dann, daß er über Ratgeber und Vorbilder für eine hervorragende Führung der Regierung verfüge. Seine Jugend sei nicht mit Bürgerkriegen oder familiären Zwistigkeiten belastet, und er bringe keine Haßgefühle, keine Kränkungen und kein Verlangen nach Rache mit. Dann zeichnete er ein Bild von dem künftigen Principat, wobei er besonders all das ablehnte, was eben erst zu heftiger Erbitterung geführt hatte. Er wolle nämlich nicht in allen Fällen den Richter spielen, so daß die Mauern eines Hauses in sich Ankläger und Angeklagte einschlössen und die Macht einiger weniger Personen wüte. In seinem Hause sei nichts käuflich, und es sei dem Buhlen um Gunst nicht zugänglich. Getrennt voneinander seien sein Haus und das Gemeinwesen[6]. Der Senat solle seinen alten Aufgabenbereich[7] behalten. An den Amtssitz der Konsuln sollen sich Italien und die Staatsprovinzen[8] wenden und die Konsuln deren Vertretern den Zugang in den Senat verschaffen. Er für seine Person werde für die ihm anvertrauten Heere sorgen.

(5) Und er hielt Wort. Viele Anordnungen traf der Senat nach eigenem Ermessen: niemand dürfe sich zu einer Prozeßvertretung durch Bezahlung oder Geschenke kaufen lassen; die designierten Quästoren sollten nicht gezwungen werden, Fechterspiele zu veranstalten. Obgleich Agrippina sich dagegen wehrte, weil dadurch Regierungsmaßnahmen des Claudius[9] umgestoßen würden, setzten die Väter es durch. Sie wurden in das Palatium[10] gerufen, damit Agrippina an einer dazu angebrachten Hintertüre, nur durch einen Vorhang getrennt, zwar nicht gesehen werden, aber alles hören konnte. Ja, als Gesandte der Armenier die Sache ihres Volkes vor Nero vertraten[11], machte sie Anstalten, auf den erhöhten Thronsitz des Imperators zu steigen und mit ihm zusammen den Vorsitz zu führen. Doch während die anderen starr vor Schrecken waren, forderte Seneca den Nero auf, seiner auf ihn zukommenden Mutter entgegenzugehen. So wurde unter dem Schein der Ehrerbietung der Schande entgegengetreten.

(6) Am Ende des Jahres gingen wilde Gerüchte um: Die Parther hätten einen neuen Vorstoß gemacht und würden Armenien plündern. Vertrieben sei Radamistus[12], der sich wiederholt des dortigen Thrones bemächtigt hatte, dann flüchtig geworden war und auch jetzt[13] den Krieg aufgegeben hatte. Und so stellte man in der klatschsüchtigen Stadt die Frage, wie der Princeps, der kaum mehr als siebzehn Jahre alt sei, eine solch schwere Aufgabe meistern oder eine solche Gefahr abwenden könne. Welche Stütze stelle ein Mann dar, der sich von einer Frau leiten lasse? Ob man Schlachten und Belagerungen von Städten und alle übrigen Aufgaben einer Kriegsführung Lehrern überlassen könne? Andere wiederum erklärten: Es sei so viel besser gekommen, als wenn der altersschwache und energielose Claudius zu einer mühevollen militärischen Tätigkeit berufen worden wäre, wo er doch nur den Befehlen von Sklaven gehorcht hätte. Burrus und Seneca seien doch als Männer mit vielseitiger Erfahrung bekannt. Und wie wenig fehle dem Imperator zur Entfaltung seiner vollen Kraft, wo doch Cn. Pompeius

im achtzehnten Lebensjahr, Caesar Octavianus im neunzehnten sich dem Bürgerkriege gewachsen erwiesen habe[14]. Wer sich an höchster Stelle befinde, werde sehr vieles besser durch Auspizien[15] und durch persönliche Einsicht als durch Waffengewalt und Dreinschlagen erledigen. Jetzt werde es sich ganz deutlich erweisen, ob seine Freunde rechtschaffene Leute seien oder nicht, wenn er ohne Rücksicht auf Mißgunst lieber einen Heerführer aufgrund seiner hervorragenden Leistung auswähle als einen, der auf Geld und Gunst sich stütze und sich auf seine Umtriebe verlasse.

(7) Während solches und ähnliches Gerede in der Öffentlichkeit umging, befahl Nero, die in den nächstgelegenen Provinzen ausgehobene Mannschaft[16] den Legionen des Orients zur Ergänzung zuzuführen und die Legionen selbst in größere Nähe von Armenien zu verlegen. Zugleich befahl er den seit langer Zeit verbündeten Königen Agrippa und Antiochus[17], Truppen bereitzustellen, mit diesen in das Gebiet der Parther einzumarschieren und über den Euphratstrom Brücken zu schlagen. Kleinarmenien übergab er dem Aristobulus[18], den Landstrich Sophene dem Sohaemus[19], beiden mit den Abzeichen der Königswürde. Auch trat zu rechter Zeit gegen Vologaeses in der Person des eigenen Sohnes Vardanes[20] ein Nebenbuhler auf. Die Parther räumten Armenien, als wollten sie den Krieg aufschieben.

(8) Im Senat aber wurde alles übertrieben gepriesen. Es wurden Anträge gestellt, Dankfeste abzuhalten, der Princeps solle an den Tagen dieser Dankfeste ein Triumphgewand tragen, im kleinen Triumph in die Stadt einziehen und sein Bild solle in gleicher Größe wie das des Mars Ultor in dessen Tempel aufgestellt werden. Man war ja, abgesehen von der gewohnten Schmeichelei, froh, daß er Domitius Corbulo[21] damit betraut hatte, Armenien zu behaupten, wobei es so aussah, als ob der Tüchtigkeit freie Bahn geschaffen werde. Die Truppen des Orients wurden folgendermaßen aufgeteilt: ein Teil der Hilfstruppen nebst zwei Legionen solle in der Provinz Syrien unter dem dortigen Legaten Quadratus Ummidius bleiben, über eine gleiche Zahl von

Bürgern und Bundesgenossen zuzüglich der Kohorten und Reiterabteilungen, die in Cappadocien überwinterten, solle Corbulo verfügen. Die verbündeten Könige erhielten den Befehl, je nachdem es die Kriegslage erfordere, Gehorsam zu leisten[22]. Doch diese zeigten größere Zuneigung für Corbulo. Um die öffentliche Meinung für sich zu gewinnen, was bei neuen Unternehmungen von größter Bedeutung ist, hatte dieser seine Reise beschleunigt und bei Aegeae, einer Stadt Ciliciens[23], Quadratus getroffen, der dorthin gerückt war, damit nicht Corbulo, wenn er zur Übernahme der Truppen in Syrien einmarschiert sei, aller Augen auf sich lenke: als ein Mann von mächtiger Gestalt und großartiger Rednergabe, der in Verbindung mit seiner Erfahrung und Weisheit auch durch bloße Äußerlichkeiten zu imponieren vermochte.

(9) Im übrigen sandten beide an den König Vologaeses Botschaften mit der Mahnung, den Frieden dem Krieg vorzuziehen und durch Stellung von Geiseln die von seinen Vorgängern geübte Ehrfurcht gegenüber dem römischen Volk weiterhin zu pflegen. Vologaeses lieferte, um zu dem Krieg in aller Ruhe zu rüsten oder auch um verdächtige Nebenbuhler unter der Bezeichnung von Geiseln zu entfernen, die vornehmsten Vertreter des Arsacidenhauses aus. Sie empfing der Centurio Iusteius, der zufällig schon früher in dieser Sache bei dem König vorgesprochen hatte und von Ummidius geschickt worden war. Als Corbulo dies erfuhr, befahl er dem Arrius Varus, dem Präfekten einer Kohorte, hinzugehen und die Geiseln in Empfang zu nehmen. Daraus entstand ein Streit zwischen dem Präfekten und dem Centurio, und um nicht länger den Ausländern ein Schauspiel zu geben, wurde die Entscheidung den Geiseln und den sie begleitenden Gesandten überlassen. Diese gaben Corbulo wegen seines noch frischen Kriegsruhmes und einer gewissen Sympathie, die ihm auch die Feinde entgegenbrachten, den Vorzug. Das war wiederum der Anlaß zu Zwistigkeiten zwischen den Heerführern, indem sich Ummidius beschwerte, ihm sei das im voraus genommen worden, was er mit seinen Maßnahmen durchgesetzt habe. Corbulo dagegen

behauptete, der König habe sich erst dann dazu bringen lassen, Geiseln zu stellen, als er persönlich durch seine Wahl zum Heerführer in dem Krieg dessen Hoffnungen in Furcht verwandelt habe. Um die Entzweiten zu versöhnen, ließ Nero folgende Anordnung ergehen: „Wegen der Erfolge von Quadratus und Corbulo wird zu den Rutenbündeln des Imperators der Lorbeerzweig hinzugefügt." Diese Vorgänge griffen in das folgende Konsulatsjahr über. Ich habe sie hier gleich mitberichtet.

(10) In demselben Jahr erbat sich der Caesar vom Senat ein Standbild für seinen Vater Cn. Domitius und die Abzeichen der Konsulwürde für Asconius Labeo, der sein Vormund gewesen war; aber die ihm angebotenen Standbilder aus gediegenem Silber oder Gold schlug er aus. Und obgleich die Väter beantragt hatten, das Jahr solle mit dem Monat Dezember, in dem Nero geboren war, beginnen, hielt er an dem alten religiösen Brauch, mit den Kalenden des Januar das Jahr zu beginnen, fest. Auch wurden der Senator Carrinas Celer, den ein Sklave anklagte, und der Ritter Iulius Densus, den man der Begünstigung des Britannicus beschuldigte, nicht vor Gericht gestellt.

(11) Als unter dem Konsulat des Claudius Nero und 55 n. Chr.
L. Antistius[24] die Beamten den Eid auf die Regierungshandlungen der Herrscher leisteten, verwehrte er es seinem Amtsgenossen Antistius, auf seine Regierungshandlungen zu schwören, was hohes Lob bei den Vätern fand[25]. Das erhebende Bewußtsein, daß auch unbedeutende Handlungen gerühmt werden, sollte sein jugendliches Gemüt zu weiteren größeren anspornen. Es folgte ja auch die milde Behandlung des Plautius Lateranus[26], der, wegen seines Ehebruchs mit Messalina aus dem Senatorenstand ausgestoßen, von ihm wiedereingesetzt wurde. Seine Milde beteuerte er in häufigen Reden, die Seneca zum Beweise, welch edle Lehren er ihm erteile, oder um sich mit seiner Begabung zu brüsten, durch den Mund des Princeps verbreitete.

(12) Übrigens wurde der bestimmende Einfluß der Mutter allmählich gebrochen, da Nero sich zu der Liebschaft mit

einer Freigelassenen namens Acte herabließ. Er hatte zwei hübsche Jünglinge, M. Otho und Claudius Senecio[27], eingeweiht. Otho stammte aus einer konsularischen Familie, Senecio war der Sohn eines Freigelassenen des Caesars. Die Mutter hatte zuerst keine Ahnung, dann erhob sie vergebens Einspruch. Aber sie hatte sich bei üppigen Gelagen und durch zweideutige Heimlichkeiten tief in sein Vertrauen eingeschlichen, und auch die älteren Freunde des Princeps wehrten sich nicht dagegen, daß nun eine Frauensperson, ohne irgend jemand zu nahe zu treten, die Sinnlichkeit des Princeps befriedigte, zumal er gegen seine Gattin Octavia, die doch eine vornehme Frau von bewährter Ehrbarkeit war, durch ein gewisses Verhängnis oder auch, weil verbotene Genüsse einen größeren Reiz ausüben, eine starke Abneigung hatte. Auch fürchtete man, er möchte sich zur Unzucht mit erlauchten Frauen hinreißen lassen, wenn man ihn daran hindere, hier seine Sinnlichkeit zu befriedigen.

(13) Aber Agrippina gebrauchte Schmähworte wie „eine Freigelassene meine Nebenbuhlerin", „eine Magd meine Schwiegertochter" und andere derartige Ausdrücke, wie sie weiblicher Wut eigen sind. Sie wartete auch nicht ab, ob ihr Sohn Reue zeige oder der Sache überdrüssig werde, und je häßlicher die Vorwürfe waren, die sie erhob, um so heftiger entfachte sie seine Leidenschaft, bis er, von der Macht seiner Liebe überwältigt, sich von dem Gehorsam gegenüber seiner Mutter lossagte und sich Seneca anvertraute. Von dessen engen Freunden hatte Annaeus Serenus[28] unter dem Schein der Liebe zu dieser Freigelassenen die ersten sinnlichen Gelüste des Jünglings gedeckt und seinen Namen dazu hergegeben, so daß jener offen spendete, was der Princeps heimlich dem Liebchen schenkte. Jetzt wandte Agrippina andere Mittel an. Sie machte sich mit Liebkosungen an den Jüngling heran, bot ihm an, doch viel lieber in ihr Schlafgemach und an ihren Busen zu kommen, um die sinnlichen Ansprüche seiner frühen Jugend und seines hohen Ranges im geheimen zu befriedigen. Ja, sie gab sogar zu, ihre Strenge sei nicht am Platze gewesen, und machte ihm große Geschenke aus

ihrem persönlichen Vermögen, das dem des Imperators nicht viel nachstand. Wie sie eben noch ihren Sohn übertrieben streng gehalten hatte, so maßlos war sie jetzt wiederum in ihrer Unterwürfigkeit. Diese Veränderung blieb Nero nicht verborgen. Seine nächsten Freunde fürchteten für ihn und baten ihn, sich vor den Tücken des immer rücksichtsloseren und jetzt auch noch falschen Weibes in acht zu nehmen.

Zufällig wählte in jenen Tagen der Caesar bei der Besichtigung des Schmuckes, in dem die Gattinnen und die Mütter der Herrscher geglänzt hatten, ein Gewand und Edelsteine aus, die er seiner Mutter als Geschenk sandte. Er war dabei nicht sparsam, sondern was er ihr übereignete, war besonders kostbar und auch anderweitig begehrt, und er war nicht darum gebeten worden. Aber Agrippina rief aus: „Damit wird nicht mein Schmuck bereichert, sondern es wird mir alles übrige vorenthalten. Mein Sohn teilt mit mir, was er doch insgesamt von mir selbst hat[29]!"

(14) Und es fehlte nicht an Leuten, die diese Vorwürfe in entstellter Form Nero hinterbrachten. Nero, der erbittert über die Leute war, auf die sich diese hochmütige Frau stützte, nahm dem Pallas den Aufgabenbereich, über den ihn Claudius gesetzt hatte und in dem er eine gleichsam unumschränkte königliche Machtstellung einnahm. Wie man erzählte, sagte Nero, als Pallas unter großem Gefolge vom Palatium herunterstieg, nicht unwitzig: „Pallas geht, um seinen Eid abzulegen[30]." Und wirklich hatte sich Pallas ausbedungen, daß er wegen keiner seiner bisherigen Handlungen zur Verantwortung gezogen werde und daß seine Rechnung mit dem Gemeinwesen ausgeglichen sei[31].

Hemmungslos ließ sich daraufhin Agrippina zu schrecklichen Drohungen hinreißen und erklärte, ohne darauf Rücksicht zu nehmen, daß es Nero zu Ohren komme, jetzt sei Britannicus herangewachsen, der wahre Erbe, der würdig sei, die väterliche Herrschaft zu übernehmen, die ein durch die widerrechtlichen Machenschaften der Mutter gleichsam Aufgepfropfter und Adoptierter ausübe. Sie habe nichts dagegen, daß alles Schlimme des unglücklichen Hauses ans

Tageslicht komme, besonders ihre eigene Hochzeit, ihre Giftmischerei. Nur dafür hätten die Götter und sie selbst gesorgt, daß ihr Stiefsohn noch am Leben sei. Mit ihm werde sie in die Kaserne gehen. Dort solle man auf der einen Seite des Germanicus Tochter anhören, auf der anderen Seite den verkrüppelten Burrus und den verbannten Seneca, die ja, der eine mit verstümmelter Hand, der andere in schulmeisterlichem Tone, die Lenkung des Menschengeschlechtes sich anmaßten. Zugleich drohte sie mit der Faust, überhäufte ihn mit Schimpfworten, rief den zu den Göttern erhobenen Claudius, die unterirdischen Manen der beiden Silani[32] an und beklagte und beschwor ihre so zahlreichen vergeblich verübten Untaten.

(15) Darüber war Nero bestürzt, und da der Tag nahte, an dem Britannicus sein vierzehntes Lebensjahr vollendete, ging ihm bald seiner Mutter heftiges Wesen durch den Kopf, bald die Veranlagung des Britannicus, die er erst kürzlich – es hatte sich allerdings nur um eine unbedeutende Probe gehandelt – kennengelernt, durch die sich aber Britannicus weit und breit Sympathie erworben hatte. An dem Saturnalienfest[33] hatten seine Altersgenossen unter anderem im Spiel darum gelost, wer König sein solle[34], und dabei war das Los auf Nero gefallen. So gab Nero den anderen allerlei Aufträge, die sie ausführen konnten, ohne sich etwas zu vergeben. Dann befahl er dem Britannicus, er solle aufstehen, in die Mitte vortreten und irgendein Lied anstimmen, wobei er hoffte, der Knabe, der nicht einmal Gesellschaften, an denen es nüchtern herging, geschweige denn solche mit Betrunkenen kannte, werde sich dabei lächerlich machen. Doch jener begann ganz unbefangen ein Lied, das darauf anspielte, daß er von dem väterlichen Herrschersitz verdrängt worden sei. Dies erregte Mitleid, das noch deutlicher in Erscheinung trat, weil in der Nacht die Ausgelassenheit jede Verstellung beseitigt hatte. Nero merkte die feindselige Stimmung und sein Haß wuchs. Während ihm Agrippina mit Drohungen zusetzte, verlegte er sich, weil er ja seinen Bruder keines Vergehens beschuldigen konnte und er

es auch nicht wagte, offen dessen Ermordung zu befehlen, auf ein heimliches Vorgehen und befahl, Gift zu beschaffen. Sein Helfershelfer war dabei Pollio Iulius, der Tribun einer Prätorianerkohorte, unter dessen Obhut die bereits verurteilte Giftmischerin[35] namens Locusta, die eine vielberüchtigte Verbrecherin war, verwahrt wurde. Denn man hatte schon längst dafür gesorgt, daß in der nächsten Umgebung des Britannicus nur Leute waren, die sich weder um Recht noch um Treue kümmerten. Das erste Gift brachte ihm sein eigener Erzieher bei. Es ging aber infolge eines Durchfalls ab, war es nun an sich nicht stark genug oder enthielt es eine Beimischung, die eine sofortige Wirkung verhüten sollte. Aber Nero, der zu einem langsam ausgeführten Verbrechen keine Geduld hatte, drohte dem Tribunen und befahl die Hinrichtung der Giftmischerin, weil sie beide Rücksicht auf das Gerede der Leute nähmen, schon im voraus daran dächten, wie sie sich rechtfertigen könnten und dabei versäumten, seine Sicherheit zu gewährleisten. Als sie dann versprachen, ihn mit einer Schnelligkeit zu ermorden, als ob es mit einem einzigen Schwertstreich geschehe, wurde neben dem Schlafgemach des Caesars ein rasch wirkender Trank aus schon vorher geprüften Giften gebraut.

(16) Es herrschte die Sitte, daß die fürstlichen Kinder mit den übrigen Altersgenossen unter den Augen ihrer Angehörigen, an einer besonderen, sparsamer besetzten Tafel sitzend, speisten[36]. Da auch Britannicus hier speiste und ein dazu ausgewählter Diener seine Speisen und Getränke vorkostete, ersann man, um von dem Brauch nicht abzugehen und damit der Tod von beiden nicht verrate, daß es sich um ein Verbrechen handle, folgende List. Ein noch unschädliches und sehr heißes, bereits vorgekostetes Getränk wurde Britannicus gereicht. Wie er es dann als zu heiß zurückwies, wurde das Gift in kaltem Wasser hinzugegossen und dieses durchdrang so alle seine Glieder, daß Stimme und Atem gleichzeitig versagten. Eine Panik entstand unter den Herumsitzenden. Ohne zu wissen, was eigentlich vorging, liefen sie auseinander. Jedoch wer tiefer blickte, blieb wie gebannt

stehen, den Blick auf Nero gerichtet. Dieser verharrte in seiner liegenden Haltung, und als ob er von nichts wisse, sagte er, dies sei nichts Ungewöhnliches, es handle sich um einen epileptischen Anfall, worunter Britannicus seit seiner frühesten Kindheit zu leiden habe. Allmählich werde er wieder sehen können und zur Besinnung kommen. Aber auf Agrippinas Gesicht zeichnete sich ein solches Entsetzen, eine solche Fassungslosigkeit ab, daß es, obwohl sie sich zu beherrschen suchte, sicher war, sie sei ebenso unwissend gewesen wie Octavia, die Schwester des Britannicus. Sie war sich ja bewußt, daß ihr nun die letzte Stütze entrissen und dies das Vorspiel zum Muttermord sei. Auch Octavia hatte schon im zarten Kindesalter Schmerz und Liebe, jede Gefühlsregung zu verbergen gelernt. So nahm nach kurzem Schweigen das Gastmahl seinen fröhlichen Fortgang.

(17) In der gleichen Nacht, in der Britannicus ermordet wurde, errichtete man auch den Scheiterhaufen. Die Vorbereitungen für das einfache Leichenbegängnis waren schon zuvor getroffen worden. Jedoch wurde die Asche auf dem Marsfeld[37] beigesetzt, und zwar bei Sturm und Regen, so daß das Volk glaubte, darin tue sich der Zorn der Götter kund und wende sich gegen eine Untat, die sogar sehr viele Menschen für verzeihlich hielten, da sie wußten, daß die Zwietracht unter Brüdern eine alte Geschichte und der Königsthron unteilbar sei[38]. Die meisten Schriftsteller dieser Zeit berichten, an vielen Tagen vor dem Ende des Britannicus habe Nero den Knaben unsittlich mißbraucht, so daß sein Tod nicht mehr als zu früh erfolgt und grausam erscheinen könne, obgleich dieser während des geheiligten Mahles[39], ja ohne, daß Britannicus Zeit gelassen worden wäre, seine Schwestern[40] zu umarmen, vor den Augen seines Feindes beschleunigt herbeigeführt wurde. Und dabei war es das letzte Blut der Claudier, das erst durch Schändung und dann durch Gift besudelt wurde. Die beschleunigte Beisetzung rechtfertigte der Caesar in einem Erlaß, in dem er darauf hinwies, daß es ein Brauch der Vorfahren sei, jugendliche Leichen den Blicken zu entziehen und deren Beisetzung nicht

durch Lobreden oder einen Leichenzug zu verzögern. Im übrigen könne er sich nach dem Verlust der brüderlichen Hilfe in seinen restlichen Hoffnungen nur noch auf das Gemeinwesen stützen; desto mehr müßten die Väter und das Volk dem Princeps zur Seite stehen, der als einziger aus der zum höchsten Amte bestimmten Familie noch übrig sei.

(18) Dann bedachte er seine besten Freunde mit Schenkungen, und es gab manche Leute, die gegen die Männer, die auf ihre Würde pochten, den Vorwurf erhoben, daß sie Häuser und Villen in einer solchen Zeit wie Kriegsbeute unter sich verteilten. Andere glaubten, sie seien von dem Princeps in eine Zwangslage versetzt worden; denn im Bewußtsein seines Verbrechens erhoffe er Nachsicht, wenn er die einflußreichsten Männer[41] durch Schenkungen sich verpflichtet habe.

Aber die erbitterte Mutter ließ sich durch keine Freigebigkeit besänftigen, im Gegenteil, sie schloß Octavia in ihr Herz, hatte mit Freunden viele geheime Besprechungen und raffte – sie war schon von Haus aus habsüchtig – von überallher Geld zusammen, gleichsam um über eine Reserve zu verfügen. Sie empfing Tribunen und Centurionen leutselig, erwähnte mit Hochachtung die Namen und Verdienste der Adeligen, soweit damals solche noch vorhanden waren[42], als suche sie einen Parteiführer und seinen Anhang. Davon bekam Nero Kenntnis, und er befahl, daß die militärische Leibwache, die ihr einst als der Gattin des Imperators gestellt und als dessen Mutter gelassen worden war, sowie die Germanengarde[43], die ihr erst kürzlich ebenfalls als Ehrenwache beigegeben worden war, abgezogen werde. Und damit nicht die Besucher in Scharen bei ihr aus- und eingingen, trennte er ihre Hofhaltung von der seinigen ab und wies der Mutter den Palast an, der Antonia[44] gehört hatte; sooft er selbst dorthin kam, war er von einer Schar Centurionen umschirmt und ging nach einem flüchtigen Kuß wieder weg.

(19) Nichts ist im menschlichen Leben so schwankend und wandelbar wie der Ruf von Machthabern, die sich nicht auf eigene Kraft stützen. Sofort stand das Zimmer Agrippinas

leer: niemand tröstete sie, niemand besuchte sie außer einigen Frauen, bei denen man nicht wußte, ob dies aus Liebe oder aus Haß geschah. Zu ihnen gehörte Iunia Silana, die, wie ich oben berichtet habe, von Messalina aus ihrer Ehe mit C. Silius verdrängt worden war, eine Frau, die hervorstach durch ihre Abkunft, ihre Schönheit und ihre Sittenlosigkeit – und die der Agrippina schon lange ans Herz gewachsen war. Später traten versteckte Mißhelligkeiten zwischen ihnen auf, weil Agrippina dem jungen Adeligen Sextius Africanus[45] vor der Ehe mit Silana Angst gemacht hatte, indem sie behauptete, diese sei ein unzüchtiges, alterndes Weib. Dabei wollte sie nicht Africanus sich selbst sichern, sondern der Ehemann sollte sich nicht in den Besitz des Vermögens der kinderlosen Silana setzen. Jene stellte nun, da sich die Aussicht auf Rache bot, als Ankläger Iturius und Calvisius aus der Zahl ihrer Klienten auf, wobei sie nicht so alte und schon oft gehörte Geschichten hinterbrachte, wie z. B. Agrippina betrauere den Tod des Britannicus oder sie spreche in der Öffentlichkeit von den Kränkungen, die der Octavia zugefügt wurden[46], sondern behauptete, sie habe sich in den Kopf gesetzt, Rubellius Plautus, der mütterlicherseits in dem gleichen Verwandtschaftsgrad wie Nero von dem vergöttlichten Augustus abstammte[47], zum Haupt eines Staatsstreiches zu machen und als dessen Gemahlin im Mitbesitz der Macht erneut das Gemeinwesen in ihre Hand zu bekommen. Dies eröffneten Iturius und Calvisius dem Freigelassenen Atimetus der Domitia, der Vatersschwester Neros[48]. Atimetus war über die Mitteilungen erfreut – denn zwischen Agrippina und Domitia herrschte eine erbitterte Eifersucht – und veranlaßte den Schauspieler Paris, der ebenfalls ein Freigelassener der Domitia war, eilends hinzugehen und die Beschuldigung in einer krassen Darstellung zu überbringen.

(20) Die Nacht war schon weit fortgeschritten, und Nero saß immer noch beim Weingelage. Da trat Paris herein, der auch sonst um diese Zeit den Princeps zu weiterem Schwelgen zu animieren pflegte, aber jetzt eine traurige Miene auf-

gesetzt hatte. Er legte die Anzeige Punkt für Punkt dar und erschreckte den Aufhorchenden so sehr, daß dieser nicht nur seine Mutter und Plautus umzubringen, sondern auch Burrus als Präfekten abzusetzen anordnete, da er durch die Gunst Agrippinas in seine hohe Stellung gelangt sei und ihr jetzt einen Gegendienst erweisen wolle. Fabius Rusticus[49] berichtet, es sei ein Handschreiben an Caecina Tuscus[50] ausgefertigt worden, in dem ihm der Befehl über die Prätorianerkohorten übertragen wurde. Doch sei Burrus durch die Vermittlung Senecas in seiner Stellung belassen worden. Plinius und Cluvius[51] berichten, an der Zuverlässigkeit des Präfekten habe in keiner Weise Zweifel geherrscht. Fabius freilich neigt dazu, Seneca, durch dessen Freundschaft er hochgekommen war, zu loben. Wir wollen den Schriftstellern uns anschließen, soweit sie übereinstimmen, ihre abweichenden Berichte aber unter ihrem eigenen Namen überliefern.

Nero, in seiner kopflosen Angst und in seinem Verlangen nach dem Mord der Mutter, konnte erst zu einem Aufschub veranlaßt werden, als Burrus versprach, daß sie umgebracht werde, sofern sie des Verbrechens überführt werde. Jeder Person und vollends einer Mutter müsse man jedoch die Verteidigung gestatten. Auch seien keine Ankläger da, sondern die Stimme eines einzigen[52], die aus einem feindlich gesinnten Hause komme. Er solle bedenken, daß es dunkel sei und man die Nacht durchgezecht habe, wobei man leichter dazu neige, in Unwissenheit lauter unbesonnene Handlungen zu begehen.

(21) So wurde der Princeps in seiner Furcht beschwichtigt, und bei Tagesanbruch ging man zu Agrippina, damit sie von den Vorwürfen Kenntnis nehme, sie entkräfte oder bestraft werde. Burrus entledigte sich dieses Auftrages in Gegenwart von Seneca. Auch von den Freigelassenen waren einige als Zeugen des Gesprächs anwesend. Als dann Burrus die Beschuldigungen dargelegt und deren Gewährsmänner genannt hatte, nahm er einen drohenden Ton an. Agrippina, die ihr aufbrausendes Wesen nicht verleugnete, erwiderte: „Ich wundere mich nicht, daß Silana, die nie Kinder geboren

hat, keine Muttergefühle kennt. Denn die Mutter wechselt nicht ihre Kinder wie eine unzüchtige Frau ihre Liebhaber. Und wenn Iturius und Calvisius, nachdem sie ihr ganzes Vermögen verzehrt haben, als letztes Hilfsmittel sich einem alten Weibe damit verkaufen, daß sie ihre Dienste bei der Übernahme einer Anklage zur Verfügung stellen, so brauche ich mich deshalb doch nicht der Schande eines Kindermordes oder der Caesar dem Schuldgefühl eines Muttermordes sich auszusetzen[53]. Denn meiner Feindin Domitia würde ich Dank sagen, wenn sie mit mir in wohlwollender Gesinnung gegenüber meinem Nero wetteiferte. Jetzt aber verfaßt sie mit Hilfe ihres Liebhabers Atimetus und des Schauspielers Paris geradezu ein Theaterstück. Sie baute ihre Fischteiche in Baiae aus, während auf meine Anregung hin die Adoption Neros, die prokonsularische Gewalt, die Ernennung zum Konsul und alles übrige zur Erlangung der Herrschermacht vorbereitet wurde. Oder[54] – es soll einer auftreten, der mich beschuldigen kann, die Kohorten in Rom zu gewinnen versucht, die Treue der Provinzen zum Wanken gebracht oder gar Sklaven oder Freigelassene[55] zu einem Verbrechen verführt zu haben. Hätte ich leben können, wenn Britannicus zur Macht gekommen wäre? Und gesetzt den Fall, daß Plautus oder sonst jemand, um Gericht zu halten[56], die Staatsführung in die Hände nimmt, fehlt es mir dann wohl an Anklägern, die mir nicht nur manchmal unbedacht hingeworfene Worte einer liebevollen Empfindsamkeit, sondern solche Verbrechen vorwerfen, von denen mich einzig mein Sohn freisprechen könnte?" Die Anwesenden waren ergriffen und suchten nun ihrerseits Agrippinas aufwallenden Zorn zu besänftigen. Da forderte sie eine Unterredung mit ihrem Sohn, bei der sie kein Wort für ihre Unschuld, als ob sie sich ihrer nicht sicher wäre, und keines über ihre Wohltaten, als ob sie ihm diese vorwerfen wolle, sagte, sondern Bestrafung der Denunzianten und Belohnungen für ihre Freunde durchsetzte.

(22) Die Aufsicht über das Getreidewesen wurde Faenius Rufus, die über die von dem Caesar angeordneten Spiele

dem Arruntius Stella, Ägypten Ti. Balbillus übertragen; Syrien wurde für P. Anteius[57] bestimmt. Doch mit allerlei Intrigen wurde er dann zum besten gehalten und schließlich in Rom zurückbehalten. Aber Silana wurde verbannt; auch Calvisius und Iturius wurden relegiert[58]. Atimetus wurde hingerichtet, während Paris bei den Ausschweifungen des Princeps eine zu gewichtige Rolle spielte, um bestraft zu werden. Über Plautus ging man für den Augenblick mit Stillschweigen hinweg.

(23) Darauf wurden Pallas und Burrus angezeigt. Sie sollten sich darüber geeinigt haben, daß Cornelius Sulla[59], der einem berühmten Geschlecht angehörte und mit Claudius verwandt war – durch die Heirat mit Antonia war er dessen Schwiegersohn –, zur Herrschaft berufen werde. Diese Anklage ging von einem gewissen Paetus aus, der als Aufkäufer der vom Staat eingezogenen Güter berüchtigt war und in diesem Falle als Schwindler entlarvt wurde[60]. Doch wurde es einerseits beifällig begrüßt, daß die Unschuld des Pallas erwiesen wurde, andererseits empfand man seinen Hochmut doch als überaus lästig. Und freilich, als man ihm unter seinen Freigelassenen einige nannte, die in seine Machenschaften eingeweiht seien, gab er zur Antwort, er habe in seinem Hause eine Anweisung nie anders gegeben, als durch Nicken oder eine Handbewegung, oder wenn mehrere Weisungen gegeben werden mußten, habe er dies schriftlich getan, um nicht durch mündlichen Verkehr mit seiner Dienerschaft in Berührung zu kommen. Obgleich Burrus Angeklagter war, gab er seine Stimme als Richter ab[61]. Über den Ankläger wurde die Verbannung verhängt. Die Akten wurden verbrannt, mit denen er in Vergessenheit geratene Forderungen des Staatsschatzes einzutreiben pflegte[62].

(24) Am Ende des Jahres wurde die Wache der Kohorte, die an den Spielen aufzuziehen pflegte, entfernt, damit das Bild der Freiheit in Erscheinung trete und das Militär nicht mit dem zuchtlosen Theatervolk in enge Berührung komme, sondern in seiner Moral ungefährdet bleibe. Auch sollte die

Plebs die Probe dafür ablegen, ob sie nach Entfernung der Wache Selbstdisziplin bewahre. Die Stadt entsühnte der Princeps aufgrund eines Bescheides der Opferschauer, da in dem Tempel des Iuppiter und der Minerva der Blitz eingeschlagen hatte.

56 n. Chr. (25) Unter dem Konsulat des Q. Volusius und P. Scipio[63] herrschte Ruhe in der auswärtigen Politik; im Inneren tobte sich eine häßliche Zügellosigkeit aus. Nero trieb sich in den Straßen der Stadt, in den Bordellen und Kneipen umher, in Sklaventracht, damit man ihn nicht erkenne, und mit einem Gefolge, das die zum Verkauf ausgestellten Waren raubte und jeden, der ihm in den Weg kam, mißhandelte, wobei die Betroffenen so ahnungslos waren, daß Nero selbst Prügel bezog, die in seinem Gesicht Spuren hinterließen. Als sodann bekannt wurde, es sei der Caesar, der durch die Straßen ziehe, und sich die Gewalttätigkeiten gegenüber Männern und Frauen von hohem Stand häuften, manche auch, nachdem nun einmal erlaubt war, sich ungehemmt gehenzulassen, unter dem Namen Neros mit eigenen Banden sich gleichermaßen betätigten, ging es in Rom bei Nacht wie in einer eroberten Stadt zu. Iulius Montanus, der dem Senatorenstand angehörte[64], aber noch kein Ehrenamt bekleidet hatte, war zufällig in der Dunkelheit mit dem Princeps zusammengestoßen; er wurde, da dieser gegen ihn tätlich geworden war und er ihn energisch zurückgestoßen, aber erst dann erkannt und um Verzeihung gebeten hatte, gezwungen, sich den Tod zu geben, als ob er sich gegen Nero vergangen hätte. Nero aber wurde ängstlicher und umgab sich seitdem mit Soldaten und einer Menge Gladiatoren, die in die Raufhändel bei ihrem Beginn nicht weiter eingreifen sollten, wie wenn es sich um eine private Angelegenheit handle; aber wenn die Mißhandelten sich stärker zur Wehr setzten, schritten sie mit den Waffen ein. Auch die Ausschreitungen bei den Spielen und die Auseinandersetzungen bei der Parteinahme für die Schauspieler ließ er durch Straflosigkeit und Belohnungen zu Gefechten ausarten, wobei er selbst versteckt und sehr oft auch offen zuschaute, bis man angesichts

der Zwietracht im Volke und der Furcht vor schwereren Unruhen kein anderes Mittel mehr fand, als diese Schauspieler aus Italien zu vertreiben und die Soldaten wieder im Theater zu postieren.

(26) Um die gleiche Zeit wurde im Senat über das böswillige Verhalten der Freigelassenen verhandelt und gefordert, daß den Schutzherren gegenüber jedem, dessen Freilassung sich als unverdient erwiesen habe, das Recht gegeben werde, diese zu widerrufen. Und es fehlte nicht an Befürwortern dieser Forderung. Aber die Konsuln wagten es nicht, sie zur Abstimmung zu bringen, ohne den Princeps vorher zu verständigen; sie gaben ihm jedoch schriftlich von der Einmütigkeit des Senats Kenntnis. Der Princeps war unschlüssig, ob er nicht von sich aus die Verordnung erlassen solle . . .[65], da die Beratung nur in kleinem Kreise stattfand und entgegengesetzte Meinungen geäußert wurden: einige schimpften, daß Hand in Hand mit der Freilassung das unehrerbietige Benehmen gewachsen und so weit gegangen sei, daß die Freigelassenen ihre Schutzherren um ihre Meinung fragten, ob sie auf dem Boden der Gewalt oder mit ihnen gleichberechtigt verhandeln sollten, und ihrerseits zu Tätlichkeiten die Fäuste erhoben, ungestraft oder sogar selbst zu ihrer Bestrafung ratend. Denn was bleibe dem beleidigten Schutzherren anderes gestattet, als daß er den Freigelassenen auf hundert Meilen an die Küste Campaniens verweise[66]. Im übrigen gebe es bei den gerichtlichen Verhandlungen keine Unterschiede und herrsche gleiches Recht[67]. Man müsse dem Herrn irgendeine Waffe in die Hand geben, die nicht verachtet werden könne, und für die Freigelassenen sei es doch keine schwere Aufgabe, in der gleichen Unterordnung ihre Freiheit zu behalten, mit der sie diese erlangt hätten. Wer aber eines Verbrechens überführt werde, werde verdientermaßen wieder in die Knechtschaft zurückgeholt, damit durch Furcht diejenigen in Zaum gehalten werden, die durch Wohltaten sich nicht verändern lassen.

(27) Von der Gegenseite wurde vorgebracht: Wenn wenige Schuld auf sich laden, müssen diese persönlich auch dafür

büßen, aber in keiner Weise dürfen alle zusammen in ihrem Recht geschmälert werden. Denn die Angehörigen dieses Standes sind weit und breit zu finden. Aus ihm setzen sich in der Regel die Tribus, die Dekurien, die Bediensteten der Beamten und der Priester[68], ja sogar in der Hauptstadt ausgehobene Kohorten zusammen. Die meisten Ritter, sehr viele Senatoren leiten ihre Abstammung nicht von woanders her. Wenn man die Abkömmlinge der Freigelassenen aussondert, wird sich deutlich ein Mangel an Freigeborenen zeigen. Nicht umsonst haben die Vorfahren zwar die Stände hinsichtlich ihres Ranges getrennt, aber die Freiheit zum Gemeingut gemacht. Ja, es sind sogar zwei Arten von Freilassung[69] eingeführt worden, um die Möglichkeit des Bereuens zu wahren oder die Gelegenheit zu einer neuen Wohltat[70] zu haben. Wen der Schutzherr nicht förmlich durch den Freiheitsstab losgesprochen hat, der wird gleichsam immer noch in den Banden der Knechtschaft festgehalten. Jeder möge die Verdienste seines Sklaven genau prüfen und nur zögernd das genehmigen, was, einmal gegeben, nicht wieder genommen werden darf. Diese Ansicht drang durch. Der Caesar schrieb an den Senat, man solle die Sache von Freigelassenen, sooft ihre Schutzherren gegen sie eine Klage vorbringen, von Fall zu Fall genau prüfen, aber von einer allgemeinen Beschränkung ihrer Rechte absehen. Doch wurde bald darauf der Domitia, der Tante Neros, ihr Freigelassener Paris[71] weggenommen, gleichsam auf der Grundlage öffentlichen Rechts, doch nicht ohne den Ruf des Princeps zu beeinträchtigen, auf dessen Befehl er in der gerichtlichen Entscheidung als Freigeborener erklärt worden war[72].

(28) Trotzdem[73] erhielt sich ein gewisses Schattenbild eines freien Gemeinwesens. Denn zwischen dem Prätor Vibullius und dem Volkstribunen Antistius[74] war ein Streit ausgebrochen, weil dieser die Freilassung der Anhänger der Schauspieler[75], die der Prätor wegen ihrer Ausschreitungen ins Gefängnis geworfen hatte, befohlen hatte. Diese Maßnahme des Prätors billigten die Väter und beschuldigten den Antistius der Eigenmächtigkeit. Zugleich wurde den Tribunen

untersagt, in die Rechtsbefugnisse der Prätoren und Konsuln einzugreifen oder Personen aus Italien vorzuladen, mit denen aufgrund einer Zivilklage verhandelt werden könne[76]. Der designierte Konsul L. Piso[77] fügte noch hinzu, sie sollten gegen ihre Hausgenossen keine Strafmaßnahmen in amtlicher Eigenschaft vornehmen und die Quästoren des Aerariums sollten keine von ihnen verhängte Geldstrafe früher als nach vier Monaten in die öffentlichen Rechnungsbücher eintragen. In der Zwischenzeit solle es erlaubt sein, Einspruch zu erheben, über den die Konsuln zu entscheiden hätten. Auch die Amtsbefugnis der Ädilen wurde noch weiter eingeschränkt und die Höhe des Pfandes festgesetzt, das die kurulischen und die plebeischen Ädilen nehmen oder als Strafe aussprechen dürften. Der Volkstribun Helvidius Priscus[78] trug gegen Obultronius Sabinus, den Quästor des Aerariums[79], seine persönlichen Streitigkeiten aus mit der Behauptung, er übertreibe mitleidlos das Pfändungsrecht[80] gegenüber den Mittellosen. Darauf nahm der Princeps den Quästoren die Verwaltung des Staatsschatzes[81] ab und übertrug sie auf die Präfekten.

(29) Diese Verwaltung wurde in verschiedener Form gehandhabt und oft abgeändert. Augustus hatte die Auswahl der Präfekten dem Senat überlassen[82]. Als dann der Verdacht des Stimmenfangs aufkam, wurden die Amtsinhaber aus der Zahl der Prätoren ausgelost[83]. Auch diese Regelung war nicht von langer Dauer, weil sich das Los auf Personen verirrte, die keine rechte Eignung besaßen. Darauf setzte Claudius wieder Quästoren[84] ein und versprach außer der Reihe Beförderungen[85], damit sie nicht aus Furcht, Anstoß zu erregen, ihr Amt zu schwächlich führen sollten. Aber es fehlte ihnen, da dies das erste Staatsamt war, das sie bekleideten, die erforderliche Reife des Alters. Deshalb wählte Nero ehemalige Prätoren aus, die erfahren waren und sich schon bewährt hatten.

(30) Unter den gleichen Konsuln wurde Vipsanius Laenas verurteilt, weil er in der Verwaltung der Provinz Sardinien sich habsüchtig erwiesen hatte[86]. Freigesprochen wurde

Cestius Proculus, den die Kreter wegen Erpressung anklagten. Clodius Quirinalis, der beschuldigt wurde, als Befehlshaber der in Ravenna stationierten Flottenmannschaft Italien, als handle es sich um die niedrigste Bevölkerung, mit brutaler Verschwendungssucht schwer heimgesucht zu haben, kam seiner Verurteilung durch Gift zuvor. Caninius Rebulus[87], einer der ersten Rechtskundigen und ein reich begüterter Mann, entzog sich den Leiden eines kranken, alten Menschen, indem er das Blut in seinen Adern entweichen ließ. Man hätte ihm nicht den Mut zugetraut, daß er sich selbst das Leben nehmen würde, da er als ein weibischer Lüstling verrufen war. Aber L. Volusius[88] starb, im Besitz eines ausgezeichneten Rufes, eines natürlichen Todes. Er erreichte ein Alter von dreiundneunzig Jahren, besaß ein recht ansehnliches, rechtmäßig erworbenes Vermögen und erfreute sich der unangefochtenen Freundschaft so vieler Herrscher.

57 n. Chr. (31) Während Nero zum zweitenmal zusammen mit L. Piso Konsul war, hat sich nur wenig Denkwürdiges ereignet[89], es sei denn, daß jemand daran Gefallen fände, mit dem Lob der Grundsteine und der Balken, mit denen der Caesar den gewaltigen Bau des Amphitheaters auf dem Marsfeld errichtet hat, die Bücher zu füllen, wo man es doch sonst als der Würde des römischen Volkes angemessen gefunden hat, hervorragende Vorkommnisse den Jahrbüchern, solche Dinge aber der städtischen Tageszeitung[90] zu überlassen. Im übrigen wurden die Kolonien Capua und Nuceria[91] durch zusätzliche Veteranen verstärkt. Der Plebs wurden als Spende pro Kopf vierhundert Sesterzen gegeben und vierzig Millionen dem Staatsschatz überwiesen, um den Kredit des Staatsvolkes aufrechtzuerhalten[92]. Auch wurde die Abgabe von vier Prozent des Kaufpreises der Sklaven erlassen, mehr zum Schein als in Wirklichkeit, weil der Verkäufer bei der Zahlungsaufforderung diesen Betrag auf den Kaufpreis zu schlagen pflegte. Ferner ordnete der Caesar an, kein Staatsbeamter oder Prokurator dürfe in der von ihm verwalteten Provinz ein Fechterspiel oder eine Tierhetze oder sonst eine Volksbelustigung veranstalten. Denn

bisher pflegten sie durch eine derartige freiwillige Veranstaltung geradeso wie durch die Wegnahme von Geldmitteln die Untertanen zu bedrücken, wobei sie die Folgen ihrer Übergriffe, die sie sich in ihrer Zügellosigkeit hatten zuschulden kommen lassen, von sich abzuwehren suchten, indem sie sich parteiisch erwiesen[93].

(32) Es wurde auch ein Senatsbeschluß gefaßt, der gleichermaßen der Sühne wie der Sicherheit diente: wenn jemand von den eigenen Sklaven ermordet werde, sollten auch diejenigen, die durch ein Testament freigelassen worden und unter dem gleichen Dach geblieben seien, zusammen mit den Sklaven hingerichtet werden[94]. – In den Senatorenstand wiedereingesetzt wurde der Konsular Lucius Varus[95], der ehedem der Beschuldigung der Habsucht zum Opfer gefallen war. Das Gerichtsverfahren gegen Pomponia Graecina, eine vornehme Frau, die mit A. Plautius – er hatte, wie berichtet[96], über die Britannier einen kleinen Triumph gefeiert – verheiratet und wegen fremdländischer Religionsausübung angeklagt war, wurde ihrem Ehemann als dem zuständigen Richter überwiesen. Und dieser hielt nach der alten Sitte in Anwesenheit der Verwandten Gericht über den Lebenswandel und die Ehre seiner Frau und erklärte sie für unschuldig[97]. Das Leben dieser Pomponia war von langem, ununterbrochenem Leid begleitet. Denn seit Iulia, die Tochter des Drusus[98], durch die Heimtücke der Messalina ums Leben gekommen war, brachte sie vierzig Jahre nur noch im Trauergewand und in Gram zu. Und deshalb blieb sie auch unter der Regierung des Claudius unbehelligt. Später gereichte es ihr sogar zur Ehre.

(33) In dem gleichen Jahre kam es zu weiteren Prozessen. Einen von diesen, der sich infolge einer Anklage der Provinz Asia gegen P. Celer richtete, zog der Caesar, da er den Angeklagten nicht freisprechen konnte, so lange hin, bis dieser an Altersschwäche starb. Denn nachdem, wie berichtet[99], der Prokonsul Silanus ermordet worden war, suchte Celer mit diesem großen Verbrechen[100] alle seine übrigen Schandtaten zu verdecken. Den Cossutianus Capito[101] hat-

ten die Cilicier angeklagt als einen anrüchigen, gemeinen Menschen, der geglaubt hatte, in der Provinz dasselbe Anrecht auf Frechheit beanspruchen zu dürfen, wie er es in Rom in Anspruch genommen hatte. Er gab schließlich, von seinen hartnäckigen Anklägern in die Enge getrieben, seine Verteidigung auf und wurde nach dem Repetundengesetz verurteilt. Bei Eprius Marcellus[102], von dem die Lycier Wiedergutmachung forderten, hatte die Beeinflussung des Gerichts so weitgehende Wirkung, daß einige seiner Ankläger mit der Verbannung bestraft wurden, weil sie einem Unschuldigen den Prozeß gemacht hätten.

58 n. Chr. (34) Zusammen mit Nero, der zum drittenmal Konsul war, trat Valerius Messala das Konsulat an. Es waren nur noch wenige und bereits alte Leute, die sich erinnerten, daß dessen Urgroßvater, der Redner Corvinus, der Amtsgenosse des verewigten Augustus, des Urgroßvaters Neros, im Konsulat gewesen war[103]. Aber die Ehre der adeligen Familie wurde noch dadurch erhöht, daß Messala jährlich fünfhunderttausend Sesterzen zur Verfügung gestellt wurden, damit er mit diesen seiner unverschuldeten Armut abhelfe. Auch für Aurelius Cotta und Haterius Antoninus[104] setzte der Princeps eine jährliche Geldsumme aus, obgleich sie durch ihren verschwenderischen Lebenswandel den ererbten Reichtum durchgebracht hatten.

Zu Beginn des Jahres wurde der Krieg zwischen den Parthern und Römern um den Besitz von Armenien, der zuerst lahm begonnen und dann vertagt worden war, tatkräftig wieder aufgenommen, da einerseits Vologaeses nicht dulden wollte, daß sein Bruder Tiridates den von ihm übergebenen Thron verliere oder ihn als Geschenk einer fremden Macht innehabe, andererseits aber Corbulo des Glaubens war, es entspreche der Hoheit des römischen Volkes, was einst Lucullus und Pompeius erobert hätten[105], wiederzugewinnen. Dazu riefen die unzuverlässigen Armenier beide Parteien zum bewaffneten Eingreifen auf, wobei sie aufgrund der Lage ihres Landes und der Ähnlichkeit ihrer Sitten den Parthern, mit denen sie durch Ehen vermischt waren, näherstanden und auch, unbekannt mit der Freiheit, eher zu einem Knechtsdasein Neigung zeigten.

(35) Aber Corbulo hatte mehr gegen die Trägheit der Soldaten zu kämpfen als gegen die Verschlagenheit der Feinde[106]. Denn die aus Syrien dorthin verlegten Legionen waren in einer langen Friedenszeit verweichlicht und nahmen nur mit größtem Widerwillen den Dienst auf sich. Es war hinreichend bekannt, daß es in diesem Heere Veteranen gab, die nicht Posten standen und nicht auf Wache aufzogen, Wall und Graben als sonderbare Neuigkeiten betrachteten und ohne Helm, ohne Panzer, als feine Leute auftretend und auf Geldverdienen bedacht, in den festen Plätzen ihre Dienstzeit verbrachten. Daher entließ er diejenigen, die alters- oder gesundheitshalber nicht tauglich waren, und verlangte entsprechenden Ersatz. Und wirklich wurden in Galatien und Cappadocien Aushebungen veranstaltet und aus Germanien wurde eine Legion mitsamt der bundesgenössischen Reiterei und den Kohorten zu Fuß herangeführt. Das ganze Heer mußte unter Zelten kampieren, obgleich der Winter so hart war, daß der gefrorene Boden, erst wenn man ihn aufgrub, die Möglichkeit bot, Zelte aufzuschlagen. Vielen erfroren in der grimmigen Kälte die Gliedmaßen, und einige fanden, während sie auf Wache standen, den Tod. Und man vermerkte, daß einem Soldaten, der ein Bündel Holz trug, die Hände so erstarrt waren, daß sie an der Last hängenblieben und von den Armstümpfen abfielen. Er selbst zeigte sich immer wieder in leichter Kleidung, ohne Kopfbedeckung auf dem Marsch und bei dem Arbeitsdienst und spendete Lob den Tüchtigen, Trost den Schwachen und war so ein Vorbild für alle. Als dann aber viele infolge des harten Klimas und des Dienstes den Gehorsam verweigerten und davonliefen, suchte er mit Strenge Abhilfe zu schaffen. Denn nicht wie bei anderen Heeren ließ er, wenn einer sich zum ersten- oder zweitenmal vergaß, Nachsicht walten, sondern jeder, der die Fahne verließ, büßte sofort mit seinem Kopf. Und diese Maßregel erwies sich als heilsam und als zweckmäßiger als Mitleid. Denn die Zahl der Fahnen-

flüchtigen in diesem Lager war geringer als dort, wo man Nachsicht walten ließ.

(36) Inzwischen hielt Corbulo die Legionen innerhalb des Lagers, bis es richtig Frühling würde[107], stellte an geeigneten Punkten Kohorten der Hilfstruppen auf und gab die Anweisung, nicht von sich aus eine Schlacht zu wagen. Das Kommando über die Stützpunkte übertrug er dem Paccius Orfitus, der bisher den Rang eines Primipilars innegehabt hatte. Dieser hatte zwar schriftlich gemeldet, die Barbaren seien nicht auf ihrer Hut und es biete sich die Gelegenheit zu einem erfolgreichen Handstreich; trotzdem erhielt er den Befehl, innerhalb seiner Befestigungsanlagen zu bleiben und auf Verstärkung zu warten. Aber er hielt sich nicht an den Befehl, und als ein paar Reiterabteilungen aus den nächstgelegenen Kastellen eintrafen und in ihrer Unerfahrenheit eine Schlacht forderten, griff er den Feind an und wurde geschlagen. Durch seine Niederlage erschreckt, kehrten die, die Hilfe hätten bringen sollen, in ihre einzelnen Lager in kopfloser Flucht zurück. Darüber war Corbulo sehr ungehalten, machte Paccius Vorwürfe und ließ ihn mitsamt seinem Präfekten und den Mannschaften außerhalb des Walles kampieren[108]. In dieser Schande mußten sie ausharren und wurden aus ihr erst durch die Bitten des gesamten Heeres erlöst.

(37) Aber Tiridates, der, abgesehen von seiner eigenen Klientel, noch durch seinen Bruder Vologaeses unterstützt wurde, bedrohte Armenien nicht länger heimlich, sondern offen mit Krieg, suchte diejenigen, die nach seiner Meinung uns treu waren, durch Plünderung heim, wich den Truppen, die gegen ihn geführt wurden, aus und erregte, bald hier, bald dort auftauchend, mehr Schrecken durch das, was man von ihm redete, als durch einen wirklichen Kampf. Und so verteilte Corbulo, der längst eine Schlacht suchte, aber zum besten gehabt und gezwungen wurde, nach dem Beispiel der Feinde umherziehend Krieg zu führen, seine Streitkräfte. Seine Legaten und Präfekten sollten gleichzeitig von verschiedenen Punkten aus zum Angriff antreten. Zugleich er-

mahnte er den König Antiochus[109], in die ihm zunächst liegenden Präfekturen einzufallen. Denn Pharasmanes[110], der seinen Sohn Radamistus unter der Beschuldigung des Verrates ermordet hatte, ließ, um seine Treue zu uns unter Beweis zu stellen, seinem alten Haß gegen die Armenier noch ungehemmteren Lauf. Jetzt zum erstenmal wurden die Moscher[111], ein mit den Römern besonders eng verbundenes Volk, dazu gewonnen, in die unwegsamen Gebiete Armeniens einzudringen. So schlugen des Tiridates Pläne in das Gegenteil um, und er schickte Unterhändler, die in seinem und der Parther Namen eine Erklärung verlangen sollten, warum er trotz der kürzlich erfolgten Stellung von Geiseln und der Erneuerung der Freundschaft, die den Weg auch für neue Beweise des Wohlwollens eröffnen sollte, aus Armenien, das doch schon lange sein Besitz sei, vertrieben werde. Deshalb habe sich Vologaeses noch nicht erhoben, weil sie lieber den Weg der Verhandlungen als der Gewalt beschreiten wollten. Wenn man darauf beharre, Krieg zu führen, werde es den Arsaciden nicht an Mannhaftigkeit und nicht an Glück fehlen, das sie schon oft mit einer Niederlage der Römer erprobt hätten. Daraufhin riet Corbulo, der darüber wohl im Bilde war, daß Vologaeses durch den Abfall Hyrcaniens[112] gebunden sei, dem Tiridates, sich an den Caesar mit Bitten zu wenden: es könne ihm ein Thron auf die Dauer und ohne Blutvergießen zuteil werden, wenn er seine in weiter Ferne und Zukunft liegenden Hoffnungen aufgebe und sich an eine bessere Gegenwart halte.

(38) Da man nun bei dem Hin- und Herschicken von Boten auf dem Wege zu einem endgültigen Frieden keinen Schritt weiterkam[113], wurde beschlossen, zu einer persönlichen Aussprache Zeit und Ort festzusetzen. Eine Begleitung von tausend Reitern werde er mitbringen, erklärte Tiridates. Die Zahl und Waffengattung, die Corbulo geleiten solle, bestimme er nicht, nur sollten sie ohne Panzer und Helm, in friedlicher Aufmachung kommen. Ein jeder Mensch, insbesondere ein alter, umsichtiger Heerführer, hätte die Verschlagenheit des Barbaren durchschaut: nur

deshalb werde auf der einen Seite eine beschränkte Zahl festgelegt und auf der anderen eine größere angeboten, um eine Falle zu legen. Denn wenn der im Bogenschießen geübten Reiterei ungeschützte Leiber entgegengestellt würden, werde die zahlenmäßige Übermacht nichts nützen. Indessen ließ Corbulo nicht merken, daß er ihn durchschaut hatte, sondern antwortete, man würde richtiger handeln, wenn man über gemeinsame Fragen in Anwesenheit der gesamten Heere sich ausspreche. Er wählte einen Platz aus, dessen einen Teil allmählich ansteigende Hügel bildeten, wo die Abteilungen des Fußvolkes aufgestellt werden konnten, während der andere Teil in eine Ebene auslief, in der sich Reiterabteilungen entwickeln konnten. An dem verabredeten Tage stellte Corbulo, der als erster zur Stelle war, die Kohorten der Bundesgenossen und die Hilfstruppen der Könige auf den Flügeln, in der Mitte die sechste Legion auf, in die er dreitausend Mann der dritten Legion, die er aus anderen Lagern in der Nacht herbeigeholt hatte, einreihte, aber nur mit einem einzigen Adler, damit sich das Bild nur einer einzigen Legion biete. Tiridates stellte sich, als der Tag schon zu Ende ging, so weit entfernt auf, daß er mehr gesehen als gehört werden konnte. So kamen sie nicht zusammen, und der römische Heerführer befahl seinen Leuten, in ihre einzelnen Lager abzurücken.

(39) Mag nun der König eine List geargwöhnt haben, weil der Abmarsch zugleich in mehreren Richtungen vor sich ging, oder wollte er unsere vom Pontischen Meer und von der Stadt Trapezunt herankommende Zufuhr abfangen: er zog in aller Eile ab. Aber er konnte den Verpflegungstransporten nichts mit Gewalt anhaben, weil sie durch die von unseren Posten besetzten Berge geleitet wurden, und Corbulo traf, um den Krieg nicht erfolglos in die Länge zu ziehen und auch um die Armenier zur Verteidigung ihres eigenen Landes zu zwingen, Anstalten, die Kastelle zu zerstören. Sich selbst behielt er das stärkste in diesem Verwaltungsbezirk, namens Volandum[114], vor. Die kleineren überließ er seinem Legaten Cornelius Flaccus und dem Lager-

kommandanten Insteius Capito. Dann besichtigte er der Reihe nach die Festungswerke, traf alle Vorbereitungen zu ihrer Eroberung, forderte die Soldaten auf, den unsteten, weder zum Frieden noch zum Kampf entschlossenen Feind, der durch seine Flucht seine Treulosigkeit und Feigheit eingestehe, aus seinen Niederlassungen zu vertreiben und auf Ruhm ebenso wie auf Beute bedacht zu sein. Darauf stellte er sein Heer in vier Kolonnen auf. Die einen führte er, unter einem Schilddach eng geschlossen, vor, um den Wall einzureißen, die anderen ließ er Leitern an die Mauern heranbringen, eine große Zahl mit den Geschützen Feuerbrände und Speere schleudern. Den Schleuderern wurde eine Stellung zugewiesen, von wo sie aus der Ferne Bleikugeln werfen sollten; von keiner Seite sollte den Bedrängten Hilfe kommen, und diese sollten überall in gleicher Furcht sein. Eine solche Begeisterung herrschte bei dem zum Kampf antretenden Heer, daß, noch ehe ein Drittel des Tages um war, die Mauern von Verteidigern entblößt, die Torriegel aufgesprengt, die Schanzen erstiegen und eingenommen sowie alle wehrfähigen Männer niedergemacht waren, während es bei uns keine Toten und nur ganz wenige Verwundete gab. Das nicht waffenfähige Volk wurde in die Sklaverei verkauft, die übrige Beute fiel den Siegern zu[115]. Gleiches Glück hatten der Legat und der Lagerkommandant. Drei Kastelle wurden an einem einzigen Tag erobert. Die übrigen ergaben sich aus Schreck, teilweise auch aus freiem Entschluß der Bewohner.

(40) Dies erweckte den Glauben, man könne mit Aussicht auf Erfolg Artaxata, die Hauptstadt des Landes, angreifen. Jedoch wurden die Legionen nicht auf dem nächsten Wege dorthin geführt. Denn wenn sie den Fluß Araxes, der unmittelbar an den Mauern vorbeifließt, auf der Brücke überschreiten würden, müßten sie unter feindlichen Beschuß kommen. So gingen sie in größerer Entfernung und durch breitere Furten hinüber. Aber Tiridates, der zwischen Scham und Furcht schwebte, er möchte sich zu keiner Hilfe fähig erweisen, wenn er sich auf eine Belagerung einlasse und

wenn er eine solche verhindere, in dem schwierigen Gelände für sich und seine Reiterei keine Bewegungsfreiheit haben, beschloß zuletzt, eine Schlacht anzubieten und, wenn sich ein günstiger Tag ergebe, sie auch wirklich zu beginnen oder den Feind durch verstellte Flucht in einen Hinterhalt zu locken. Und so umzingelte er plötzlich die römische Marschkolonne, nicht unbemerkt von unserem Heerführer, der das Heer so geordnet hatte, daß es ebenso weitermarschieren, wie in den Kampf eingreifen konnte. Auf der rechten Seite marschierte die dritte Legion, auf der linken die sechste, in der Mitte die auserlesenen Abteilungen der zehnten Legion. Der Troß wurde zwischen die Reihen genommen, den Rücken deckten tausend Reiter, denen er befohlen hatte, den auf sie eindringenden Feinden im Nahkampf Widerstand zu leisten, die weichenden aber nicht zu verfolgen. Auf den Flügeln marschierten die Bogenschützen zu Fuß und die restlichen Reiterabteilungen, wobei der linke Flügel am Fuß der Hügelkette weiter vorgezogen wurde, damit der Feind, wenn er eindringe, zugleich von vorn und seitlich umfaßt werde. Tiridates sprengte von der Feindseite heran, aber nicht bis in Schußweite, sondern bald drohend, bald anscheinend ängstlich prüfend, ob er vielleicht Reih und Glied bei den Feinden lockern und die Abteilungen vereinzelt verfolgen könne. Als aber nirgends Unbesonnenheit zu einer Lockerung führte und nichts geschah, außer daß ein einziger Dekurio der Reiterei zu waghalsig vorprellte und von Pfeilen durchbohrt wurde, was die übrigen in ihrem Gehorsam bestärkte, rückte er ab, während schon die Dunkelheit hereinbrach.

(41) Corbulo steckte an Ort und Stelle ein Lager ab und überlegte, ob er mit den leichten Legionen noch in der Nacht nach Artaxata marschieren und dieses einschließen solle; denn er glaubte, Tiridates habe sich dorthin begeben. Als dann die Kundschafter meldeten, der König ziehe weit fort und man könne nicht feststellen, ob in Richtung auf die Meder oder Albaner[116], wartete er, bis es Tag wurde. Die Leichtbewaffneten[117] wurden vorausgeschickt, um inzwischen

die Mauern zu umzingeln und aus der Ferne zum Angriff auf die Stadt anzutreten. Aber die Bevölkerung öffnete freiwillig die Tore und überantwortete sich und ihr Hab und Gut den Römern. Dies rettete ihnen das Leben. Artaxata wurde in Brand gesteckt, zerstört und dem Erdboden gleichgemacht, weil es wegen des weiten Umfangs seiner Mauern ohne starke Besatzung nicht zu halten war und wir nicht über so viel Streitkräfte verfügten, um sie zur Aufstellung einer starken Besatzungstruppe und zugleich zur Führung des Krieges teilen zu können. Auch würde die Einnahme der Stadt, wollte man sie in unversehrtem Zustand und ohne Bewachung zurücklassen, keinen Nutzen und keinen Ruhm bringen. Es kam noch ein wie vom Himmel gesandtes Wunder hinzu. Während bisher die ganze Gegend in hellem Sonnenlicht gelegen hatte, wurde plötzlich der von den Mauern umschlossene Teil der Stadt von einer schwarzen Wolke bedeckt und von Blitzen durchzuckt, so daß man glaubte, er werde gleichsam von den feindlichen Göttern der Vernichtung geweiht.

Nunmehr wurde Nero als Imperator begrüßt, und aufgrund eines Senatsbeschlusses fanden Dankprozessionen statt. Standbilder und Triumphbögen und die fortlaufende Übertragung des Konsulats[118] wurden für den Princeps beschlossen, ferner, daß unter die Festtage die Tage eingereiht würden, an dem der Sieg errungen, an dem er gemeldet, an dem er auf der Tagesordnung im Senat gestanden habe. Auch noch andere derartige Beschlüsse wurden gefaßt, die alle so maßlos waren, daß C. Cassius[119], während er den übrigen Ehrungen zustimmte, bemerkte, wenn man für jede Gunst des Glücks den Göttern Dank sage, werde nicht einmal ein ganzes Jahr für die Dankfeste reichen. Deshalb müsse man die Festtage und die Werktage voneinander scheiden. An diesen könne man ja ebenfalls den religiösen Verpflichtungen nachkommen, ohne daß die weltlichen Aufgaben versäumt würden.

(42) Dann kam ein Mann vor die Schranken des Gerichts, den mannigfache Schicksale hin und her geworfen hatten,

wobei er sich mit Recht vielseitigen Haß zugezogen hatte, und wurde verurteilt, jedoch nicht ohne Belastung für Senecas Ruf. Es war Publius Suillius, der, unter der Herrschaft des Claudius gefürchtet und käuflich, bei dem Regierungswechsel nicht in dem Maße, wie es seine persönlichen Feinde wünschten, unterwürfig war. Vielmehr wollte er lieber als Schuldiger, denn als Bittender erscheinen. Wie man glaubte, wurde, um ihn zu stürzen, ein Senatsbeschluß und die Straffestsetzung der lex Cincia gegen diejenigen wieder aufgegriffen, die um Geld sich als Prozeßredner betätigten. Doch Suillius sparte nicht mit Klagen und mit Vorwürfen. Schon von Haus aus von rücksichtslosem Wesen, trat er in seinem hohen Alter freimütig auf und schalt Seneca, er sei den Freunden des Claudius feindlich gesinnt, unter dem er mit vollem Recht die Verbannung[120] erlitten habe. Auch sei er gewöhnt, sich mit nichtsnutzigen Studien[121] zu beschäftigen und mit unerfahrenen jungen Leuten zu verkehren, und sei auf alle neidisch, die als Anwalt ihrer Mitbürger eine lebendige, unverfälschte Beredsamkeit ausüben. Er, Suillius, sei Quästor des Germanicus[122], jener aber Ehebrecher in dessen Familie gewesen. Ob es nicht schwerer wiege, von der prozeßführenden Partei aus freien Stücken den Lohn für eine redliche Bemühung zu erlangen, als das Schlafgemach fürstlicher Frauen zu mißbrauchen? Welcher Weisheit, welchen philosophischen Lehren habe er es wohl zu verdanken, daß er im Verlauf von vier Jahren königlicher Freundschaft[123] dreihundert Millionen Sesterzen erworben habe? In Rom würden Vermächtnisse kinderloser Personen wie bei einer Treibjagd von ihm erbeutet, Italien und die Provinzen durch ungeheuren Wucher ausgesaugt. Aber das Vermögen, das *er* besitze, sei durch Arbeit erworben und bescheiden. Anklage, Prozeß, alles werde er eher ertragen, als seinen alten, mit eigener Kraft erworbenen Ehrennamen einem Glücksritter des Augenblicks zu opfern.

(43) Es fehlte nicht an Leuten, die dies mit den gleichen Worten oder auch in schlimmerer Form Seneca hinterbrachten. Und es fanden sich auch Ankläger, die vorbrachten,

Suillius habe die Bundesgenossen ausgeplündert, als er die Provinz Asia verwaltete, und öffentliche Gelder unterschlagen. Weil diese dann ein Jahr Frist für die Beschaffung der Beweismittel durchgesetzt hatten, glaubte man rascher voranzukommen, wenn man mit den in der Hauptstadt verübten Verbrechen beginne, wofür die Zeugen unmittelbar zur Verfügung standen. Diese brachten vor, durch seine scharfe Anklage habe er Q. Pomponius[124] in die Zwangslage eines Bürgerkrieges versetzt, Iulia, die Tochter des Drusus, und Sabina Poppaea in den Tod getrieben und Valerius Asiaticus, Lusius Saturninus, Cornelius Lupus zu Fall gebracht. Ferner warf man ihm vor, es seien römische Ritter scharenweise verurteilt worden und er trage die Schuld an jeder Grausamkeit des Claudius. Er verteidigte sich mit der Behauptung, er habe nichts von alledem freiwillig getan, sondern nur dem Fürsten gehorcht, bis der Caesar ihn mit der Bemerkung unterbrach, er wisse aus den Aufzeichnungen[125] seines Vaters bestimmt, daß dieser nie eine Anklage gegen irgendeine Person erzwungen habe. Nun schützte er Messalinas Befehle vor, und seine Verteidigung geriet ins Wanken: warum denn niemand sonst dazu auserlesen worden sei, seine Stimme einem rasenden, schamlosen Weibe zu leihen. Man müsse die Helfershelfer bei den Abscheulichkeiten bestrafen, die zwar den Lohn für ihre Verbrechen erlangt haben, dann aber diese anderen aufbürden. So wurde ihm denn ein Teil seines Vermögens genommen, der andere seinem Sohn und seiner Enkelin gelassen und auch der Erbteil ausgenommen, den sie durch das Vermächtnis ihrer Mutter oder Großmutter erhalten hatten. Er selbst wurde auf die Balearen-Inseln verbannt, wobei er sowohl bei dem Prozeß selbst wie nach seiner Verurteilung eine ungebeugte Haltung zeigte. Man erzählte, er habe sich durch ein üppiges und behagliches Leben die dortige Abgeschiedenheit erträglich gemacht. Als die Ankläger seinen Sohn Nerullinus aus Haß gegen seinen Vater angriffen und ihn der Erpressung beschuldigten[126], erhob der Princeps Einspruch, da, wie er sagte, der Strafe Genüge getan sei.

(44) Um dieselbe Zeit geschah es, daß der Volkstribun Octavius Sagitta, der in Pontia, eine verheiratete Frau, rasend verliebt war, durch reiche Geschenke sich einen Ehebruch und dann die Scheidung von ihrem Mann erkaufte, wobei er ihr die Ehe versprach und die Hochzeit mit ihr verabredete. Aber sobald die Frau frei war, machte sie Schwierigkeiten, schützte den Einspruch ihres Vaters vor, und als sich ihr die Aussicht auf einen reicheren Gatten eröffnete, löste sie sich von ihrem Versprechen. Octavius aber versuchte es bald mit Klagen, bald mit Drohungen. Er beteuerte, sein guter Ruf sei vernichtet, sein Vermögen erschöpft, kurz, er legte sein Leben, das einzige, was ihm noch übriggeblieben sei, in ihre Hand. Und als er Ablehnung fand, bat er sie zum Trost um eine einzige Nacht. Wenn er durch diese entspannt sei, wolle er künftig maßhalten. Eine Nacht wird festgesetzt, und Pontia überträgt einer ins Vertrauen gezogenen Dienerin die Bewachung des Schlafgemaches. Er kommt mit einem einzigen Freigelassenen und bringt einen unter dem Kleid versteckten Dolch mit. Dann kommt es, wie es ja gewöhnlich geht bei Liebe und Zorn, zu einem Wortwechsel und zu Bitten, zu Vorwürfen, zur Versöhnung; ein Teil der dunklen Nacht wird dem Liebesgenuß vorbehalten. Und in der Glut seiner Leidenschaft durchbohrt er die Frau, die nichts fürchtet, mit dem Dolch, verwundet die herbeieilende Dienerin und schreckt sie zurück. Dann rennt er aus dem Schlafgemach. Am folgenden Tage wurde der Mord ruchbar; über den Mörder herrschte kein Zweifel, denn er wurde überführt, mit der Frau allein zusammengewesen zu sein. Aber der Freigelassene beteuerte, dies sei seine Tat, er habe seinen gekränkten Herrn gerächt. Er hatte auch mit dieser großartigen Haltung auf manche Eindruck gemacht, bis die von ihrer Verwundung wieder erholte Dienerin die Wahrheit kundtat. Er wurde von dem Vater der Ermordeten bei den Konsuln[127] angeklagt und nach der Niederlegung seines Tribunenamtes[128] durch den Spruch der Väter aufgrund des Gesetzes über Meuchelmord verurteilt.

(45) Ein weiteres unzüchtiges Verhältnis, das nicht geringeres Aufsehen erregte, wurde in diesem Jahr die Quelle großen Unheils für das Gemeinwesen. Es lebte in der Stadt Sabina Poppaea, die Tochter des T. Ollius, die aber den Namen ihres Großvaters mütterlicherseits angenommen hatte, des noch in glänzendem Andenken stehenden, mit der Ehre eines Triumphs ausgezeichneten Konsulars Poppaeus Sabinus. Denn Ollius hatte, noch ehe er Ehrenämter bekleidet hatte, die Freundschaft mit Seianus ins Verderben gestürzt. Diese Frau verfügte über alle anderen Vorzüge, nur nicht über eine anständige Gesinnung. Ihre Mutter, die an Schönheit alle Frauen ihrer Zeit übertraf, hatte ihr gleichermaßen ihren Ruhm und ihre Schönheit mitgegeben. Der Reichtum entsprach dem Glanz des Geschlechtes. Sie hatte einen liebenswürdigen Umgangston, und sie war nicht unbegabt. Nach außen trug sie Bescheidenheit zur Schau, aber in Wirklichkeit war sie leichtfertig. Sie ließ sich selten in der Öffentlichkeit sehen und dann nur mit halb verschleiertem Gesicht, um nicht die gierigen Blicke der Leute zu befriedigen oder auch, weil es ihr gut stand. Auf ihren Ruf nahm sie nie Rücksicht, und sie machte keinen Unterschied zwischen Ehemännern und Ehebrechern[129]. Sie machte sich weder von eigener noch von fremder Leidenschaft abhängig. Wo der Nutzen ihr winkte, dort suchte sie die Befriedigung ihrer Sinnlichkeit. Und so verführte sie, solange sie in der Ehe mit dem römischen Ritter Rufrius Crispinus lebte[130], von dem sie einen Sohn hatte, Otho, weil er jung und verschwenderisch war und weil er als der engste Freund Neros galt. Und es dauerte nicht lange, bis der Ehebruch in einen Ehebund überging.

(46) Mag es nun seine Verliebtheit gewesen sein, die Otho unvorsichtig machte: er pries die Schönheit und Feinheit seiner Gemahlin vor dem Princeps. Vielleicht wollte er auch dessen Leidenschaft schüren und, wenn sie beide die gleiche Frau besäßen, auch durch dieses Band seinen Einfluß noch steigern. Oft hörte man ihn, wenn er von des Caesars Tafel aufstand, sagen, er gehe jetzt zu ihr: Adel und Schönheit,

die Sehnsucht von allen, die Wonne der Glücklichen sei ihm zuteil geworden. Auf die Wirkung dieser und ähnlicher Verlockungen brauchte man nicht lange zu warten: Poppaea wurde von Nero empfangen und verschaffte sich zuerst durch Liebkosungen und andere Verführungskünste Einfluß, wobei sie so tat, als ob sie zu Nero unwiderstehlich hingerissen und im Banne seiner Schönheit sei. Dann, als der Princeps schon in Liebe entflammt war, spielte sie die Stolze und erklärte, wenn sie länger als eine oder zwei Nächte bei ihm festgehalten wurde, sie sei verheiratet und könne ihre Ehe nicht aufgeben, da sie sich an Otho durch seine Lebensart, mit der sich niemand messen könne, gefesselt fühle. Er sei in seiner Gesinnung und in seinem äußeren Auftreten ein prachtvoller Mann; in ihm sehe sie, was der höchsten Stellung entspreche. Nero dagegen habe sich an eine buhlerische Magd gefesselt und sich an den Umgang mit Acte gewöhnt; er habe nichts aus dem Zusammenleben mit Sklavinnen[131] gelernt als Verworfenheit und Gemeinheit. Otho wurde zuerst aus der gewohnten engen Freundschaft verstoßen, dann von dem Zugang zu Nero und seinem Gefolge ausgeschlossen und zuletzt, damit er nicht in Rom den Nebenbuhler spiele, zum Statthalter der Provinz Lusitanien ernannt[132]. Dort führte er bis zum Ausbruch des Bürgerkrieges[133] ein Leben, das nicht seiner früheren Ehrlosigkeit entsprach, sondern untadelig und anständig war, wobei er ausgiebig seine Muße genoß und in seiner amtlichen Betätigung maßvoller war.

(47) Bisher suchte Nero seine Schandtaten und Verbrechen noch zu verschleiern. Den stärksten Argwohn hegte er gegen Cornelius Sulla[134], dessen harmloses Wesen er ganz verkehrt als Gerissenheit und Heuchelei deutete. Diese Besorgnis mehrte Graptus, der Freigelassene des Caesars, der an dem fürstlichen Hof schon seit Tiberius' Zeiten verkehrte und nun als alter Mann sich dort auskannte, durch folgende Lüge. Die mulvische Brücke[135] war in dieser Zeit ein vielbesuchter nächtlicher Amüsierplatz. Dorthin kam Nero öfters, um sich ungehemmter außerhalb der Stadt seinen sinnlichen Aus-

schweifungen hinzugeben. Und so log er, dem Princeps habe man auf dem Rückweg in der Flaminischen Straße einen Hinterhalt gelegt, dem er nur durch eine Schicksalsfügung entgangen sei, weil er auf einem anderen Weg durch die Sallustianischen Gärten[136] zurückgekehrt sei. Diesen Anschlag habe Sulla veranlaßt. Zufällig hatten den zurückkehrenden Dienern des Princeps einige Leute in jugendlichem Mutwillen, wie er damals sich öfters austobte, einen grundlosen Schrecken eingejagt. Weder war einer der Sklaven noch der Klienten Sullas erkannt worden. Und vor allem das verachtete und zu keinem Wagnis fähige Wesen Sullas war mit einem Verbrechen gänzlich unvereinbar. Dennoch wurde ihm, als ob seine Schuld erwiesen wäre, befohlen, die Vaterstadt zu verlassen, und Massilia als Zwangsaufenthalt angewiesen.

(48) Unter den gleichen Konsuln hörte man zwei Abordnungen von Puteoli[137] an, die der dortige Rat und das Volk mit gegensätzlichem Auftrag zum Senat geschickt hatten, wobei jener über die Gewalttätigkeiten der Volksmasse, dieses über die Habsucht der Beamten und der führenden Männer schimpfte. Und damit das dortige Zerwürfnis, bei dem es schon zu Steinwürfen und Drohungen mit Brandstiftung gekommen war, nicht in Mord und Waffengewalt ausarte, wurde C. Cassius[138] zum Einschreiten ausersehen. Da aber die Strenge des Cassius den Einwohnern unerträglich war, wurde dieser Auftrag auf seine persönliche Bitte an die Brüder Scribonius[139] abgetreten. Diesen wurde eine prätorische Kohorte zur Verfügung gestellt. Die Angst vor ihr und einige Hinrichtungen stellten die Eintracht unter der Einwohnerschaft wieder her.

(49) Ich würde nicht von dem ganz unbedeutenden Senatsbeschluß berichten, durch den der Bürgerschaft von Syrakus genehmigt wurde, die für die Veranstaltung von Fechterspielen festgesetzte Zahl zu überschreiten, wäre es nicht Paetus Thrasea[140] gewesen, der dagegen sprach und damit seinen Widersachern den Stoff lieferte, seine Stellungnahme zu rügen: Wenn er glaube, das Gemeinwesen bedürfe senatorischen Freimuts, warum er sich dann über solch neben-

sächliche Dinge ereifere? Er solle doch lieber über Krieg und Frieden, über Staatseinkünfte und Gesetze und was sonst für die römische Sache wesentlich sei, sein Für und Wider äußern. Es stehe ja den Vätern frei, sooft an sie das Recht der Stimmabgabe komme, vorzubringen, was sie wollen, und zu verlangen, daß dies zur Abstimmung gebracht werde. Ob die allzu aufwendige Veranstaltung von Schauspielen in Syrakus der einzige Mißstand sei, der eine Abhilfe erfordere, und ob sonst alles in sämtlichen Zweigen der Staatsverwaltung in so hervorragendem Zustand sei, daß man meinen könnte, nicht Nero, sondern Thrasea habe ihre Leitung in Händen? Wenn man vor den wichtigsten Aufgaben die Augen verschließe und sie unbeachtet lasse, wieviel mehr müsse man dann von Nebensächlichkeiten die Hände lassen. Thrasea dagegen antwortete seinen Freunden, die ihn aufforderten, dazu Stellung zu nehmen, er verkenne nicht die Forderungen des Augenblicks, wenn er solche Beschlüsse korrigiere, sondern es geschehe zur Ehre der Väter, damit offenkundig werde, daß diejenigen die Sorge für die wichtigen Fragen nicht verleugnen würden, die ihre Aufmerksamkeit auch den unbedeutendsten zuwendeten.

(50) Als in demselben Jahr das Volk wiederholt in dringenden Vorstellungen über die Unverschämtheit der Staatspächter Beschwerde führte, war Nero unschlüssig, ob er nicht alle Abgaben[141] abschaffen und damit der Menschheit das schönste Geschenk machen solle. Aber seinen Tatendrang hemmten die älteren Männer, die zuvor seine Hochherzigkeit hoch gepriesen hatten, mit dem Hinweis, daß es die Auflösung des Reiches bedeuten würde, wenn die Einkünfte, auf die sich das Gemeinwesen stütze, vermindert würden. Denn die Folge der Aufhebung der Zölle wäre die Forderung, alle Steuern zu beseitigen. Die meisten Gesellschaften der Steuerpächter seien von den Konsuln und den Volkstribunen[142] schon zu einer Zeit gegründet worden, da noch die Freiheit des römischen Volkes sich voll auswirkte. Für die übrige Zeit habe man in der Weise Vorsorge getroffen, daß die Berechnungen der Einnahmen mit den unbedingt

notwendigen Ausgaben im Gleichgewicht stünden. Allerdings müsse man die Gier der Steuerpächter eindämmen, damit sie nicht die jahrelange klaglose Geduld des Volkes durch neue Drangsalierungen in Erbitterung verwandelten.

(51) Also gab der Princeps einen Erlaß heraus[143], die bisher geheimgehaltenen Bestimmungen für jede einzelne Staatssteuer[144] sollen öffentlich bekanntgemacht werden und unterlassene Anforderungen ein Jahr nach dem verflossenen Termin verjährt sein. In Rom solle ein Prätor, in den Provinzen Proprätoren oder Prokonsuln gegen die Steuerpächter außerhalb der Reihenfolge Recht sprechen, den Soldaten solle die Zollfreiheit bewahrt werden, abgesehen von solchen Waren, mit denen sie Handel treiben. Dazu kamen noch weitere durchaus angemessene Bestimmungen, die kurze Zeit eingehalten, aber dann nicht mehr beachtet wurden. In Kraft ist aber immer noch die Aufhebung der zweieinhalb- und zweiprozentigen Steuer[145] und der anderen Titel, die die Steuerpächter für ihre unerlaubten Eintreibungen erfunden hatten. Geregelt wurde in den überseeischen Provinzen die Getreideausfuhr und festgesetzt, daß bei der Steuerveranlagung den Handelsherren ihr Schiffsbesitz nicht als Vermögen angerechnet werde und für diesen keine Steuer zu bezahlen sei.

(52) Sulpicius Camerinus und Pompeius Silvanus[146], die in der Provinz Afrika das prokonsularische Imperium innegehabt hatten, wurden angeklagt, jedoch sprach sie der Caesar frei[147], Camerinus gegenüber einigen Privatklägern, die ihm eher Härte als Erpressung zum Vorwurf machten; Silvanus war von einer großen Zahl von Anklägern bedrängt, die eine Frist zum Aufbieten von Zeugen forderten. Der Angeklagte dagegen verlangte, daß seine Verteidigung ohne Aufschub erfolge, und er setzte dies durch, da er ein kinderloser, vermögender Mann war und in hohem Alter stand – das er über die Lebenszeit derer hinaus verlängerte, deren Bemühungen er es verdankte, daß er davongekommen war[148].

(53) Bis zu dieser Zeit hatte in Germanien Ruhe geherrscht, dank der Einsicht der Heerführer, die, da die

Triumphinsignien eine Alltäglichkeit geworden waren, größere Ehre erhofften, wenn sie für einen dauernden Frieden sorgten. Paulinus Pompeius und L. Vetus[149] standen damals an der Spitze des Heeres. Um jedoch die Mannschaften nicht erschlaffen zu lassen, vollendete Paulinus den vor dreiundsechzig Jahren von Drusus zur Regulierung des Rheins begonnenen Damm, während Vetus Anstalten traf, Mosel und Arar[150] durch einen Kanal miteinander zu verbinden. Der Nachschub sollte auf dem Meer, dann auf der Rhone und dem Arar herangeführt, durch diesen Kanal und dann auf der Mosel in den Rhein und von da aus in den Ozean gehen, und so sollten die Schwierigkeiten des Landweges beseitigt und die westlichen und nördlichen Küstengebiete durch Schiffsverkehr miteinander verbunden werden. Aelius Gracilis, dem Legaten von Belgica, war dieses Unternehmen ein Dorn im Auge, und er suchte Vetus davor zurückzuschrekken, Legionen in eine ihm nicht zustehende Provinz zu bringen und zu versuchen, in Gallien sich Sympathien zu erwerben. Er sagte, dies erwecke bei dem Imperator Argwohn, auf welche Weise man ja sehr oft gutgemeinte Unternehmungen hemmt.

59 n. Chr. (54) Indessen verbreitete sich infolge der fortdauernden Untätigkeit der Heere das Gerücht, den Legaten sei das Recht, gegen den Feind zu marschieren, entzogen worden. Deshalb führten die Friesen ihre junge Mannschaft durch Wälder und Sümpfe und die nicht Waffenfähigen über die Seen[151] an das Rheinufer heran und besetzten die herrenlosen Ländereien, die für die Versorgung der Soldaten bestimmt waren. Ihre Anführer waren Verritus und Malorix, die über dieses Volk herrschten, soweit sich die Germanen überhaupt beherrschen lassen. Und schon hatten sie feste Häuser errichtet, die Äcker angesät und bearbeiteten den Boden, als ob er ererbter Besitz wäre, als Dubius Avitus[152] nach der Übernahme der Provinz von Paulinus durch die Drohung mit einem gewaltsamen Vorgehen der Römer, falls die Friesen nicht wieder zu ihren alten Wohnsitzen sich zurückzögen oder einen neuen Wohnsitz von Caesar verlangten,

Verritus und Malorix veranlaßte, sich auf Bitten zu verlegen. Sie reisten nach Rom, und während sie auf den durch andere Aufgaben in Anspruch genommenen Nero warteten, besuchten sie neben anderen Sehenswürdigkeiten, die man den Barbaren zeigt, auch das Theater des Pompeius[153], um die Größe des Volkes zu sehen. Während sie dort gelangweilt – denn da sie von den Spielen nichts verstanden, fanden sie auch an ihnen kein Vergnügen – nach der Anordnung der Sitzreihen, dem Unterschied der Stände, wer Ritter sei, wo die Senatoren säßen[154], sich erkundigten, bemerkten sie auf den Sitzplätzen der Senatoren einige Personen in fremdländischer Tracht. Sie fragten, wer denn dies sei, und bekamen die Antwort, es handle sich hier um eine Ehre, die den Gesandten solcher Völker zuteil werde, die sich durch Tapferkeit und durch Freundschaft mit Rom auszeichneten. Da riefen sie aus: „Niemand in der Welt übertrifft an Waffenruhm oder Treue die Germanen!“ Darauf stiegen sie herunter und setzten sich unter die Väter. Dies wurde von den Zuschauern freundlich aufgenommen und als eine unwillkürliche Äußerung altväterischer Unbefangenheit und löblichen Ehrgeizes betrachtet. Nero beschenkte beide mit dem römischen Bürgerrecht und befahl den Friesen, die Ländereien zu räumen. Als sie dies ablehnten, wurden Zwangsmaßnahmen ergriffen. Es wurde plötzlich Reiterei der Bundesgenossen gegen sie eingesetzt, und diejenigen, die hartnäckigen Widerstand leisteten, wurden gefangen oder niedergemacht.

(55) Diese Ländereien nahmen nun die Ampsivarier[155] in Besitz, ein Volksstamm, der stärker war nicht nur aufgrund seiner eigenen Mittel, sondern dem auch das Mitgefühl der angrenzenden Völkerschaften zugute kam, weil er, von den Chaucen vertrieben, heimatlos um eine gesicherte Zuflucht bat. Es war bei ihnen ein bei jenen Stämmen berühmter und auch uns treuergebener Mann namens Boiocalus, der erzählte, er sei bei dem Aufstand der Cherusker[156] auf Befehl des Arminius in Fesseln gelegt worden, habe dann im Heere des Tiberius und Germanicus gedient und wolle einen fünf-

zigjährigen Gehorsam damit krönen, daß er sein Volk unter unsere Botmäßigkeit bringe. Wieviel Land liege brach, auf das höchstens dann und wann das Groß- und Kleinvieh der Soldaten getrieben werde! Mögen sie, während Menschen hungern, nur ihre Herden auf ihnen vorbehaltenen Weideplätzen hüten, nur solle ihnen eine wüste Einöde nicht lieber sein als befreundete Völkerschaften. Den Chamavern hätten einst diese Fluren, dann den Tubanten und hernach den Usipetern[157] gehört. Wie der Himmel den Göttern, so sei die Erde den Sterblichen gegeben. Was niemand gehöre, gehöre jedem. Dann zur Sonne aufblickend und die andern Gestirne anrufend, fragte er sie, als ob sie leibhaftig da wären, ob sie auf ein ödes Land schauen wollten. Möchten sie doch lieber gegen die Räuber der Erde das Meer fluten lassen!

(56) Durch diese Vorstellungen gerührt, erklärte Avitus, man müsse sich den Geboten der Besseren fügen. Dies sei der Wille der Götter, die sie anflehen, daß in den Händen der Römer selbst die Entscheidung darüber bleibe, was sie geben und was sie nehmen wollten, und daß sie keine anderen Richter als sich selbst dulden. Das war seine Antwort an die Ampsivarier in ihrer Gesamtheit. Dem Boiocalus erklärte er aber persönlich, er werde ihm in Gedenken an seine Freundschaft Land anweisen. Dies lehnte Boiocalus als einen Verräterlohn ab und fügte hinzu: „Fehlen kann es uns an Land zum Leben, zum Sterben kann es uns nicht fehlen.“ Und so trennten sie sich beiderseits in feindlicher Stimmung. Jene riefen die Bructerer und Tencterer[158], ja auch weiter entfernte Stämme als Verbündete zum Krieg auf. Avitus richtete an den Legaten des obergermanischen Heeres Curtilius Mancia die schriftliche Aufforderung, den Rhein zu überschreiten und seine Waffen im Rücken des Feindes zu zeigen. Er selbst führte seine Legionen in das Gebiet der Tencterer und drohte mit ihrer Vernichtung, falls sie sich nicht von jenen trennten. Da nun diese sich aus dem Bund lösten, ließen sich auch die Bructerer einschüchtern und taten das gleiche. Und weil nun auch alle übrigen es aufgaben, mit anderen Gefahren zu teilen, zog sich das Volk der Ampsivarier, allein gelassen, zu

den Usipetern und Tubanten zurück. Aus deren Gebiet verjagt, zogen sie zu den Chatten und dann weiter zu den Cheruskern[159]. Auf ihrer langen Irrfahrt wurden sie als Gastfreunde, als Mittellose, als Feinde behandelt und ihre waffenfähige Mannschaft in fremdem Lande niedergemacht, während das nicht wehrfähige Alter als Beute verteilt wurde.

(57) In dem gleichen Sommer fand zwischen den Hermunduren[160] und Chatten eine große Schlacht statt, da beide mit Gewalt einen salzreichen Grenzfluß in ihr Gebiet einbeziehen wollten. Dabei leitete sie, abgesehen von dem Drang, überall die Waffen sprechen zu lassen, die eingewurzelte religiöse Vorstellung, diese Gegenden seien dem Himmel am nächsten und nirgends seien die Götter dem Anhören der Gebete der Sterblichen näher. Daher komme dank der Gnade der Götter in jenem Fluß und in jenen Wäldern Salz vor, aber nicht wie bei andern Völkern, wo das vom Meer angespülte Wasser verdunste, sondern das über ein brennendes Holzlager gegossene Wasser gerinne aus den feindlichen Elementen, aus Feuer und Wasser. Der Krieg nahm jedoch für die Hermunduren einen günstigen, für die Chatten einen um so verhängnisvolleren Verlauf. Beide hatten für den Fall des Sieges das gegnerische Heer Mars und Mercurius[161] geweiht, ein Gelübde, durch das Mann und Roß, kurz alle Lebewesen der Vernichtung anheimfallen. Die Drohungen unserer Feinde fielen freilich auf sie selbst zurück. Aber die mit uns verbündete Stadt der Ubier wurde unversehens von einem Unglück heimgesucht. Feuer, das aus der Erde emporschoß, erfaßte überall Landhäuser, Fluren, Gehöfte und wurde bis in die Ummauerung der erst kurz zuvor gegründeten Kolonie getragen. Es konnte nicht gelöscht werden, nicht durch Regenfälle, nicht durch Flußwasser oder sonst eine Flüssigkeit, bis einige Bauern, da sie sich anders nicht zu helfen wußten, in ihrer Wut über das Unglück von weitem Steine warfen, dann, als die Flammen zum Stillstand kamen, näher herangingen und sie mit Knüppeln und Prügeln wie wilde Tiere zurückschreckten. Zuletzt rissen sie sich ihre Kleider vom Leibe und warfen sie über das Feuer, und je werk-

täglicher und durch das Tragen verschmutzter diese waren, um so mehr sollten sie das Feuer ersticken[162].

(58) In demselben Jahr geschah es, daß an dem Ruminalischen Baum auf dem Comitium[163], der achthundertunddreißig Jahre zuvor Remus und Romulus als Säuglinge beschattet hatte, die Zweige abstarben und der Stamm verdorrte, was als schlimmes Vorzeichen galt; bis er neue Schößlinge trieb und zu neuem Leben kam.

BUCH XIV

(1) Unter dem Konsulat des Gaius Vipstanus und (C.) Fonteius[1] schob Nero das schon lange geplante Verbrechen nicht länger auf. Er war im Laufe seiner langen Regierungszeit in seiner Kühnheit bestärkt worden und täglich mehr in Liebe zu Poppaea entflammt, die zu Lebzeiten der Agrippina auf eine Ehe mit Nero und auf dessen Scheidung von Octavia keine Hoffnung setzen konnte, weshalb sie mit häufigen Vorwürfen, aber auch mitunter scherzhaft den Princeps beschuldigte und ihn ein unmündiges Kind nannte, das, fremden Befehlen hörig, nicht nur über keine Herrscherbefugnis, sondern nicht einmal über seine persönliche Freiheit verfüge. Warum denn ihre Hochzeit immer wieder hinausgeschoben werde? Mißfallen etwa ihre äußere Erscheinung und ihre mit Triumphen geehrten Ahnen? Oder ihre Fruchtbarkeit und ihre Aufrichtigkeit? Man fürchte wohl, sie würde als Gemahlin die Beleidigungen der Senatoren, die Erbitterung des Volkes über den Hochmut und die Habsucht seiner Mutter ihm kundtun. Wenn Agrippina nur eine Schwiegertochter, die ihrem Sohn feindlich gesinnt sei, ertragen könne, solle man sie ihrer Ehe mit Otho zurückgeben. Sie wolle überall in der Welt hingehen, wo sie wenigstens von der schmachvollen Behandlung des Imperators nur hören, aber sie nicht mit ansehen müsse und auch nicht in seine Gefahren hineingezogen werde. Solchen und ähnlichen Redensarten, die sie noch durch Tränen und buhlerische Geschicklichkeit eindringlicher machte, wehrte niemand, da es der allgemeine Wunsch war, daß der Einfluß der Mutter gebrochen werde, und niemand glaubte, des Sohnes Haßgefühle würden sich bis zum Muttermord steigern.

(2) Cluvius[2] überliefert, Agrippina sei in ihrer unbeherrschten Gier, ihre Machtstellung zu behaupten, so weit

gegangen, daß sie mitten im Tage, zu einer Zeit, da Nero durch Essen und Trinken erhitzt war, sich wiederholt dem Betrunkenen, aufgeputzt und zur Blutschande bereit, dargeboten habe. Und da die nächste Umgebung bereits Küsse und Liebkosungen als Vorboten der Schandtat feststellten, habe Seneca gegen die weiblichen Verführungskünste Hilfe bei einer anderen Frau gesucht. Die Freigelassene Acte[3] sei hereingeholt worden, die, ebenso über die Gefahr, in der sie selbst schwebte, wie über die Schande, die Nero auf sich laden wollte, in Angst versetzt, ihm mitteilen sollte, die Blutschande sei schon überall bekanntgeworden, da die Mutter selbst damit prahle. Auch würden die Soldaten den Oberbefehl eines gegen die heiligen Gesetze der Blutsverwandtschaft verstoßenden Princeps nicht dulden. Fabius Rusticus berichtet, nicht Agrippina, sondern Nero habe dies gewünscht und nur durch die List ebendieser Freigelassenen sei es hintertrieben worden. Aber das gleiche wie Cluvius haben auch die anderen Geschichtsschreiber überliefert, und dahin geht auch die mündliche Überlieferung, mag nun Agrippina wirklich etwas so Ungeheuerliches im Sinne gehabt haben oder die Vorbereitung zu einer bisher unerhörten sinnlichen Ausschweifung[4] glaubhafter erschienen sein, wenn man sie einer Frau zuschrieb, die in der Hoffnung, zur Herrschaft zu kommen, sich in ihren Mädchenjahren Unzucht mit M. Lepidus[5] hatte zuschulden kommen lassen, sich in gleicher Begierde an die Sinnenlust eines Pallas weggeworfen und durch die Hochzeit mit ihrem Oheim sich für jede Schandtat vorgeübt hatte.

(3) Nunmehr vermied es Nero, mit ihr allein zusammenzukommen, und lobte sie, wenn sie in ihren Park oder aufs Land nach Tusculum oder Antium[6] wegging, wo sie sich ja der Muße hingeben könne. Zuletzt beschloß er, da sie für ihn, wo sie auch sich aufhalten mochte, eine schwere Belastung bildete, sie zu beseitigen, wobei er nur noch überlegte, ob durch Gift oder den Dolch oder irgendein anderes Gewaltmittel. Zuerst war er für Gift. Aber wenn man es beim Essen des Princeps ihr beibringe, konnte man es nicht

auf einen Zufall schieben, da ja schon Britannicus auf solche Weise ums Leben gekommen war. Es mit der Hilfe der Diener zu versuchen schien nicht einfach, da man es mit einer Frau zu tun hatte, die, in Verbrechen erfahren, gegen heimtückische Anschläge auf der Hut war. Auch hatte sie durch vorsorgliche Einnahme von Gegenmitteln ihren Körper unempfindlich gemacht. Wie man ein Mordwerkzeug verbergen könne, wußte niemand auszusinnen. Auch fürchtete Nero, wer zu einer solchen Tat ausgewählt werde, könnte die Anweisungen nicht befolgen. Da stellte der Freigelassene Anicetus seine Erfindungsgabe zur Verfügung. Er war Flottenbefehlshaber in Misenum[7], Neros Jugenderzieher, und er und Agrippina haßten sich gegenseitig. Und so legte er dar, man könne ein Schiff so zusammensetzen, daß ein Teil mitten im Meer durch eine künstliche Vorrichtung sich loslöse und die Ahnungslose ins Wasser falle. Nirgends als auf dem Meere käme ein so unberechenbarer Unfall vor. Und wenn sie einem Schiffbruch zum Opfer falle, wer werde dann so ungerecht sein, einem Verbrechen zuzuschreiben, was Wind und Wellen verschuldet haben? Der Verstorbenen werde der Princeps einen Tempel und Altäre weihen und auch sonst in jeder Hinsicht seine Kindesliebe bezeugen.

(4) Dieser raffinierte Einfall fand Billigung. Auch die Zeit war für ihn günstig, da in diesen Tagen Nero in Baiae das Quinquatrusfest[8] zu feiern pflegte. Dorthin lockte er seine Mutter, wobei er sagte, man müsse die Zornausbrüche seiner Eltern ertragen und Versöhnlichkeit walten lassen. Damit wollte er erreichen, daß sich das Gerücht von einer Versöhnung verbreite und dieses auch bei Agrippina Eingang finde, da ja Frauen ohne weiteres glauben, wenn sie etwas hören, das ihnen Freude macht. Als sie nun ankam, ging er ihr an den Strand entgegen (sie kam von Antium her), faßte sie an der Hand, umarmte sie und geleitete sie nach Bauli[9]. So heißt ein Landsitz, der zwischen dem Vorgebirge Misenum und dem See von Baiae[10] in einer Bucht am Meer liegt. Neben anderen lag hier ein schöner ausgestattetes Schiff, als ob auch dies der Ehre seiner Mutter dienen sollte.

Denn sie war gewohnt, sonst auf einem Dreiruderer mit einer Besatzung von Flottensoldaten zu fahren. Diesmal war sie zur Tafel geladen, damit das Verbrechen in dem Dunkel der Nacht verübt werde. Es ist ziemlich sicher, daß ein Verräter die Hand im Spiel gehabt hat und Agrippina, als sie von dem Anschlag hörte, unschlüssig, ob sie Glauben schenken solle, sich in einer Sänfte nach Baiae bringen ließ. Dort behob Nero mit seiner Zärtlichkeit ihre Furcht: er empfing sie freundlich und wies ihr den Platz neben sich an. Nun zog er in immer neuen Gesprächen bald mit jugendlicher Vertraulichkeit, dann wieder in ernsthaftem Ton, als ob er ihr wichtige Angelegenheiten anvertrauen wolle, das Essen in die Länge. Dann gab er ihr das Geleit bei ihrem Weggehen, wobei er noch inniger seine Blicke auf sie heftete und sich an ihre Brust schmiegte, sei es, um seiner Heuchelei die Krone aufzusetzen, oder weil der letzte Blick auf seine in den Tod gehende Mutter seinen sonst so unmenschlichen Sinn zügelte.

(5) Eine sternenhelle Nacht und eine ruhige, friedliche See bescherten die Götter, als ob sie das Verbrechen nicht im Dunkeln lassen wollten. Das Schiff hatte erst eine kurze Strecke zurückgelegt. Bei Agrippina waren zwei Begleiter aus dem Kreis ihrer Vertrauten, von denen Crepereius Gallus in der Nähe des Steuerruders stand, während Acerronia über die Füße der daliegenden Agrippina gebeugt, freudig über die Reue des Sohnes und die wiedergewonnene Gunst der Mutter sprach. Da stürzte auf ein verabredetes Zeichen das mit viel Blei schwer belastete Verdeck an dem Platze, wo sie sich befanden, ein. Crepereius wurde erdrückt und gab sofort seinen Geist auf. Agrippina und Acerronia wurden durch die emporragenden Seitenwände des Ruhebettes, die zufällig so stark waren, daß sie die Belastung aushielten, geschützt. Auch das Auseinanderfallen des Schiffes erfolgte nicht, da in dem allgemeinen Durcheinander sehr viele, die nicht wußten, was vor sich ging, auch den Eingeweihten im Wege waren. Darauf hielten es die Ruderer für geraten, auf eine Seite zu treten und so das Schiff zu versenken. Doch sie selbst konnten bei dem plötzlichen Geschehen keinen raschen,

einhelligen Entschluß fassen, und ein Teil stemmte sich dagegen, so daß das Schiff langsam in das Meer versank. Aber Acerronia, die unvorsichtig schrie, sie sei Agrippina[11], man solle doch der Mutter des Princeps zu Hilfe kommen, wurde mit Stangen, Rudern und was sonst gerade an Schiffsgeräten zur Hand war, erschlagen. Agrippina verhielt sich still und wurde daher auch weniger beachtet. Sie erhielt nur eine einzige Verwundung an der Schulter. Zuerst schwimmend und dann, von den entgegenfahrenden Kähnen aufgenommen, gelangte sie in den Lucriner See und wurde in ihr Landhaus gebracht.

(6) Dort überlegte sie: Darum also habe man sie durch einen irreführenden Brief kommen lassen und mit besonderer Ehre bedacht. Das Schiff sei in der Nähe des Strandes bei völliger Windstille, ohne auf Klippen getrieben worden zu sein, mit seinem Oberbau, wie ein Baugerüst auf dem Lande, zusammengestürzt. Sie bedachte auch, wie Acerronia ermordet worden war, zugleich auf ihre eigene Wunde blikkend, und kam dabei zu der Erkenntnis, daß es nur ein einziges Mittel gebe, sich gegen einen heimtückischen Anschlag zu schützen: von ihm keine Notiz zu nehmen. Und so schickte sie ihren Freigelassenen Agermus zu ihrem Sohn, um ihm zu berichten, daß sie durch die Gnade der Götter und zu Neros Glück einem schweren Schicksalsschlag entgangen sei. Sie bitte, so sehr ihn auch die Gefahr, in der seine Mutter schwebte, erschreckt habe, seinen Besuch bei ihr aufzuschieben. Sie habe im Augenblick Ruhe nötig. Und inzwischen behandelte sie in scheinbarer Sorglosigkeit mit Heilmitteln ihre Wunde und machte für ihren Leib wärmende Umschläge. Sie ließ das Testament der Acerronia aufsuchen und deren Vermögen versiegeln, das einzige, was sie ohne Verstellung tat[12].

(7) Jedoch Nero, der auf Nachrichten wartete, wie das Verbrechen verlaufen sei, erhielt die Mitteilung, Agrippina sei mit einer leichten Verwundung davongekommen, aber die Gefahr, in der sie sich befunden habe, sei doch so groß gewesen, daß man über den Anstifter nicht zweifeln könne.

Nun rief er außer sich vor Angst beschwörend aus: „Gleich, gleich wird sie herbeieilen, um Rache zu nehmen. Entweder wird sie die Sklaven bewaffnen oder die Soldaten aufhetzen, oder sie sucht bei Senat und Volk Zuflucht, und wenn sie wegen des Schiffbruches, ihrer Verwundung und der Ermordung ihrer Freunde Vorwürfe erhebt, wo finde ich dagegen Unterstützung, wenn nicht irgendwie Burrus und Seneca helfen?" Diese hatte er sofort kommen lassen. Es ist nicht sicher, ob sie schon vorher etwas gewußt hatten. Daher[13] redeten beide lange kein Wort, um nicht erfolglos zu widerraten. Vielleicht glaubten sie auch, es sei schon so weit gekommen, daß Nero sterben müsse, wenn man nicht Agrippina zuvorkomme. Darauf zeigte Seneca größere Entschlossenheit: er sah Burrus an und wollte von ihm wissen, ob man den Soldaten[14] ihre Ermordung befehlen könne. Burrus entgegnete: „Die Prätorianer sind dem ganzen Haus der Caesaren verpflichtet[15] und werden im Gedenken an Germanicus sich nicht zu einer Untat gegen dessen Sproß verführen lassen. Anicetus soll seine Versprechungen in die Tat umsetzen." Dieser forderte auch ohne Zögern, daß man ihn maßgeblich mit der Durchführung des Verbrechens beauftrage. Auf diese Erklärung hin bekannte Nero: „Am heutigen Tage erst wird mir die Regierung übergeben, und dieses Geschenk empfange ich aus den Händen eines Freigelassenen. Mache dich eiligst auf, und nimm Leute mit, die mit der größten Entschlossenheit alles tun, was ihnen befohlen wird." Als Nero hörte, Agermus sei mit einer Botschaft von Agrippina gekommen, inszenierte er seinerseits einen Mordversuch: während Agermus seinen Auftrag vorbrachte, warf ihm Nero sein Schwert zwischen die Füße und befahl, ihn, als ob er auf frischer Tat ertappt worden wäre, in Fesseln zu legen. Er wollte den Anschein erwecken, seine Mutter habe die Ermordung des Princeps geplant und aus Scham über die Entdeckung des Verbrechens Selbstmord begangen.

(8) Inzwischen[16] wurde die Lebensgefahr, in der sich Agrippina befunden hatte, im Volk bekannt, und wer sie vernommen hatte, lief zu dem Strand hinab. Man glaubte,

es sei ein unglücklicher Zufall gewesen. Die einen stiegen auf die Hafendämme, die anderen in die zunächstliegenden Kähne, wieder andere wateten, soweit es ihre Körpergröße zuließ, in das Meer. Manche streckten die Hände aus. Von Klagen, Gebeten, einem Gewirr von Geschrei und Fragen, auf die niemand eine bestimmte Antwort geben konnte, war die ganze Küste erfüllt. Eine riesige Menschenmenge strömte mit Fackeln herbei, und als bekannt wurde, daß Agrippina gerettet sei, machte man sich auf, sie zu beglückwünschen, bis die Menge einen bewaffneten, drohenden Haufen erblickte, durch den sie abgedrängt wurde. Anicetus umstellte das Landhaus mit Posten, schlug die Tür ein und ließ die Sklaven, die sich ihm entgegenstellten, abführen. Er drang bis an die Tür des Schlafzimmers vor, vor der nur wenige Leute standen. Alle anderen waren aus Angst vor den Eindringlingen davongelaufen. Das Schlafzimmer war nur schwach beleuchtet. Drinnen befand sich eine einzige Dienerin, während Agrippina in immer größere Angst geraten war, weil niemand von ihrem Sohn kam, nicht einmal Agermus: ganz anders würde es aussehen, wenn eine erfreuliche Nachricht zu erwarten wäre! Jetzt sei kein Mensch da. Nur plötzliches Lärmen und Anzeichen höchsten Unheils! Als dann die Dienerin wegging, rief sie ihr nach: „Verlässest auch du mich?“ Da fiel ihr Blick auf Anicetus, der von dem Trierarchen Herculeius und dem Centurio der Flottenmannschaft[17] Obaritus begleitet war, und sie sagte: „Wenn du gekommen bist, um mich zu besuchen, dann melde, daß ich mich erholt habe; wenn aber, um ein Verbrechen auszuführen, dann glaube ich nicht, daß mein Sohn dich geschickt hat. Er hat keinen Muttermord befohlen.“ Die Mörder umstellten das Bett. Zuerst schlug ihr der Trierarch mit einem Knüppel auf den Kopf. Als der Centurio zum Todesstoß das Schwert zückte, streckte sie ihm ihren Schoß entgegen und rief: „Stoße in den Bauch!“ Unter vielen Wunden brach sie tot zusammen.

(9) So weit stimmt die Überlieferung überein. Ob Nero seine leblose Mutter angeschaut und ihre körperliche Schön-

heit gepriesen hat? Die einen haben es so überliefert, die anderen verneinen es. Noch in der gleichen Nacht wurde sie auf einem Speisesofa verbrannt. Ihre Bestattung war armselig. Solange Nero an der Macht war, wurde kein Grabhügel aufgeworfen oder das Grab mit einem Stein überdeckt. Später erhielt sie durch die Fürsorge ihres Gesindes einen unansehnlichen Grabhügel an der Straße nach Misenum bei dem Landhaus des Diktators Caesar, das, ganz oben auf der Höhe gelegen, auf die unten liegenden Meeresbuchten hinunterschaut. Als der Scheiterhaufen in Brand gesteckt war, erstach sich einer ihrer Freigelassenen namens Mnester. Man weiß nicht, ob aus Anhänglichkeit an seine Herrin oder aus Angst vor der Hinrichtung. An ein solches Ende hatte Agrippina schon seit vielen Jahren geglaubt, aber sich nichts weiter daraus gemacht. Denn als sie sich bei den Astrologen über Nero befragte, hatten diese ihr den Bescheid gegeben, es werde so kommen, daß Nero herrsche und seine Mutter ermorde. Darauf habe sie geantwortet: „Mag er mich umbringen, wenn er nur Herrscher ist!“

(10) Aber erst als das Verbrechen vollbracht war, wurde sich der Caesar seiner Schwere bewußt. Den Rest der Nacht starrte er teils schweigend vor sich hin, öfters fuhr er in Angst auf, ohne bei klarer Besinnung zu sein, und wartete auf den Tag, in der Annahme, daß ihm dieser den Untergang bringen werde. Zu neuer Hoffnung richtete ihn die von Burrus veranlaßte Huldigung der Centurionen und Tribunen[18] auf, die ihm die Hand drückten und ihn beglückwünschten, daß er der unerwarteten Gefahr und dem Anschlag seiner Mutter entronnen sei. Darauf suchten seine Freunde die Tempel auf, und ihrem Beispiel folgend, bekundeten auch die nächstgelegenen Landstädte Campaniens ihre Freude, indem sie Opfer darbrachten und Abordnungen sandten. Er selbst heuchelte ganz andere Gefühle: er spielte den Leidtragenden und tat so, als ob ihm sein Überleben leid tue und er den Tod seiner Mutter beweine. Weil sich jedoch nicht so wie die Gesichter der Menschen auch das Bild einer Landschaft ändert und weil der Blick auf jene Meere und

Gestade ihn bedrückte – manche glaubten sogar, man höre den Klang einer Trompete von den hohen Hügeln ringsum und das Wehklagen der Mutter von dem Grabhügel –, verzog er sich nach Neapel und schickte ein Schreiben an den Senat, dessen wesentlicher Inhalt war: man habe als Mörder Agermus, einen der vertrautesten Freigelassenen Agrippinas festgestellt und bei ihm die Mordwaffe gefunden, und Agrippina habe in dem Bewußtsein, das Verbrechen angestiftet zu haben, an sich selbst die Strafe vollzogen.

(11) Er fügte noch weit hergeholte Beschuldigungen hinzu: Sie habe damit gerechnet, daß sie an der Regierung beteiligt werde, daß die Prätorianerkohorten auf eine Frau den Fahneneid ablegen und daß sich Senat und Volk zu derselben Würdelosigkeit herbeilassen würden. Als sie sich dann darin getäuscht sah, habe sie, aufgebracht über das Heer, den Senat und die Bürgerschaft, von der Bewilligung der Geldspende und der Kornverteilung[19] abgeraten und erlauchte Männer in Prozesse verwickelt. Welche Mühe habe es ihn gekostet, zu verhindern, daß sie in die Kurie eindrang und fremden Völkern Bescheid erteilte! Mit Seitenhieben auch auf die Zeiten des Claudius schob er alle Verbrechen aus dessen Gewaltherrschaft auf seine Mutter mit der Bemerkung, ihr Tod sei ein glückliches Ereignis für das Gemeinwesen. Ja, sogar von dem Schiffbruch wußte er zu erzählen: er habe sich zufällig ereignet. Doch wo hätte man einen so einfältigen Menschen finden können, der dies glaubte? Oder das: eine schiffbrüchige Frau habe einen Mann ganz allein mit einer Mordwaffe geschickt, der durch die Kohorten und die Flotten des Imperators sich durchschlagen sollte. So richtete sich denn schon das feindselige Gerede nicht mehr nur gegen Nero – für seine Unmenschlichkeit fand man ja auch keine Klagen mehr –, sondern auch gegen Seneca, weil er durch eine solche Darlegung ein Geständnis schriftlich abgelegt habe[20].

(12) Doch wurden in einem erstaunlichen Wetteifer der maßgebenden Persönlichkeiten Dankprozessionen zu allen Pulvinarien[21] beschlossen, ferner, daß das Quinquatrusfest,

an dem der Anschlag entdeckt worden war, jährlich mit Spielen gefeiert werde. Ferner sollte ein goldenes Standbild der Minerva in der Kurie und daneben das des Princeps aufgestellt und der Geburtstag der Agrippina[22] unter die Unglückstage[23] gerechnet werden. Thrasea Paetus[24], der sonst die Huldigungen schweigend oder höchstens mit kurzer Zustimmung an sich hatte vorbeigehen lassen, verließ damals den Senat, womit er zwar Veranlassung dazu gab, daß man ihm den Prozeß machte, aber nicht den anderen den Weg zur Freiheit bahnte. Auch Wunderzeichen, die jedoch keine weitere Wirkung hatten, stellten sich zahlreich ein: Eine Frau brachte eine Schlange zur Welt, eine andere wurde in der Umarmung ihres Mannes vom Blitz erschlagen. Ferner verfinsterte sich plötzlich die Sonne und der Blitz schlug in allen vierzehn Regionen der Hauptstadt[25] ein. Bei diesen Geschehnissen spielte so wenig die Einwirkung der Götter eine Rolle, daß Nero noch viele Jahre seine verbrecherische Regierung weiter ausüben konnte. Übrigens, um den Haß gegen seine Mutter zu nähren und zugleich seine größere Milde nach ihrer Beseitigung unter Beweis zu stellen, ließ er Iunia und Calpurnia[26], zwei erlauchte Frauen, und die ehemaligen Prätoren Valerius Capito und Licinius Gabolus, die einst von Agrippina außer Landes verwiesen worden waren, wieder in ihre Heimat zurückkehren. Auch gestattete er es, die Asche der Lollia Paulina heimzubringen und ihr ein Grabmal zu errichten. Zwei erst kürzlich von ihm selbst verbannten Männern, Iturius und Calvisius, erließ er die Strafe. Denn Silana war in Tarent gestorben, wohin sie nach einer langen Verbannung zurückgekehrt war, zu einer Zeit, da Agrippinas Stern, deren Feindschaft sie ja zum Opfer gefallen war, schon im Sinken war. Vielleicht war Agrippina damals auch schon milder gestimmt.

(13) Doch hielt sich Nero immer noch in den Landstädten Campaniens auf, ängstlich überlegend, wie er in die Hauptstadt einziehen solle, ob er einen willfährigen Senat, ob er eine ihm wohlwollende Bürgerschaft vorfinde. Gegen seine Bedenken wandten sich die minderwertigsten Elemente, die

sich hier so zahlreich wie sonst an keinem anderen Hof befanden: Agrippinas Name sei verhaßt, und ihr Tod habe ihm noch gesteigerte Zuneigung des Volkes verschafft. Er solle unerschrocken dorthin gehen und sich persönlich von der Verehrung, die er genieße, überzeugen. Zugleich bedangen sie sich aus, ihm vorausreisen zu dürfen. Und wirklich war der Empfang, auf den sie stießen, noch freundlicher, als sie verheißen hatten: die Tribus[27] zogen ihm entgegen, im Festkleid erschien der Senat, Scharen von Ehefrauen und Kindern waren, nach Geschlecht und Alter getrennt, aufgestellt, und auf dem ganzen Weg waren, wo man sein Kommen erwartete, Tribünen errichtet, wie man sie sonst nur bei Triumphen sieht. Voll Stolz darüber und als Sieger über ein Volk von Sklaven zog er auf das Capitol, löste seine Dankgelübde ein und stürzte sich dann in alle sinnlichen Leidenschaften, die, nur schlecht gezügelt, eine Regung von Scheu vor seiner Mutter noch nicht zum Ausbruch hatte kommen lassen.

(14) Schon seit langem liebte er es, auf einem Wagen mit vier Pferden zu fahren, und eine nicht weniger häßliche Liebhaberei war es, zur Zither wie ein Schauspieler zu singen. Er pflegte darauf hinzuweisen, daß Pferderennen eine königliche, von den alten Heerführern geübte Kunst sei, die die Sänger verherrlicht hätten[28] und die der Ehre der Götter gedient hätte. Dem Apollo sei doch die Kunst des Gesanges heilig, und im Schmuck eines Sängers stehe er nicht nur in den griechischen Städten, sondern auch in den römischen Tempeln als der überragende, prophetische Gott. Nun konnte man ihm nicht weiter Einhalt gebieten, da auch Seneca und Burrus es für richtig hielten, damit er nicht beides durchsetze, ihm wenigstens das eine zu genehmigen. In dem Vatikanischen Tal wurde ein Gebiet eingefriedigt, wo er Pferde lenken könne. Doch sollte zu dem Schauspiel nur ein ausgewähltes Publikum zugelassen werden. Aber bald wurde auch das Volk von Rom dazu eingeladen, das ihm großen Beifall spendete, vergnügungssüchtig, wie der Pöbel ist, der sich freut, wenn der Princeps die gleiche Neigung

betätigt. Indessen führte die Preisgabe des Schamgefühls nicht, wie man glaubte, dazu, daß er seines Treibens überdrüssig wurde, sondern er steigerte sich nur noch mehr hinein. In dem Glauben, die Schande werde gemildert, wenn er eine größere Anzahl von Leuten mit ihr belaste, führte er die wegen ihrer Armut käuflichen Nachkommen adeliger Familien auf die Bühne. Obgleich sie bereits gestorben sind, glaube ich es ihren Vorfahren schuldig zu sein, sie nicht mit Namen zu nennen. Denn auch der ist schuld an einer Missetat, der Geld gegeben hat, um zum Unrecht zu verführen, anstatt, um davon abzuhalten. Selbst bekannte römische Ritter nötigte er durch riesige Geschenke, ihre Mitwirkung in der Arena[29] zu versprechen. Allerdings ist ja eine Belohnung, die von einem stammt, der befehlen kann, gleichbedeutend mit einem Zwang.

(15) Um sich jedoch vorderhand nicht auf der öffentlichen Bühne bloßzustellen, stiftete er Spiele unter dem Namen Iuvenalia, für die von allen Seiten Meldungen eingingen. Nicht Adel, nicht Alter, nicht früher bekleidete Ehrenstellen bildeten ein Hindernis, griechische oder lateinische Schauspielkunst auszuüben und sich zu unmännlichen Gebärden und Singsang herbeizulassen. Ja, auch erlauchte Frauen übten häßliche Stücke ein. In einem Hain, den Augustus um einen für Schiffskämpfe bestimmten See hatte anlegen lassen, wurden Amüsierlokale und Kneipen errichtet und alles zum Verkauf ausgelegt, was dazu dient, zur Ausschweifung zu reizen. Auch wurden Beihilfen ausgesetzt, die die Anständigen nur unter Zwang, die Genußsüchtigen mit eitlem Geprahle verbrauchten. So nahm das schändliche und ehrlose Treiben immer mehr überhand, und nie ist eine schon vorher vorhandene Sittenverderbnis zu größerer Liederlichkeit entfesselt worden als von dem Gesindel, das sich dort zusammenfand. Schon bei anständigen Beschäftigungen hat man Mühe, das Ehrgefühl zu wahren, geschweige denn, daß bei einem Wettstreit der Laster Scham und Zucht oder auch nur eine Spur von Anstand und Sitte sich behauptet. Zuletzt erschien er selbst auf der Bühne, wobei er mit großer

Sorgfalt sich auf der Zither versuchte und vorher mit seinen Musiklehrern Vorübungen machte. Eine Kohorte Soldaten[30] war aufgezogen, dabei Centurionen, Tribunen und Burrus, traurig und Lob spendend. Damals war es auch, daß zum erstenmal römische Ritter unter dem Namen „Augustianer“ listenmäßig erfaßt wurden. Es waren auffallend junge, kräftige Männer, die teils von Haus aus frech veranlagt waren, teils in der Hoffnung auf eine einflußreiche Stellung sich so betätigten. Diese spendeten Tag und Nacht lärmenden Beifall, wobei sie der äußeren Erscheinung und der Stimme des Princeps Namen von Göttern beilegten. Und sie traten auf, als ob sie dank ihrer Tüchtigkeit berühmte und geehrte Männer wären.

(16) Damit jedoch nicht nur die Schauspielkünste des Imperators bekannt würden, befaßte er sich auch mit der Dichtkunst und sammelte Leute um sich, die eine gewisse Fertigkeit im Verseschmieden besaßen, ohne darin besonders zu glänzen. Sie setzten sich mit Nero zusammen, fügten die mitgebrachten oder auch erst an Ort und Stelle verfertigten Verse zusammen und ergänzten seine Worte, wie er sie gerade vortrug. Dies zeigt schon die äußere Form seiner Gedichte, die ohne Schwung und Kraft und auch nicht aus einem Gusse sind. Auch den Philosophen widmete er Zeit – nach dem Essen und um ihre widerstreitenden Meinungen zu genießen. Und es fehlte nicht an Leuten, deren Wunsch es war, mit ihrem ernsten Gesicht und ihrer betrübten Miene sich zur Belustigung des königlichen Hofes sehen zu lassen.

(17) Um die gleiche Zeit kam es aus einem unbedeutenden Anlaß zu einem entsetzlichen Blutvergießen zwischen den Einwohnern von Nuceria und von Pompeii bei einem Fechterspiel, das Livineius Regulus veranstaltete, der, wie oben berichtet[31], aus dem Senat gestoßen worden war. In kleinstädtischer Ausgelassenheit gingen sie von gegenseitigen Neckereien zu Schimpfworten über; dann warfen sie mit Steinen und zuletzt griffen sie zu den Waffen, wobei die Plebs von Pompeii, wo das Schauspiel stattfand, die stärkere Partei war. So kam es, daß viele Nuceriner übel zusammen-

geschlagen nach Rom gebracht wurden und sehr viele den Tod ihrer Kinder oder Eltern beweinten. Die gerichtliche Verfolgung dieses Vorfalles überließ der Princeps dem Senat, der Senat den Konsuln. Dann wurde die Angelegenheit wieder an die Väter zurückverwiesen und den Einwohnern von Pompeii durch eine amtliche Verfügung für zehn Jahre verboten, derartige Veranstaltungen zu besuchen. Auch wurden die ungesetzlich gegründeten Vereine aufgelöst und Livineius mit allen anderen Mitschuldigen an dem Krawall mit der Verbannung bestraft.

(18) Auch Pedius Blaesus[32] wurde aus dem Senat gestoßen. Die Cyrenaeer hatten ihn beschuldigt, er habe sich an dem Schatz des Aesculapius vergriffen und sich bei der Aushebung der Soldaten Bestechung und Begünstigung zuschulden kommen lassen. Auch gegen Acilius Strabo erhoben sie Anklage. Er war mit der Befugnis eines Prätors als Schiedsrichter von Claudius abgeordnet worden, als es sich darum handelte, festzustellen, welche Ländereien einst der König Apion[33] als seinen ererbten Besitz samt seinem Königreich dem römischen Volk hinterlassen hatte. Die angrenzenden Grundherren hatten diese annektiert und stützten sich nun auf ihre lange Jahre geduldeten, willkürlichen Gewaltakte, als handelte es sich dabei um Recht und Billigkeit. Als ihnen nun der Besitz der Ländereien aberkannt wurde, richtete sich die Erbitterung gegen den Schiedsrichter. Der Senat gab den Bescheid, die Verordnungen des Claudius kenne er nicht. Man müsse bei dem Princeps anfragen. Nero billigte die Entscheidung Strabos, schrieb jedoch, er wolle dessen ungeachtet den Bundesgenossen entgegenkommen und ihnen überlassen, was sie sich angeeignet hätten.

(19) Es folgte der Tod zweier erlauchter Männer, des Domitius Afer und des M. Servilius[34]. Sie hatten die höchsten Ehrenämter bekleidet und sich durch große Beredsamkeit ausgezeichnet, jener als Anwalt in Prozessen, Servilius durch seine langjährige forensische Tätigkeit. Später machte sich Servilius als römischer Geschichtsschreiber einen Namen und durch seine kultivierte Lebensführung, die er noch stär-

ker ins Licht setzte, da er zwar die gleiche Begabung besaß wie Afer, aber einen ganz anders gearteten Charakter hatte[35].

(20) Unter dem vierten Konsulat Neros und dem des Cornelius Cossus wurden in Rom die fünfjährigen Spiele nach Art der griechischen Wettkämpfe[36] eingeführt, worüber in der Öffentlichkeit allerlei gesprochen wurde, wie dies ja bei fast allen Neuerungen der Fall ist. Manche führten an: Auch Pompeius sei von den älteren Leuten getadelt worden, daß er ein ständiges Theater gebaut habe. Vorher habe man gewöhnlich für das Abhalten von Spielen lediglich rasch Sitzreihen aufgeschlagen und eine Bühne für den augenblicklichen Bedarf errichtet[37]. Oder wenn man weiter zurück in die alte Zeit gehen wolle, so habe das Volk stehend zugeschaut, damit es nicht tagelang im Theater ununterbrochen sich dem Nichtstun hingebe, wenn es sitzen könne. Immerhin, möge man die alte Form der Schauspiele beibehalten, bei der kein Bürger, sooft die Prätoren solche veranstalteten, gezwungen wurde, als Wettkämpfer aufzutreten. Überhaupt würden die allmählich aus der Übung gekommenen Sitten der Väter durch die Zügellosigkeit fremder Herkunft gänzlich ausgerottet, und die Folge sei, daß man alles, was irgendwo in der Welt verführbar und verführerisch sei, in der Hauptstadt zu sehen bekomme und die Jugend durch volksfremde Neigungen entarte, indem sie sich auf Sportplätzen betätige und sich dem Müßiggang und gemeinen Liebesverhältnissen[38] hingebe. Und der Princeps sowie der Senat trügen dafür die Verantwortung, da sie nicht nur dem Lasterleben freie Bahn lassen, sondern die führenden Persönlichkeiten in Rom mit Gewalt dazu zwingen, auf der Bühne in der Rolle von Rednern und Dichtern sich zu entehren. Es fehle nur noch, daß sie nackt auftreten, den Handschuh eines Faustkämpfers anlegen und sich in solchen Kämpfen üben anstatt im Kriegs- und Waffendienst. Werde etwa die Gerechtigkeit gefördert und werden die Ritterdekurien[39] ihr hervorragendes Richteramt besser erfüllen, wenn sie weibischen Klängen und süßlichen Stimmen sach-

60 n. Chr.

kundig lauschen? Sogar bis in die Nächte ziehe sich das schandbare Treiben hin, so daß keine Zeit mehr bleibe für eine ehrbare Tätigkeit, sondern in zweifelhafter Gesellschaft die liederlichsten Elemente die Gelüste, die sie den Tag über hegen, bei Dunkelheit frech betätigen.

(21) Es war der größere Teil, der gerade an diesem hemmungslosen Treiben Gefallen fand. Doch wollten sie dies nicht merken lassen und gaben ihm daher ehrbar klingende Bezeichnungen: Auch die Vorfahren seien den Belustigungen durch Schauspiele nicht abgeneigt gewesen, soweit es ihnen ihre wirtschaftliche Lage gestattet habe, und deshalb hätten sie von den Tuscern die Schauspieler und von Thurii die Pferderennen[40] übernommen. Als man Achaia und Asia besetzt habe, seien die Spiele in größerer Aufmachung gegeben worden, aber kein einziger Römer, der aus gutem Hause stammte, habe sich in den nun zweihundert Jahren seit dem Triumph des L. Mummius[41], der zum erstenmal solche Spiele in Rom veranstaltet habe, zu einem Auftreten im Theater hergegeben. Auch habe man an Sparsamkeit gedacht, indem man für das Theater einen dauernden Bau errichtet habe, anstatt jedes Jahr mit gewaltigen Kosten ein neues entstehen und es dann wieder einreißen zu lassen. Jetzt müßten die Staatsbeamten nicht mehr so wie früher ihr Vermögen opfern oder hätte das Volk Anlaß, von den Staatsbeamten die Veranstaltung griechischer Wettkämpfe zu fordern, da das Gemeinwesen für diese Kosten aufkomme. Die Siege der Redner und Dichter würden einen Anreiz für Begabungen bilden, und für keinen Richter sei es belastend, wenn er sich den schönen Künsten und erlaubten Vergnügungen hingebe. Eher der Fröhlichkeit als der Ausschweifung würden in ganzen fünf Jahren ein paar Nächte gewidmet, in denen man bei dem hellen Fackelschein nichts Unerlaubtes verbergen könne. Und wirklich ging dieses Schauspiel ohne einen besonderen häßlichen Zwischenfall vorüber. Und nicht einmal zu einer mäßigen Begeisterung ließ sich das Publikum hinreißen, weil die Schauspieler zwar der Bühne wiedergegeben, aber zu den heiligen Wettkämpfen[42] nicht zugelassen

waren. In der Beredsamkeit erhielt niemand einen ersten Preis. Jedoch wurde der Caesar als Sieger ausgerufen. Die griechische Tracht, in der in diesen Tagen sehr viele Leute gegangen waren, kam jetzt wieder aus der Mode.

(22) Inzwischen erschien am Himmel ein strahlender Komet. Nach dem Volksglauben kündigt er einen Thronwechsel an. Deshalb fragte man, als ob Nero bereits abgesetzt sei, wer denn jetzt erwählt werde. Und alle Stimmen priesen Rubellius Plautus, der seine adelige Abstammung mütterlicherseits von der iulischen Familie ableitete[43]. Er selbst hielt sich an die Grundsätze der Vorfahren, war ernst in seiner Lebensführung, führte ein sittenreines, in sich abgeschlossenes Haus; und je zurückgezogener er aus Furcht lebte, um so mehr redete man von ihm. Dieses Gerede bekam noch Nahrung durch die gleichfalls grundlose Deutung eines Blitzschlages. Als nämlich Nero an dem Simbruinischen See in einem Landhaus namens Sublaqueum beim Essen war, schlug der Blitz in die Speisen, wobei der Tisch zertrümmert wurde. Und weil dies in dem Gebiet von Tibur[44] geschah, woher Plautus väterlicherseits stammte, glaubte man, er sei es, der durch den Willen der Götter bezeichnet werde. Viele, die den unbeherrschten und meist trügerischen Ehrgeiz hatten, bei neuen und noch ungeklärten Verhältnissen mit verfrühten Huldigungen aufzutreten, wandten ihm ihre Gunst zu. Und so verfaßte Nero, darüber betroffen, ein Schreiben an Plautus, er solle für Ruhe in Rom sorgen und sich den böswilligen Gerüchtemachern entziehen. Er habe ja in Asien ererbte Güter, auf denen er sicher und ungestört sein junges Leben genießen könne. Unter diesen Umständen begab er sich mit seiner Gattin Antistia und einigen vertrauten Freunden dorthin.

In denselben Tagen brachte Nero sein zu weit gehender Hang zu üppiger Lebensweise in Verruf und Gefahr: er war in das Quellbassin der nach Rom führenden Wasserleitung Marcia[45] gestiegen, um in ihm zu schwimmen, und man glaubte nun, er habe das geheiligte Trinkwasser und den geweihten Ort durch sein Baden beschmutzt. Die Folge war eine gefährliche Krankheit, die den Zorn der Götter bestätigte.

(23) Aber Corbulo glaubte, er solle den nach der Zerstörung von Artaxata noch frischen Schrecken ausnützen und Tigranocerta besetzen, um durch dessen Zerstörung die Furcht der Feinde zu verstärken oder auch durch Schonung der Stadt sich den Ruf der Milde zu verschaffen. So machte er sich auf den Weg dorthin[46], ohne es zu feindlichen Handlungen kommen zu lassen, damit er nicht von vornherein die Hoffnung auf Gnade nehme, aber auch, ohne in seiner Vorsicht nachzulassen; denn er war sich wohl bewußt, wie wankelmütig dieses Volk war, feige in Gefahren und treulos bei jeder Gelegenheit. Die Barbaren wurden, je nach ihrer Wesensart, teils mit Bitten vorstellig, teils verließen sie ihre Dörfer und verzogen sich in unwegsame Gegenden. Ein Teil verbarg sich auch in Höhlen, wohin sie mitnahmen, was ihnen lieb und wert war. Deshalb ging der römische Feldherr auf verschiedene Weise vor: mit Mitleid gegenüber den Bittenden, mit rascher Verfolgung der Flüchtigen, mit unerbittlicher Strenge gegen alle, die sich in Schlupfwinkeln festgesetzt hatten. Die Ein- und Ausgänge der Höhlen ließ er mit Reisig und Buschwerk verstopfen und die Höhlen ausräuchern. Als er an den Grenzen der Marder[47] vorbeimarschierte, fielen diese, die in Raubzügen geübt und durch Berge gegen seinen Einmarsch geschützt waren, über ihn her. Corbulo schickte die Hiberer[48] gegen sie, verwüstete ihr Land und bestrafte die Verwegenheit der Feinde mit dem Einsatz fremden Blutes.

(24) Er selbst und sein Heer, das keine Verluste in Kämpfen erlitt, wurden durch Lebensmittelmangel und Strapazen sehr mitgenommen und gezwungen, lediglich mit dem Fleisch von Vieh dem Hunger zu wehren. Dazu kamen Wassermangel, ein glühend heißer Sommer und Gewaltmärsche, was alles allein die Ausdauer des Heerführers erträglich machte, der das gleiche, ja noch mehr als der gewöhnliche Soldat aushielt. Darauf gelangte man in angebaute Gebiete, wo man die Feldfrüchte erntete und wo von zwei Kastellen,

in die die Armenier sich geflüchtet hatten, das eine erstürmt, das andere, das den ersten Sturmangriff abgeschlagen hatte, belagert und zur Übergabe gezwungen wurde. Von da marschierte Corbulo in die Gegend der Taurauniten[49], wo er einer plötzlich aufgetauchten Gefahr entging: nicht weit von seinem Zelt wurde ein angesehener Eingeborener, der eine Mordwaffe bei sich hatte, aufgegriffen und gestand auf der Folter den Mordplan ein, wobei er sich als den Rädelsführer bezeichnete und die Mitbeteiligten angab. Diese Leute, die sich unter dem Schein der Freundschaft mit so heimtückischen Absichten befaßt hatten, wurden überführt und bestraft. Bald darauf berichtete eine Abordnung, die von Tigranocerta kam, die Tore der Stadt stünden offen und die Bewohner erwarteten seine Befehle. Zugleich überbrachten sie als Gastgeschenk eine goldene Krone. Er nahm sie als Zeichen ihrer Ehrung an. Die Stadt erlitt keine Beeinträchtigung irgendwelcher Art; die Einwohner sollten geschont werden, damit sie um so bereitwilliger Gehorsam leisten.

(25) Aber der Stützpunkt Legerda, den eine kampfentschlossene Mannschaft verriegelt hatte, konnte nicht ohne Kampf erobert werden. Sie hatte sogar einen Kampf außerhalb der Mauern gewagt, und hinter die Befestigungen zurückgeworfen, streckten sie erst die Waffen, als man einen Damm aufführte und in den Stützpunkt eindrang. Dieser Erfolg wurde deshalb leichter erzielt, weil die Parther in einen Krieg mit den Hyrcanern[50] verwickelt waren. Diese hatten an den römischen Princeps Gesandte mit der Bitte um ein Bündnis geschickt und als Beweis für ihre Freundschaft darauf hingewiesen, daß Vologaeses von ihnen hingehalten werde. Damit die Gesandten nicht nach der Überschreitung des Euphrat den feindlichen Postierungen in die Hände fielen, gab ihnen Corbulo für ihre Rückreise ein Begleitkommando bis zu der Küste des Roten Meeres[51] mit, von wo sie unter Vermeidung des parthischen Gebietes wieder in ihre Heimat zurückkehrten.

(26) Ja, als Tiridates durch Medien in das Grenzgebiet Armeniens einmarschierte[52], schickte Corbulo den Legaten

Verulanus[53] mit Hilfstruppen voraus, während er selbst mit seinen Legionen in Eilmärschen herankam und Tiridates zwang, sich weit zurückzuziehen sowie alle weiteren Kriegsabsichten aufzugeben. Wo er eine feindliche Gesinnung gegen uns feststellte, ging er mit Feuer und Schwert vor und war eben dabei, die Besitznahme Armeniens zu verwirklichen, als Tigranes[54] erschien, den Nero dazu auserlesen hatte, die Herrschaft zu übernehmen. Er gehörte dem cappadocischen Adel an und war ein Enkel des Königs Archelaus, aber weil er lange in Rom als Geisel gelebt hatte, war er in sklavische Unterwürfigkeit abgesunken. Er fand auch nicht einmütige Anerkennung; teilweise war noch die Sympathie für die Arsaciden lebendig, doch der größte Teil hatte das hochmütige Gebaren der Parther satt und wollte lieber einen König von Roms Gnaden. Es wurde ihm auch eine Leibwache zur Verfügung gestellt in der Stärke von tausend Legionssoldaten, drei Kohorten Bundesgenossen und zwei Reiterabteilungen. Und damit er sich leichter auf seinem Thron behaupten könnte, wurden einzelne Gebiete Armeniens je nach ihrer Grenzlage dem Befehl des Pharasmanes und Polemo, des Aristobulus und des Antiochus[55] unterstellt. Corbulo rückte nach Syrien ab, das durch den Tod des Legaten Ummidius[56] erledigt und ihm überlassen worden war.

(27) Im gleichen Jahr stürzte Laodicea[57], eine der namhaften Städte Asiens, infolge eines Erdbebens ein. Jedoch erhob es sich wieder durch eigene Kraft ohne irgendeine Hilfe unsererseits. In Italien erhielt die alte Landstadt Puteoli den rechtlichen Status einer Kolonie und nach Nero ihren Beinamen[58]. Nach Tarent und Antium wurden Veteranen als Kolonisten beordert. Doch vermochten sie der dünnen Besiedlung der Gegend nicht abzuhelfen, da die Mehrzahl sich in die Provinzen verzog, in denen sie ihren Militärdienst abgeleistet hatten. Und da sie nicht gewohnt waren, eheliche Verbindungen einzugehen und Kinder aufzuziehen[59], hinterließen sie leere Häuser ohne Nachkommen. Denn nicht mehr wie in früheren Jahren[60] wurden Legionen geschlossen, mitsamt ihren Tribunen, Centurionen und

Mannschaften aus den gleichen Verbänden, ausgesandt, um in einträchtiger Verbundenheit ein Gemeinwesen zu bilden, sondern sie kannten einander nicht, stammten aus verschiedenen Manipeln, hatten keine Führung, keine gegenseitige Zuneigung und waren nun, wie aus einem anderen Menschenstamm herkommend, plötzlich zu einer Einheit zusammengefaßt, mehr ein rein zahlenmäßiges Gebilde als eine wirkliche Kolonie.

(28) Die Prätorenwahlen, die sonst allein Aufgabe des Senats waren[61], nahm der Princeps in seine Hand, weil der Wahlkampf erbitterter als sonst entbrannt war, und ernannte drei überzählige Bewerber zu Legionslegaten[62]. Auch hob er das Ansehen der Väter durch die Verfügung, wer von dem Gericht in Zivilsachen an den Senat appelliere[63], solle das Risiko des gleichen Betrages eingehen wie der, der bei dem Imperator Berufung einlege. Zuvor war nämlich die Berufung an den Senat frei und nicht mit einer etwaigen Strafsumme verbunden. Am Ende des Jahres wurde Vibius Secundus, ein römischer Ritter, von den Mauren[64] wegen Erpressung angeklagt, verurteilt und aus Italien verwiesen. Vor einer schwereren Strafe bewahrte ihn das Eintreten seines einflußreichen Bruders Vibius Crispus[65].

(29) Unter dem Konsulat des Caesennius Paetus und Petronius Turpilianus[66] kam es in Britannien zu einer schweren Niederlage. Dort hatte der Legat Didius, wie berichtet[67], sich darauf beschränkt, das bisher Errungene zu behaupten, und sein Nachfolger Veranius[68] hatte nur in kleineren Streifzügen das Land der Siluren[69] gebrandschatzt, war aber durch den Tod an einer weiter ausgedehnten Kriegsführung gehindert worden. Er stand in seinem ganzen Leben in dem Ruf strenger Redlichkeit, enthüllte aber in den letzten Worten seines Testamentes seinen Ehrgeiz. Denn vielfacher Schmeichelei für Nero fügte er noch hinzu, er hätte für ihn die Provinz unterworfen, wenn er noch zwei Jahre gelebt hätte. Aber jetzt war Paulinus Suetonius[70] Befehlshaber in Britannien, ein kriegserfahrener Mann, von dem das Volk, das ja für jeden einen Nebenbuhler findet, in seinem Gerede

61 n. Chr.

verbreitete, er sei von dem Wunsche beseelt, im Wettstreit mit Corbulo sich in gleichem Maße wie dieser mit der Wiedergewinnung Armeniens Ruhm durch die Niederwerfung der Aufstände zu erwerben. Und so traf er Anstalten, die stark bevölkerte Insel Mona[71], den Schlupfwinkel für Flüchtlinge, anzugreifen. Er ließ Schiffe mit flachem Bauch zur Sicherung gegen unberechenbare Untiefen bauen, auf denen das Fußvolk hinüberbefördert wurde. Die Reiter folgten durch eine Furt oder schwammen, wo das Wasser tiefer war, neben ihren Pferden hinüber.

(30) Am Strand war das gegnerische Heer zum Kampf aufgestellt, in dichter Linie Mann neben Mann. Dazwischen rannten die Frauen hin und her, die, gleich Furien, im Leichengewand und mit fliegenden Haaren, Fackeln trugen[72]. Ringsum standen die Druiden, schreckliche Verwünschungen ausstoßend, die Hände zum Himmel erhoben. Dieser ungewohnte Anblick versetzte die Soldaten so sehr in Schrecken, daß sie, wie gelähmt, ohne sich zu rühren, auf sich einhauen ließen und erst, als der Heerführer sie ermahnte und sie auch sich selbst Mut zusprachen, doch nicht vor einem rasenden Weiberhaufen zu zittern, zum Angriff antraten. Sie warfen, wer sich ihnen in den Weg stellte, nieder und trieben die Feinde in das Feuer der Fackeln. Nachher wurde auf die besiegte Insel eine Besatzung gelegt; die einem wilden Aberglauben geweihten Haine wurden umgehauen. Denn es war bei ihnen heiliger Brauch, mit dem Blut von Gefangenen die Altäre zu besprengen und aus menschlichen Eingeweiden den Willen der Götter zu erkunden[73]. Während Suetonius damit beschäftigt war, wurde ihm der plötzliche Abfall der Provinz gemeldet.

(31) Prasutagus, der König der Icener[74], der schon lange durch seinen Reichtum berühmt war, hatte samt seinen beiden Töchtern den Caesar als Erben eingesetzt, in dem Glauben, durch eine solche Ergebenheit seinen Thron und sein Haus vor Gewalttat zu bewahren. Doch erreichte er das Gegenteil. Es kam so weit, daß sein Reich von Centurionen, sein Haus von Sklaven[75], als ob es erobert worden wäre,

verwüstet wurde. Zuerst wurde seine Gemahlin Boudicca mißhandelt, seine Töchter wurden geschändet. Die vornehmen Icener wurden, als ob man das ganze Land als Geschenk erhalten hätte, von ihrem ererbten Besitz vertrieben und die Verwandten des Königs als Kaufsklaven behandelt. Diese schmachvolle Behandlung und die Furcht vor noch Schlimmerem, da ihr Land bereits in die Form einer römischen Provinz übergeführt war[76], veranlaßten sie, zu den Waffen zu greifen, nachdem sie die Trinobanten zum Aufstand bewogen und alle anderen Stämme, die noch nicht durch Knechtschaft zermürbt waren, in geheimen Verschwörungen zur Wiedergewinnung der Freiheit verpflichtet hatten, wobei sich ihr erbittertster Haß gegen die Veteranen richtete. Diese waren erst kürzlich in der Kolonie Camulodunum[77] angesiedelt worden und vertrieben nun die Einwohner aus ihren Häusern, verjagten sie von ihren Feldern, beschimpften sie als Kriegsgefangene und Sklaven, wobei die Soldaten die Veteranen bei ihren Übergriffen unterstützten, da sie sich ja in den gleichen Lebensverhältnissen befanden und hofften, sich in gleicher Ungezügeltheit ergehen zu können. Dazu wurde der für den vergöttlichten Claudius errichtete Tempel[78] als ein Bollwerk ewiger Zwingherrschaft angesehen, und die für ihn auserwählten Priester[79] verschleuderten unter religiösen Vorwänden alles Hab und Gut. Auch schien es nicht schwierig, eine Kolonie zu vernichten, die durch Befestigungsanlagen nicht geschützt war. Dafür hatten unsere Heerführer keine rechte Vorsorge getroffen. Man denkt ja zuerst an ein angenehmes Leben und dann erst an das, was not tut.

(32) Währenddessen war ohne ersichtliche Ursache in Camulodunum das Standbild der Victoria rückwärts umgefallen, als wolle es vor einem Feinde zurückweichen. Fanatisierte Frauen weissagten, der Untergang sei nahe. Man habe in dem Rathaus von Camulodunum fremdartige Geräusche gehört, in dem Theater ein Geheul vernommen und das Bild der zerstörten Kolonie am Ausfluß der Tamesa[80] gesehen. Auch habe der Ozean wie von Blut gerötet ausgesehen, und

Figuren von menschlichen Leibern seien bei dem Eintritt der Ebbe zurückgeblieben. Dies alles erweckte bei den Britanniern Hoffnung, bei den Veteranen Furcht. Weil jedoch Suetonius fern war, baten die Veteranen den Prokurator Catus Decianus um Hilfe. Dieser schickte ganze zweihundert Mann, die nicht einmal richtig bewaffnet waren, während sich in der Kolonie auch nur eine unbedeutende Abteilung Soldaten befand. Da sie auf den Schutz des Tempels vertrauten und Mitbeteiligte an der Empörung insgeheim alle Maßnahmen hintertrieben, legten sie weder einen Graben noch einen Wall an, auch entfernten sie nicht die alten Leute und die Frauen, so daß nur die kampffähige Mannschaft zurückgeblieben wäre. So wurden sie wie mitten im Frieden unvermutet von einer Übermacht der Barbaren umzingelt. Abgesehen von dem Tempel wurde ganz Camulodunum erstürmt, geplündert oder in Brand gesteckt. Der Tempel, in dem sich die Soldaten verbarrikadiert hatten, wurde zwei Tage belagert und dann erobert. Die siegreichen Britannier rückten dem Legaten der neunten Legion, Petilius Cerialis[81], der zur Hilfe herbeieilte, entgegen, schlugen die Legion in die Flucht und machten das ganze Fußvolk nieder. Cerialis entkam mit der Reiterei in das Lager, wo er hinter den Befestigungswerken Schutz fand. Diese Niederlage und der Haß der Provinz, die er mit seiner Habsucht in den Krieg getrieben hatte, jagte dem Prokurator Catus einen solchen Schrecken ein, daß er nach Gallien hinüberging.

(33) Aber Suetonius marschierte mit bewundernswerter Entschlossenheit mitten durch die Feinde auf Londinium[82] zu, das zwar nicht durch die Bezeichnung „Kolonie“ sich hervorhob, aber durch seine zahlreichen Kaufleute und seine vielfachen Handelsbeziehungen sehr berühmt war. Dort angekommen, war er unschlüssig, ob er in der Stadt sein Hauptquartier aufschlagen solle. Aber in der Erwägung, über wie wenig Truppen er verfüge und welch schwerwiegenden Denkzettel Petilius für seinen Leichtsinn erhalten habe, beschloß er, die eine Stadt zu opfern, um dafür das Ganze zu retten. Er ließ sich weder durch Jammern noch durch

Weinen der um Hilfe Flehenden erweichen, sondern gab das Zeichen zum Abmarsch. Wer ihn begleiten wollte, den reihte er in die Marschkolonne ein. Das wehrlose Geschlecht, die altersschwachen Männer und wer sich von dem lieblichen Ort nicht hatte trennen wollen, wurden von dem Feind niedergemacht. Gleiches Unglück kam über das Municipium Verulamium[83], da die Barbaren die Kastelle und Stützpunkte beiseite ließen und, auf Beute sich freuend, und der Strapazen müde, auf das für die Plünderung ergiebigste und den Verteidigern keinen Schutz bietende militärische Versorgungslager losmarschierten. Gegen siebzigtausend Bürger und Bundesgenossen sind damals in den erwähnten Plätzen umgekommen, was sicher feststeht. Denn es wurden von den Britanniern Gefangene weder gemacht noch verkauft; auch betrieben sie keinen sonst kriegsüblichen Handel. Sie konnten nicht schnell genug morden und hängen, verbrennen und kreuzigen, als wollten sie für die harte Vergeltung, die über sie kommen werde, einstweilen schon im voraus Rache nehmen.

(34) Suetonius verfügte bereits über die vierzehnte Legion mitsamt den Vexillariern[84] der zwanzigsten und den Hilfstruppen aus der nächsten Umgebung, zusammen über etwa zehntausend Mann in Waffen, als er Anstalten traf, sein abwartendes Verhalten aufzugeben und zur Schlacht anzutreten. Er wählte einen Kampfplatz, der durch eine schmale Schlucht und im Rücken durch einen Wald abgeschlossen war, nachdem er vorher sicher festgestellt hatte, daß nirgends ein Feind stehe außer vor ihm und eine offene Ebene vorhanden sei, in der man keinen Hinterhalt zu befürchten habe. Und so stellten sich denn die Legionstruppen in dichter Formation, ihnen zur Seite die Leichtbewaffneten und auf den Flügeln eng aufgeschlossen die Reiterei auf. Dagegen rannten die Britannier überall in einzelnen Trupps zu Fuß und zu Pferd umher, eine ganz ungewöhnlich große Menschenmenge mit solch wildem Mut, daß sie sogar ihre Frauen als Zeugen ihres Sieges mit sich schleppten und auf ihre an der äußersten Umrandung der Ebene abgestellten Wagen setzten.

(35) Boudicca, die ihre Töchter auf dem Wagen vor sich her führte, begab sich von Stamm zu Stamm und beteuerte, es sei nichts Ungewöhnliches bei den Britanniern, unter weiblicher Führung zu kämpfen; aber jetzt verteidige sie nicht als Sproß so hoher Ahnen ihren Thron und ihren Besitz, sondern als eine Frau aus dem Volke übe sie Rache für den Verlust der Freiheit, für die körperlichen Mißhandlungen und die geschändete Keuschheit ihrer Töchter. So weit sei es mit den Gelüsten der Römer gekommen, daß keine Person vor ihnen sicher sei und sie sich sogar an alten Frauen und keuschen Mädchen vergehen. Jedoch stünden die Götter den gerechten Rächern zur Seite: vernichtet sei die Legion, die die Schlacht gewagt habe, während die übrigen sich in ihrem Lager verstecken oder sich nach einer Möglichkeit zur Flucht umschauen[85]. Nicht einmal das brausende Kriegsgeschrei so vieler Tausender, geschweige denn ihren Ansturm und den Kampf Mann gegen Mann würden sie ertragen. Wenn sie die Menge der Kämpfer, die Gründe für den Krieg sich vor Augen halten, so gebe es keine andere Wahl, als in dieser Schlacht zu siegen oder zu fallen. Dazu sei sie als Frau entschlossen: mögen die Männer am Leben bleiben und Sklaven sein!

(36) Auch Suetonius schwieg nicht in einer solch entscheidenden Stunde. Obgleich er auf die Tapferkeit seiner Leute baute, ermahnte und bat er sie zugleich, das Geschrei und die leeren Drohungen der Barbaren nicht zu beachten. Mehr Weiber als Streiter erblicke man dort. Unkriegerisch, unbewaffnet, werden sie sofort weichen, wenn sie, so oft schon in die Flucht geschlagen, das Schwert und den Mannesmut der Sieggewohnten wiedererkennen. Mag die Zahl der Legionen noch so groß sein, es seien doch immer nur wenige, die die Schlachten entscheiden. Es werde ihren Ruhm erhöhen, wenn sie als kleine Schar sich den Ruf eines ganzen Heeres erwerben. Sie sollten nur sich dicht zusammenscharen, die Speere werfen und dann mit Schildbuckeln und Schwertern unausgesetzt den Feind zu Boden schlagen und töten, ohne an das Beutemachen zu denken. Sei erst der Sieg er-

rungen, werde ihnen alles ohne weiteres zufallen. So begeistert wurden die Worte des Heerführers aufgenommen, so rasch hatten sich die alten, in vielen Kämpfen erprobten Soldaten zum Schleudern der Speere fertig gemacht, daß Suetonius, des Erfolges gewiß, das Zeichen zur Schlacht gab.

(37) Zuerst trat die Legion auf der Stelle und behauptete den Engpaß, der ihr als Verschanzung diente. Nachdem auf den näher gerückten Feind die Speere mit sicherem Wurf verschossen waren, brach die Legion keilförmig hervor. Mit dem gleichen Angriffsgeist setzten sich die Hilfstruppen ein. Mit eingelegten Lanzen brach die Reiterei jeden noch so starken Widerstand. Der Rest des Feindes wandte sich zur Flucht, die deshalb schwierig war, weil die ringsum abgestellten Wagen die Ausgänge versperrten. Und die Soldaten schonten bei ihrem Morden auch die Frauen nicht. Die von Geschossen durchbohrten Zugtiere hatten den Leichenhaufen noch vergrößert. Ein herrlicher Ruhm, der dem in den Siegen der alten Zeit erworbenen gleichkam, war das Ergebnis dieses Tages. Nach einigen Berichten sind nicht weniger als achtzigtausend Britannier gefallen, während wir nur etwa vierhundert Tote und nicht viel mehr Verwundete zählten. Boudicca nahm sich mit Gift das Leben. Als Poenius Postumus, der Befehlshaber des Lagers der zweiten Legion, von den Erfolgen der vierzehnten und der zwanzigsten Legion vernahm, stürzte er sich in sein Schwert, weil er seine Legion um den gleichen Ruhm betrogen und entgegen dem militärischen Brauch dem Heerführer den Gehorsam verweigert hatte.

(38) Darauf wurde das ganze Heer zusammengezogen und in ein Feldlager gelegt, um den Krieg vollends zu Ende zu führen. Der Caesar verstärkte das Heer, indem er von Germanien zweitausend Legionäre, acht Auxiliarkohorten[86] und tausend Reiter schickte, durch deren Erscheinen die neunte Legion mit Legionären aufgefüllt wurde. Die Kohorten und die Reiterabteilungen wurden in neue Winterlager verlegt und alle Stämme, die sich als unzuverlässig oder widersetzlich erwiesen hatten, mit Feuer und Schwert heim-

gesucht. Doch die Britannier litten unter nichts so sehr, wie unter dem Hunger, da sie die Aussaat nicht besorgt hatten, die ganze Bevölkerung, jung und alt, in dem Krieg eingesetzt war und sie auf die für uns bestimmten Vorräte gerechnet hatten. Dennoch waren die Stämme in ihrem unbeugsamen Trotz nur zögernd zum Frieden zu bringen, weil der als Nachfolger des Catus geschickte Iulius Classicianus, der mit Suetonius uneins war, sich dem Wohl des Ganzen mit seiner persönlichen Feindschaft in den Weg stellte und ausgestreut hatte, man solle nur auf den neuen Legaten warten, der ohne Feindeszorn und Siegerhochmut Milde gegenüber den Unterworfenen werde walten lassen. Zugleich berichtete er nach Rom, man dürfe erst auf die Beendigung der Kampfhandlungen hoffen, wenn Suetonius einen Nachfolger erhalten habe. Dessen Mißerfolge führte er auf sein persönliches Versagen, die Erfolge auf das Glück zurück.

(39) Und so wurde, um die Lage in Britannien zu untersuchen, der Freigelassene Polyclitus[87] geschickt, auf den Nero die bestimmte Hoffnung setzte, er könne durch seinen Einfluß nicht nur die Eintracht zwischen dem Legaten und dem Prokurator wiederherstellen, sondern auch die aufrührerischen Barbaren zum Frieden bewegen. Und wirklich ließ es Polyclitus an nichts fehlen: mit einem riesigen Gefolge, das eine schwere Belastung für Italien und Gallien war, zog er nach Überquerung des Ozeans daher, auch für unsere Soldaten ein Bild des Schreckens. Aber den Feinden war er nur Anlaß zum Spott. Noch war ja bei ihnen das Gefühl für Freiheit lebendig, und noch war ihnen die Macht der Freigelassenen nicht bekannt. Und so wunderten sie sich, daß ein Feldherr und sein Heer, das einen so schweren Krieg beendigt hatte, Sklaven Gehorsam leisten. Die Berichte des Polyclitus an den Imperator ließen jedoch alles in einem milderen Lichte erscheinen. Suetonius wurde zwar in seinem Wirkungsbereich belassen; aber weil er einige Schiffe am Strande mitsamt der Besatzung verloren hatte, erhielt er den Befehl, als ob der Krieg noch weiterginge, sein Heer dem Petronius Turpilianus, der schon das Konsulat niedergelegt

hatte, zu übergeben. Dieser gab, ohne den Feind zu behelligen oder von ihm herausgefordert zu werden, sich einem trägen Nichtstun hin, dem er den schönklingenden Namen „Frieden“ gab.

(40) In dem gleichen Jahr wurden in Rom zwei aufsehenerregende Verbrechen verübt, das eine von einem Senator, das andere von einem frechen Sklaven. Domitius Balbus war ein ehemaliger Prätor, der wegen seines vorgeschrittenen Alters sowie seiner Kinderlosigkeit und seines Reichtums das Ziel arglistiger Nachstellungen war. Sein Verwandter Valerius Fabianus, der für die Laufbahn eines Staatsbeamten bestimmt war, unterschob ihm ein Testament unter Beiziehung der römischen Ritter Vinicius Rufinus und Terentius Lentinus. Diese hatten noch Antonius Primus und Asinius Marcellus[88] in das Komplott eingeweiht. Antonius war ein kühn entschlossener Mann, Marcellus genoß als Urenkel des Asinius Pollio Ansehen und galt nicht eben als ein Verächter sittlicher Lebensführung, nur hielt er die Armut für ein ganz besonderes Übel. Und so ließ Fabianus die Urkunde durch die oben genannten Spießgesellen und noch einige, weniger erlauchte Personen als Zeugen versiegeln[89]. Sie wurden vor den Vätern dieser Tat überführt. Fabianus und Antonius wurden zusammen mit Rufinus und Terentius aufgrund der lex Cornelia[90] verurteilt. Marcellus schützte zwar das Andenken an seine Vorfahren und die Fürsprache des Caesars vor Strafe, aber nicht vor Schande.

(41) Der gleiche Tag stürzte auch Pompeius Aelianus, einen jungen Mann, der Prätor gewesen war, in das Verderben. Er wurde beschuldigt, von den Schandtaten des Fabianus gewußt zu haben. Ihm wurde der Aufenthalt in Italien und in seinem Geburtsland Spanien verboten. Die gleiche entehrende Strafe traf Valerius Ponticus, weil er die Angeklagten, damit sie nicht vor das Gericht des Stadtpräfekten kämen, dem Prätor überstellt habe[91], um sie vorderhand unter dem Schein der Gesetzlichkeit, später durch Rechtsbeugung der Bestrafung zu entziehen. Der Senatsbeschluß[92] erhielt einen Zusatz: wer einen solchen

Dienst kaufe oder verkaufe, solle genauso straffällig sein wie ein in einem Kriminalprozeß wegen falscher Anklage Verurteilter[93].

(42) Nicht viel später ermordete den Stadtpräfekten Pedanius Secundus[94] sein eigener Sklave, mag er nun die Freiheit nicht erhalten haben, für die er den Preis bereits ausgehandelt hatte[95], oder, in Liebe zu einem Buhlknaben entbrannt, seinen Herrn als Nebenbuhler nicht geduldet haben. Als nun nach altem Brauch das ganze unter dem gleichen Dach wohnende Gesinde zur Hinrichtung geführt werden sollte, rottete sich die Plebs zusammen, die so viele Unschuldige schützen wollte, und es kam zu einem Aufruhr. Im Senat selbst [zu dem die Plebs die Zugänge versperrte[96]] lehnte ein Teil allzugroße Strenge ab, die Mehrheit stimmte jedoch gegen jede Gesetzesänderung. Zu dieser gehörte C. Cassius, der sich bei der Stimmabgabe folgendermaßen äußerte:

(43) „Oft schon, versammelte Väter, bin ich in diesem hohen Hause gewesen, wenn gegen Verordnungen und Gesetze der Vorfahren neue Senatsbeschlüsse gefordert wurden. Und ich habe mich gegen solche nicht gewendet, nicht etwa, weil ich daran gezweifelt hätte, daß über alle Angelegenheiten einst bessere und richtigere Anordnungen getroffen worden sind und jegliche Umgestaltung eine Veränderung zum Schlechteren bedeutet, sondern weil ich nicht den Anschein erwecken wollte, als ob ich durch übertriebene Liebe für die alte Sitte mein rechtswissenschaftliches Studium hervorheben wolle. Auch glaubte ich, das Ansehen, das ich hierin genieße, nicht durch häufige Widerrede untergraben zu sollen, damit dieses unangetastet für den Fall erhalten bleibe, daß einmal das Gemeinwesen meiner Ratschläge bedürfe. Dieser Fall ist heute eingetreten: ein Konsular[97] ist in seinem Hause heimtückisch von seinem Sklaven ermordet worden, und niemand hat das verhindert oder verraten, obgleich der Senatsbeschluß[98] noch unerschüttert in Kraft ist, der die Hinrichtung dem ganzen Gesinde androhte. Erkennet meinetwegen auf Straflosigkeit! Aber wen

wird künftig seine Würde schützen, wenn sie dem Stadtpräfekten nichts genützt hat? Wem wird die Zahl seiner Sklaven Sicherheit geben, wenn den Pedanius Secundus seine vierhundert Sklaven nicht geschützt haben? Wem wird sein Gesinde Hilfe leisten, wenn nicht einmal die Furcht sie veranlaßt, auf Gefahren, die uns bedrohen, zu achten. Oder hat der Mörder – manche schämen sich nicht, dies uns vorzumachen – ihm zugefügtes Unrecht gerächt, weil er etwa über sein väterliches Vermögen einen Vertrag abgeschlossen hatte oder gar ein vom Großvater ererbter Kaufsklave ihm genommen wurde[99]?

(44) Sprechen wir es doch ganz offen aus: der Herr scheint mit Recht ermordet worden zu sein. Will man etwa Begründungen zusammensuchen in einer Sache, über die sich weisere Männer bereits den Kopf zerbrochen haben? Jedoch, hätten wir erst heute zum erstenmal einen Beschluß zu fassen, glaubt ihr denn, ein Sklave hätte den Mut zur Ermordung seines Herrn aufgebracht, ohne ein Drohwort fallen zu lassen, ohne unbesonnen etwas auszuschwatzen? Mag er immerhin seinen Plan verheimlicht, seine Mordwaffe bereitgelegt haben, ohne daß es die anderen wußten: konnte er etwa die Wachen passieren, die Tür zum Schlafzimmer aufschließen, das Licht hineintragen, den Mord ausführen – und niemand hätte davon etwas gemerkt? Ein Verbrechen kündigt sich durch viele Anzeichen an: nur wenn die Sklaven sterben müssen, die ihrem Herrn nichts verraten, dann können wir als Einzelpersonen unter einer größeren Zahl leben, in Sicherheit unter solchen, die Angst haben, schließlich nicht ungerächt unter denen weilen, die sich schuldig machen. Unsere Vorfahren waren mißtrauisch gegenüber der Wesensart von Sklaven, auch wenn diese in demselben Landgut oder Stadthaus geboren wurden und von Anfang an die Anhänglichkeit an ihre Herren in sich aufnahmen[100]. Seitdem wir aber in unserem Gesinde Angehörige von Volksstämmen haben, die abweichende Gebräuche, fremden Gottesdienst oder überhaupt keinen haben, kann man dieses zusammengelaufene Gesindel nur durch Furcht bändigen. ‚Aber

manche werden unschuldig sterben!' Wenn von einem geschlagenen Heer jeder zehnte Mann mit dem Knüppel totgeschlagen wird, dann trifft ja das Los auch Tüchtige. Irgendetwas Ungerechtes hat jedes Exempel großen Formats an sich. Der einzelne leidet darunter, aber das wird durch den Nutzen für die Allgemeinheit aufgewogen."

(45) Gegen die Meinung des Cassius wagte keiner einzeln aufzutreten, jedoch konnte man aus dem Stimmengewirr entgegengesetzte Äußerungen heraushören, die Mitleid mit der Anzahl, dem Alter und dem Geschlecht und der unbezweifelbaren Unschuld des größten Teils bekundeten. Dennoch hatte die Partei das Übergewicht, die sich für die Hinrichtung entschied. Aber man konnte den Beschluß nicht durchführen, da sich eine Menschenmenge zusammengerottet hatte, die mit Steinwürfen und Brandstiftung drohte. Nun schalt der Caesar das Volk in einem Erlaß und ließ den ganzen Weg entlang, auf dem die Verurteilten zur Hinrichtung geführt wurden, Truppen aufmarschieren. Cingonius Varro[101] hatte beantragt, auch die Freigelassenen, die unter dem gleichen Dach gewohnt hätten, aus Italien auszuweisen. Doch dagegen erhob der Princeps Einspruch, damit nicht die althergebrachte Sitte, gegen die das Mitleid nichts vermocht hatte, eine grausame Verschärfung erfahre.

(46) Unter den gleichen Konsuln wurde Tarquitius Priscus aufgrund einer Klage der Bithynier wegen Erpressung verurteilt, was von den Vätern freudigst begrüßt wurde, denn sie erinnerten sich daran, daß er seinen eigenen Prokonsul Statilius Taurus[102] angeklagt hatte. Die Schätzung in Gallien wurde von Q. Volusius, Sextius Africanus und Trebellius Maximus[103] vorgenommen, wobei Volusius und Africanus sich hinsichtlich ihres Adels den Rang abzulaufen suchten. Trebellius, den beide nicht für voll nahmen, erhoben sie dadurch auf den Schild.

(47) In diesem Jahr starb Memmius Regulus[104], ein Mann, der durch sein Ansehen, seine Charakterstärke, seinen Ruf hervorragte, soweit es die beschattende Erhabenheit eines Imperators zuläßt. Als Nero krank war und die Schmeich-

ler in seiner Umgebung sagten, wenn das Schicksal es so füge, daß ihm etwas zustoße, werde dies das Ende des Reiches bedeuten, antwortete er, dem Gemeinwesen verbleibe eine Stütze. Auf die Frage, an wen er dabei in erster Linie denke, hatte er hinzugesetzt: „an Memmius Regulus“. Trotzdem blieb Regulus auch weiterhin am Leben, geschützt dadurch, daß er zurückgezogen lebte und weil der Adel seines Geschlechts noch neu war und er kein neiderregendes Vermögen besaß.

Ein Gymnasium wurde in diesem Jahre von Nero gestiftet und der Ritterschaft sowie dem Senat Öl gespendet in griechischer Gefälligkeit[105].

(48) Unter dem Konsulat des P. Marius und L. Afinius[106] 62 n. Chr.
verfaßte der Prätor Antistius, von dessen willkürlichem Treiben während seines Volkstribunats ich berichtet habe[107], Schmähgedichte auf den Princeps und gab sie vor einer zahlreichen Gesellschaft während eines Essens bei Ostorius Scapula[108] zum besten. Sofort wurde er von Cossutianus Capito[109], der vor kurzem auf die Fürbitte seines Schwiegervaters Tigellinus[110] wieder den Rang eines Senators erhalten hatte, wegen Majestätsverbrechens angeklagt. Damals wurde zum erstenmal dieses Gesetz wieder wirksam[111], und man glaubte, dabei sei es weniger auf den Sturz des Antistius als auf den Ruhm des Imperators abgesehen gewesen, der den vom Senat Verurteilten aufgrund seines tribunizischen Einspruchsrechtes vor dem Tode bewahren würde. Ostorius erklärte als Zeuge, er habe nichts gehört; aber man glaubte den gegenteiligen Aussagen. Und so beantragte der designierte Konsul[112] Iunius Marullus, den Angeklagten als Prätor abzusetzen und ihn entsprechend der Sitte der Vorfahren hinzurichten[113]. Diesem Antrag stimmten alle zu. Nur Paetus Thrasea erklärte mit aller Ehrerbietung gegenüber dem Caesar und scharfem Tadel für Antistius: Nicht alles, was ein schuldiggesprochener Angeklagter zu leiden verdiene, müsse auch unter einem hervorragenden Princeps und bei einem durch keinen Zwang gebundenen Senat zum Beschluß erhoben werden. Henker und Strick seien schon längst abgeschafft, und die Strafen seien gesetzlich festge-

legt, mit denen man ohne Grausamkeit der Richter und ohne Schande für die Zeit Kapitalstrafen beschließen könne. Ja, je länger Antistius auf einer Insel nach Beschlagnahme seines Vermögens schuldbeladen sein Leben friste, desto elender werde er für seine Person sein und dabei das augenfälligste Beispiel staatlicher Gnade bilden.

(49) Der Freimut Thraseas erschütterte die Knechtsgesinnung der übrigen. Als der Konsul die Abstimmung genehmigt hatte, traten sie mit wenigen Ausnahmen Thraseas Meinung bei. Unter diesen befand sich A. Vitellius[114], der sich mit seiner Schmeichelei ganz besonders hervortat. Er pflegte die besten Männer zu einem Wortwechsel herauszufordern und, wenn sie ihm Bescheid sagten, zu verstummen, wie es gewöhnlich die Art von Feiglingen ist. Aber da die Konsuln den Senatsbeschluß nicht durchzuführen wagten[115], gaben sie dem Caesar einen schriftlichen Bericht über den einmütigen Beschluß. Dieser, zwischen Scham und Zorn hin und her schwankend, schrieb schließlich zurück, Antistius habe, ohne durch irgendeine Kränkung herausgefordert worden zu sein, sich zu den schwersten Schmähungen des Princeps hinreißen lassen, deren Bestrafung von den Vätern gefordert worden sei. Es wäre recht und billig gewesen, eine der Schwere des Vergehens entsprechende Strafe festzusetzen. Im übrigen wolle er, wo er doch die Absicht gehabt habe, einen strengen Beschluß zu verhindern, ihrer Milde nichts in den Weg legen. Sie sollten beschließen, was sie wollten. Sogar ein Freispruch werde anheimgestellt. Obgleich diese und ähnliche Äußerungen vorgelesen wurden und es klar war, daß Nero vor den Kopf gestoßen war, änderten die Konsuln doch nicht ihre Einstellung, auch nahm Thrasea seinen Antrag nicht zurück, noch gaben die übrigen, was sie gebilligt hatten, preis, ein Teil, um nicht den Anschein zu erwecken, als ob sie den Princeps in ein ungünstiges Licht setzen wollten[116], die Mehrzahl verschanzte sich hinter ihrer großen Zahl. Bei Thrasea waren seine gewohnte Charakterfestigkeit und der Wunsch maßgebend, sein rühmliches Ansehen nicht zu verlieren.

(50) Einer nicht unähnlichen Beschuldigung fiel Fabricius Veiento zum Opfer: er sollte viele Beschimpfungen gegen die Väter und Priester in den Schriften, denen er den Titel „Testamente“[117] gegeben hatte, erhoben haben. Sein Ankläger Tullius Geminus[118] fügte noch hinzu, er habe mit den Geschenken des Princeps und der Berechtigung zum Ämtererwerb Handel getrieben. Dies nahm Nero zum Anlaß, die Gerichtsverhandlung selbst zu übernehmen. Veiento wurde für schuldig befunden. Nero verwies ihn aus Italien und ließ seine Schriften verbrennen, die man suchte und eifrig las, solange es gefährlich war, sie anzuschaffen. Später ließ die Erlaubnis, sie zu besitzen, sie in Vergessenheit geraten.

(51) Aber je drückender man von Tag zu Tag die öffentlichen Mißstände empfand, desto geringer wurden die Möglichkeiten, Abhilfe zu schaffen: Burrus schied aus dem Leben, man weiß nicht, ob infolge einer Krankheit oder durch Gift. Eine Krankheit nahm man deshalb an, weil infolge einer Schwellung sich allmählich sein Hals innerlich verengte und er durch die Hemmung des Atmens erstickte. Die Mehrzahl behauptete, auf Neros Befehl sei, scheinbar als Anwendung eines Heilmittels, sein Gaumen mit einer schädlichen Salbe bestrichen worden. Burrus habe das Verbrechen gemerkt, und als der Princeps bei ihm einen Besuch machte, das Gesicht von ihm abgewandt und auf die Frage nach seinem Befinden nur geantwortet: „Mir geht es gut.“ Seine Mitbürger vermißten ihn noch lange schmerzlich, da sie an seine Mannhaftigkeit und zugleich an seine Nachfolger dachten, von denen der eine ein rechtlicher, aber energieloser Mann, der andere ein ganz übler Verbrecher war. Der Caesar hatte nämlich zwei Männer zu Befehlshabern der prätorischen Kohorten gemacht: Faenius Rufus[119], weil er bei der Masse des Volkes beliebt war – er verwaltete das Getreidewesen uneigennützig –, und Ofonius Tigellinus, der ihm als alter, verrufener Wollüstling Vorbild war[120]. Und sie benahmen sich auch, wie es ihrem bekannten Charakter entsprach: Tigellinus übte größeren Einfluß auf den Princeps aus, der ihn zu seinen intimsten Ausschweifungen beizog, Rufus be-

hielt seinen guten Ruf bei dem Volke und bei den Soldaten, was ihn bei Nero gegenteilige Erfahrungen machen ließ.

(52) Der Tod des Burrus brach den Einfluß Senecas, weil die guten Eigenschaften sich nach der Beseitigung des einen Mannes, der als Führer gedient hatte, nicht mehr in gleicher Weise auswirken konnten und Nero selbst sich zu den minderwertigen Elementen hingezogen fühlte. Diese griffen Seneca mit allerlei Beschuldigungen an: er vermehre sein ohnehin riesiges, private Verhältnisse übersteigendes Vermögen, er wolle die Sympathien seiner Mitbürger auf sich lenken und mit seinen lieblichen Parkanlagen und prächtigen Landhäusern gleichsam den Princeps überbieten. Sie warfen ihm weiter vor, er nehme den Ruhm der Beredsamkeit für sich allein in Anspruch und mache häufiger Gedichte, seitdem Nero daran Gefallen gefunden habe. In der Öffentlichkeit zeige er sich gegenüber den Vergnügungen des Princeps ablehnend und setze dessen Fähigkeit als Pferdelenker herab. Auch mache er sich über Neros Vorträge lustig, sooft er singe. Wie lange es noch dauere, bis in dem Gemeinwesen nur das noch rühmlich sein werde, was man als von Seneca erfunden betrachte. Seine Kindheit habe Nero doch nun hinter sich und stehe in der Vollkraft seiner Jugend. Er solle sich seines Schulmeisters entledigen, da ihm in seinen Vorfahren genug tüchtige Lehrer zur Verfügung stünden.

(53) Aber Seneca, der seine Verleumder wohl kannte, weil diejenigen, die noch einen Funken von Anstandsgefühl hatten, ihn ins Bild setzten, bat den Caesar, der immer mehr den vertrauten Umgang mit ihm ablehnte, um einen Zeitpunkt für eine Aussprache. Als ihm diese bewilligt war, fing er folgendermaßen an: „Es ist nun vierzehn Jahre her, daß ich dir, dem hoffnungsvollen jungen Mann, zugeteilt wurde, acht Jahre, daß du die Regierung in Händen hast. In der Zwischenzeit hast du so viele Ehren[121] und so großen Reichtum auf mich gehäuft, daß mir an meinem Glück nichts mehr fehlt, als es mit Maß zu genießen. Ich will mich auf bedeutende Vorbilder, die ich nicht meinem, sondern dei-

nem Stande entnehme, berufen. Dein Urgroßvater Augustus gestattete dem Marcus Agrippa, in der Abgeschiedenheit von Mytilene[122] zu leben, dem C. Maecenas, mitten in Rom wie in der Fremde der Muße zu pflegen. Der eine, sein Kriegsgefährte, der andere in Rom von einer größeren Fülle mühevoller Aufgaben umgetrieben, beide haben ansehnliche, aber ihren großen Verdiensten entsprechende Belohnungen erhalten. Welche andere Gegenleistung konnte ich für deine Freigebigkeit erbringen als meine wissenschaftliche Tätigkeit, die, wie ich sagen möchte, im Schatten gereift ist und auf die nur deshalb ein Glanz fällt, weil ich, wie man von mir glaubt, dir in deiner Jugend behilflich gewesen bin, die Grundlagen der Bildung zu legen, womit ich ja reichlich belohnt bin. Aber du hast mich mit unermeßlicher Gunst, mit unschätzbarem Reichtum überschüttet, in einem Maße, daß ich selbst oft mit mir zu Rate gehe: Wie, ich, ein Mann aus dem Ritterstand, aus einer Provinzstadt stammend, werde zu den ersten Männern der Bürgerschaft gezählt[123]? Unter lauter Adeligen, die mit langen Reihen ruhmvoller Ahnen aufwarten können, ist mir, einem Emporkömmling, solcher Glanz zuteil geworden? Wo ist jener Sinn geblieben, der sich mit bescheidenen Verhältnissen begnügt? Ist er es noch, der solche Gärten anlegt, der durch diese Landhäuser und durch so weit sich erstreckenden Landbesitz wandelt, der in einem so weit fundierten Zinseinkommen schwelgt? Eine einzige Entschuldigung bietet sich an: ich durfte deine Geschenke nicht ausschlagen.

(54) Aber nun haben wir beide das Maß erfüllt: du, indem du gespendet hast, soviel der Princeps einem Freund spenden kann, ich, indem ich soviel empfing, wie ein Freund von dem Princeps empfangen konnte. Weiteres wird nur den Neid vermehren. Zwar liegt dieser Neid, wie alles Menschliche, unter deiner Größe. Aber mich belastet es, mir muß man helfen. Wie ich, vom Kriegsdienst oder Marschieren ermüdet, um eine Stütze bäte, so suche ich jetzt auf diesem meinem Lebensweg als ein alter Mann, der auch den leichtesten Aufgaben nicht mehr gewachsen ist, deinen

Schutz, weil ich die Last meines Reichtums nicht mehr tragen kann. Befiehl, daß mein Vermögen durch deine Prokuratoren verwaltet, daß es deinem Besitztum zugeschlagen wird. Doch will ich mich nicht selbst in Armut stürzen, sondern wenn ich all das, was mich mit seinem Glanz blendet, abgegeben habe, werde ich die Zeit, die ich bisher auf die Verwaltung meiner Gärten und Landhäuser verwenden mußte, meiner geistigen Betätigung widmen. Du verfügst noch über volle Jugendkraft und über ein in so vielen Jahren erlebtes höchstes Herrscheramt[124]. Wir, deine älteren Freunde, können fordern, daß wir einem geruhsamen Dasein zurückgegeben werden. Auch das wird dir zum Ruhme angerechnet werden, daß du Männer zur höchsten Stufe geführt hast, die sich auch in bescheidene Verhältnisse fügen."

(55) Darauf gab Nero etwa folgende Antwort: „Wenn ich auf deine wohlvorbereitete Rede sofort erwidere, so erkenne darin das erste Geschenk, das ich von dir besitze. Du hast mich ja gelehrt, nicht nur vorbereitet, sondern auch aus dem Stegreif Fragen zu beantworten. Mein Urgroßvater Augustus hat Agrippa und Maecenas erlaubt, nach ihrer mühevollen Tätigkeit sich der Muße hinzugeben. Aber damals stand er selbst schon in einem Alter, dessen Gewicht alles, was er immer zuteilte und wie beschaffen dies auch war, rechtfertigte. Und trotzdem hat er keinem von beiden die ihnen gegebenen Belohnungen wieder entzogen. Sie hatten diese in Krieg und Frieden verdient. Und diese waren es ja auch, die die ständigen Begleiter von des Augustus Jugend waren. Auch dein Schwert und dein Arm hätten mir nicht gefehlt, wenn ich die Waffen hätte führen müssen. So aber hast du mich, wie es die augenblickliche Lage jeweils erforderte, mit Einsicht, Rat und Belehrung zuerst als Knabe und dann als Jüngling gefördert. Die Dienste, die du mir geleistet hast, werde ich mein ganzes Leben lang nicht vergessen. Was du von mir besitzest, Gärten, Einkünfte, Landhäuser, dies alles ist dem Zufall ausgesetzt. Mögen diese Geschenke auch reichlich erscheinen, so haben doch die meisten, die dir an Fähigkeiten keineswegs gleichkommen, noch

mehr erhalten. Ich schäme mich, Freigelassene mit Namen zu nennen, die mit noch größerem Reichtum sich zur Schau stellen[125]. Daher müßte ich auch erröten, daß du, der du meinem Herzen am nächsten stehst, nicht alle anderen an Glücksgütern überragst.

(56) Du[126] willst dich doch nicht niedriger einstufen als den dreimaligen Konsul Vitellius und mich als Claudius. Freilich, soviel wie Volusius[127] in einem langen Leben sich erworben hat, kann ich mit aller Freigebigkeit für dich nicht aufbringen. Aber auch du stehst noch in rüstigem Alter und bist den Geschäften gewachsen, deren Früchte du genießen kannst. Ich selbst trete in die ersten Abschnitte meiner Regierung ein. Ja, wenn ich irgendwo auf der Jugend schlüpfriger Bahn abirre, rufst du mich zurück und lenkst die durch deinen Rückhalt gestützte innere Kraft mit um so festerer Hand. Nicht dein Maßhalten, wenn du das Geld zurückgibst, nicht dein Wunsch nach Ruhe, wenn du den Princeps verläßt, sondern meine Habsucht, der Schrecken meiner Grausamkeit wird in aller Munde sein. Und wenn auch deine Genügsamkeit in höchsten Tönen gepriesen würde, so wäre es doch wohl für einen weisen Mann nicht ehrenvoll, durch eine Handlung sich Ruhm zu erwerben, die seinen Freund in schlechten Ruf bringt." Nach diesen Worten umarmte er Seneca und küßte ihn, von Natur aus dazu veranlagt und durch Gewohnheit geschult, seinen Haß unter trügerischen Schmeicheleien zu verhüllen. Seneca sprach – so endigen ja alle Unterredungen mit einem Herrscher – seinen Dank aus. Aber die äußeren Formen seiner bisherigen Machtstellung änderte Seneca: er dämmte den großen Besucherstrom ein, vermied es, mit Gefolge[128] auszugehen, ließ sich selten in Rom sehen, als ob er durch seine angegriffene Gesundheit oder durch seine philosophischen Studien ans Haus gefesselt würde.

(57) Als Senecas Stellung erschüttert war, fiel es leicht, die des Rufus Faenius mit dem Vorwurf seiner Freundschaft mit Agrippina[129] zu untergraben. Tigellinus, der von Tag zu Tag mächtiger wurde und glaubte, seine dunklen Machen-

schaften, die allein seine Stärke bildeten, würden ihn noch beliebter machen, wenn er den Princeps durch die Beteiligung an seinen Verbrechen an sich kette, suchte herauszubringen, vor wem sich dieser fürchte. Und da er feststellte, seine Furcht gelte in erster Linie Plautus und Sulla – beide waren erst kürzlich ausgewiesen worden, Plautus nach Asien, Sulla nach Gallia Narbonensis[130] –, sprach er von ihrem Adel und daß diesem die Heere des Orients, jenem die Germaniens nahe seien. Er setze nicht, wie Burrus, auf verschiedene Karten, sondern er habe einzig und allein Neros Wohlergehen im Auge. Dieser sei ja einigermaßen durch seine unmittelbare Tätigkeit gegen Anschläge in der Hauptstadt gesichert. Doch mit welchen Mitteln könne man Aufstände in entfernten Ländern niederschlagen? Aufgehorcht habe Gallien bei dem Diktatorennamen[131], und nicht weniger unsicher sei die Haltung der Völkerschaften Asiens angesichts des Glanzes, der von dem Namen des Großvaters Drusus ausgehe[132]. Sulla sei arm, eben dies sei es, was ihn besonders zu Frechheit verführe, und er spiele die Rolle eines energielosen Menschen, bis er Gelegenheit zu verwegenem Handeln finde. Plautus sei ein vermögender Mann und suche nicht einmal den Anschein eines untätigen Lebens zu erwecken, sondern gebärde sich als Nachahmer der alten Römer und trage die Anmaßung der Stoiker zur Schau, einer Sekte, die den Menschen die Köpfe verdrehe und sie zu Umtriebigkeit verführe[133]. Und nun gab es kein weiteres Zögern! Die Mörder fuhren nach Massilia, und am sechsten Tage wurde Sulla, noch ehe er etwas befürchtet und gerüchtweise vernommen hatte, umgebracht, als er sich eben zur Tafel setzte. Sein Kopf wurde Nero überbracht, der darüber spottete, daß er so frühzeitig ergraut und häßlich sei.

(58) Der Plan der Ermordung des Plautus blieb nicht ebenso geheim, da eine ganze Anzahl von Leuten um sein Leben besorgt war. Auch hatte die weite Land- und Seereise und die lange Zeit zwischen Hin- und Rückreise das Entstehen von Gerüchten begünstigt. In der Öffentlichkeit herrschte die Vorstellung, er sei zu Corbulo gereist, der da-

mals große Heere befehligte[134] und, wenn berühmte und unschuldige Männer umgebracht würden, in erster Linie in Gefahr sei. Ja, sogar Asien habe zugunsten des jungen Mannes zu den Waffen gegriffen, und die zur Durchführung des Verbrechens ausgesandten Soldaten seien weder zahlenmäßig stark noch entschlossen gewesen und, als sie die Befehle nicht hatten ausführen können, zu der anderen Partei übergegangen. Diese haltlosen Behauptungen wurden durch leichtgläubige Nichtstuer, wie es bei Gerüchten zu gehen pflegt, noch weiter ausgestaltet. Indessen fuhr ein Freigelassener des Plautus, durch starken Wind begünstigt, dem Centurio voraus und überbrachte eine Warnung des L. Antistius, des Schwiegervaters des Plautus[135]: er solle nicht die Hände in den Schoß legen und sich umbringen lassen, solange noch die Möglichkeit bestehe, sich zu retten. Das Mitgefühl mit seinem großen Namen werde ihn Gutgesinnte finden und Wagemutige für seine Sache gewinnen lassen. Inzwischen solle er keine Hilfe ablehnen. Wenn er die sechzig Soldaten – so viele waren unterwegs – fortgejagt habe, werde, bis die Nachricht zu Nero gelange und bis eine neue Abteilung zu ihm komme, vieles geschehen, was sich bis zu einem Krieg auswachsen könne. Kurz, man gewinne mit einem solchen Entschluß entweder sein Leben, oder der Wagemutige habe nicht Schlimmeres zu erleiden als der Verzagte.

(59) Aber auf Plautus machten diese Vorstellungen keinen Eindruck. Entweder sah er als Wehrloser und Verbannter keine Möglichkeit der Hilfe, oder er hatte es satt, sich zweifelhafter Hoffnung hinzugeben, oder war es die Liebe zu seiner Frau und zu seinen Kindern, denen, wie er hoffte, der Princeps versöhnlicher gesinnt sein würde, wenn ihn nicht mehr Sorge und Unruhe umtreiben. Manche behaupten auch, die Nachrichten, die von seinem Schwiegervater gekommen seien, hätten anders gelautet: es stehe ihm nichts Schlimmes bevor. Und die beiden Lehrer der Philosophie Coeranus, ein Grieche, und Musonius, ein Tuscer[136], hätten ihm geraten, in fester Haltung den Tod zu erwarten, anstatt in Unsicherheit und Unruhe weiterzuleben. Jedenfalls

wurde er um die Mittagszeit, für gymnastische Übungen entkleidet, angetroffen. In diesem Zustand ermordete ihn der Centurio in Gegenwart des Eunuchen Pelago, den Nero zum Vorgesetzten des Centurio und seines Manipels gemacht hatte, wie einen königlichen Bediensteten über Trabanten. Der Kopf des Ermordeten wurde Nero überbracht. Als ihn der Princeps sah – ich will seine Äußerung wörtlich wiedergeben –, sagte er: „Warum ...“[137] Dann traf er, befreit von dieser Furcht, Vorbereitungen zu der beschleunigten Hochzeit mit Poppaea, die er wegen solcher Ängste verschoben hatte, und zu der Verstoßung seiner Gattin Octavia, die ihm trotz ihrem anspruchslosen Verhalten wegen ihres Vaters und der Zuneigung des Volkes lästig geworden war. Aber an den Senat richtete er ein Schreiben, ohne die Ermordung des Plautus und Sulla einzugestehen. Vielmehr wies er auf beider aufrührerisches Wesen und auf seine große Sorge um das Wohl des Gemeinwesens hin. Auf diese Begründung hin wurden Dankprozessionen und die Ausstoßung des Sulla und Plautus aus dem Senat beschlossen: das Possenspiel wirkte bereits belastender als das Unglück an sich.

(60) Als nun Nero den Senatsbeschluß erhielt und sah, daß alle seine Verbrechen als rühmliche Handlungen begrüßt wurden, verstieß er Octavia mit der Begründung, sie sei unfruchtbar. Gleich darauf vermählte er sich mit Poppaea. Diese Frau, die schon lange die Geliebte Neros gewesen war und ihn als Ehebrecher und dann als Gatten beherrschte, veranlaßte einen von Octavias Dienern, diese eines Liebesverhältnisses zu einem Sklaven zu bezichtigen. Zum Schuldigen wurde ein gewisser Eucaerus ausersehen, der aus Alexandria stammte und sich auf das Flötenspiel verstand. Peinliche Befragungen der Mägde Octavias darüber fanden statt, wobei einige sich unter den schweren Folterungen dazu bewegen ließen, die falschen Beschuldigungen anzuerkennen. Die Mehrzahl beharrte dabei, die Unbescholtenheit ihrer Herrin zu beteuern. Eine von ihnen antwortete dem Tigellinus auf sein Drängen: „Octavias Scham ist keuscher als dein Mund.“ Dennoch wurde sie verstoßen[138], zuerst unter

dem Schein einer bürgerlichen Scheidung. Sie erhielt das Haus des Burrus und die Landgüter des Plautus[139] als unselige Geschenke. Dann wurde sie nach Campanien verwiesen und unter militärische Bewachung gestellt. Darüber erhoben sich vielfach Klagen, die im Volk, das ja über weniger Klugheit verfügt, aber auch entsprechend seiner untergeordneten Stellung weniger gefährdet ist, nicht nur heimlich geäußert wurden. Dazu verbreitete sich das Gerücht, Nero habe aus Reue über sein schändliches Verhalten Octavia als seine Gattin zurückgerufen[140].

(61) Gleich darauf zog das Volk in froher Stimmung auf das Capitol und erwies nun endlich wieder den Göttern seine Verehrung. Sie stürzten die Standbilder der Poppaea um, trugen die Bildnisse der Octavia auf ihren Schultern, bestreuten sie mit Blumen und stellten sie auf dem Forum und in den Tempeln auf. Man erging sich sogar in Lobpreisungen des Princeps mit lärmenden Bezeugungen der Verehrung. Und schon drängte sich eine jubelnde Menschenmenge auf dem Palatium[141], als Haufen von Soldaten, die dorthin geschickt waren, mit Schlägen und mit gezückter Waffe die bestürzten Menschen auseinanderjagten. Und so stellte man wieder auf, was man im Aufruhr umgestürzt hatte, und Poppaeas Ehrenbilder wurden wieder an ihren alten Platz gesetzt. Sie, die schon immer von grimmigem Haß beseelt war, zu dem jetzt noch die Furcht kam, es möchte sich der Pöbel zu weiteren Gewalttaten hinreißen oder Nero durch die Zuneigung des Volkes sich umstimmen lassen, warf sich ihm mit den Worten zu Füßen: soweit sei es mit ihr noch nicht gekommen, daß sie um die Ehe mit ihm kämpfe, obgleich ihr diese höher stehe als ihr Leben, sondern ihr Leben selbst sei durch die Klienten und Sklaven Octavias in äußerste Gefahr gebracht, da sich diese den Namen „Bürgerschaft“ beigelegt hätten und sich im Frieden zu Handlungen erkühnten, wie sie kaum im Kriege geschehen. Jene Waffen seien gegen den Princeps erhoben worden. Nur ein Führer habe gefehlt, der sich bei einer Erhebung leicht finden lasse. Sie brauche nur Campanien zu verlassen und sich auf den Weg in die Haupt-

stadt selbst machen. Ihr Wink aus der Ferne genüge ja schon, um einen Aufruhr zu erregen. Worin sie denn eigentlich gefehlt habe? Wen sie gekränkt habe und womit? Etwa, weil sie echte Nachkommen dem Hause der Caesaren schenken werde? Wolle das römische Volk lieber den Sprößling eines ägyptischen Flötenspielers auf den Herrscherthron gesetzt wissen? Schließlich solle er, wenn es die Zustände bessere, lieber freiwillig als gezwungen die Herrin herbeirufen oder für seine Sicherheit sorgen. Durch eine gerechte Bestrafung und durch maßvolle Gegenmittel habe sich der erste Aufruhr gelegt. Aber wenn man die Hoffnung aufgebe, daß Octavia wieder die Gattin Neros werde, werde man ihr einen anderen Gatten geben.

(62) Diese Worte, die wohlberechnet abwechselnd Furcht und Zorn erregen sollten, erschreckten Nero, als er sie anhörte, und versetzten ihn zugleich in Wut. Aber der Verdacht, der sich gegen den Sklaven richtete, wirkte zu wenig und war zudem durch die Verhöre der Dienerinnen entkräftet worden. Deshalb beschloß man, irgend jemand für ein Geständnis ausfindig zu machen und ihm auch das Verbrechen des Hochverrates anzuhängen. Als geeignet hierzu erschien Anicetus, der den Muttermord vollzogen hatte und Flottenpräfekt von Misenum war, wie ich schon erwähnt habe[142]. Er hatte sich nach der Ausführung des Verbrechens einige flüchtige Gunst erworben, die sich aber in um so schwereren Haß verwandelte, weil man ja die Helfershelfer bei schlimmen Taten immer wie einen lebendigen Vorwurf vor Augen hat. So ließ ihn denn der Caesar herbeirufen und erinnerte ihn an seine frühere Dienstleistung. Er allein habe das Leben des Princeps gegen die heimtückische Mutter geschützt. Jetzt biete sich Gelegenheit, sich nicht geringeren Dank zu verdienen, wenn er ihm die gefährliche Gattin wegschaffe. Dazu brauche man nicht Faust noch Mordwaffe. Er solle sich nur zum Ehebruch mit Octavia bekennen. Er versprach ihm hohe Belohnungen, die allerdings im Augenblick noch geheim bleiben müßten, und die Möglichkeit, sich in anmutige Gegenden zurückzuziehen. Im Falle

der Ablehnung drohte er ihm mit dem gewaltsamen Tod. Anicetus, der von Haus aus ein verschlagener Mensch war und bei seinen früheren Schandtaten sich willfährig erwiesen hatte, erdichtete noch mehr, als ihm aufgetragen worden war. Er legte in einem Freundeskreis des Princeps, den dieser wie zu einer Beratung zusammengerufen hatte, das Geständnis ab. Dann wurde er nach Sardinien verwiesen, wo er als ein ziemlich wohlhabender Mann die Verbannung ertrug und eines natürlichen Todes starb.

(63) Aber Nero gab in einem Erlaß bekannt: Octavia habe in der Hoffnung, die Flotte für sich zu gewinnen, den Präfekten verführt, auch habe sie – dabei vergaß er, daß er erst kurz zuvor den Vorwurf der Unfruchtbarkeit erhoben hatte – im Bewußtsein ihrer sinnlichen Ausschweifungen die Leibesfrucht abgetrieben[143]. Und das habe er verbürgt[144] erfahren. Er verbannte Octavia nach der Insel Pandateria[145]. Nie hat der Anblick einer verbannten Frau tieferes Mitleid erweckt. Manche erinnerten sich noch an Agrippina, die Tiberius verbannt hatte; frischer stand noch im Gedächtnis Iulia, die von Claudius verbannt worden war[146]. Aber diese haben in der Vollkraft ihres Lebens gestanden; auch hatten sie manche frohen Zeiten erlebt, und über die harte Gegenwart half ihnen die Erinnerung an ihr einstiges besseres Geschick hinweg. Für Octavia bedeutete fürs erste der Tag ihrer Hochzeit zugleich ihr Leichenbegängnis: sie wurde in ein Haus geleitet, in dem sie nichts als Leid finden sollte, da ihr der Vater durch Gift entrissen wurde und gleich darauf auch ihr Bruder. Sodann hatte die Magd im Hause mehr zu sagen als die Herrin; die Hochzeit mit Poppaea schloß sich an, die nur zum Verderben der Gattin führte, und zuletzt eine Beschuldigung, die schwerer wog als jeglicher Tod.

(64) Das junge Weib[147], das im zwanzigsten Lebensjahr stand und umgeben von Centurionen und Soldaten war, hatte in Vorahnung des kommenden Unheils mit ihrem Leben bereits abgeschlossen, aber sich doch nicht zu einer gelassenen Haltung gegenüber dem Tod durchgerungen. Nur wenige Tage dauerte es, und sie erhielt den Befehl zu ster-

ben. Vergebens berief sie sich darauf, daß sie ja schon Witwe und nur noch die Schwester des Princeps sei, auf die gemeinsamen Ahnen mit dem Namen Germanicus und zuletzt auf den Namen Agrippina, zu deren Lebzeiten sie zwar unglücklich verheiratet gewesen, aber doch wenigstens am Leben geblieben sei. Sie wurde gefesselt und ihr an allen Gliedern die Adern geöffnet. Da aber das Blut infolge ihrer Angst stockte und zu langsam floß, wurde sie in dem Dampf eines überheißen Bades vollends erstickt. Eine noch schrecklichere Grausamkeit schloß sich an: ihr abgeschnittenes Haupt wurde nach Rom gebracht, wo es Poppaea betrachtete. Aus diesem Anlaß wurden Geschenke für die Tempel beschlossen. Zu welchem Zweck ich dies erwähnen will? Wer immer von den Geschehnissen jener Zeiten durch mich oder aus anderen Quellen Kenntnis erhält, soll von vornherein wissen, daß bei jeder Verbannung, bei jedem Mord, den der Princeps befahl, den Göttern Dank gesagt wurde und daß, was einst das Kennzeichen glücklicher Ereignisse gewesen war, jetzt das eines allgemeinen Unglücks bildete. Dennoch werde ich nicht schweigen, wenn ein Senatsbeschluß eine bisher nicht dagewesene Art der Schmeichelei oder den höchsten Grad von Unterwürfigkeit zum Ausdruck brachte.

(65) In dem gleichen Jahre starben zwei der einflußreichsten Freigelassenen, von Nero vergiftet, wie man glaubte: Doryphorus[148], weil er sich angeblich der Hochzeit Poppaeas widersetzt hatte, Pallas, weil er als hochbetagter Greis an seinem gewaltigen Vermögen zu lange festhielt. Romanus hatte in heimlichen Verleumdungen Seneca beschuldigt, mit C. Piso im Bunde zu stehen[149]. Allein Seneca erhob seinerseits gegen ihn die gleiche Beschuldigung, einen wirkungsvolleren Gegenschlag. Dies versetzte Piso in Furcht, und damit nahm das großangelegte, aber gescheiterte Unternehmen des Anschlags auf Nero seinen Anfang.

BUCH XV

(1) Inzwischen[1] hatte der Partherkönig Vologaeses von den Unternehmungen Corbulos und von der Einsetzung des fremdstämmigen Tigranes auf den Thron von Armenien erfahren. Zugleich wollte er sich für die Mißachtung der Hoheit der Arsaciden, die durch die Vertreibung seines Bruders Tiridates erfolgt war, rächen. Andererseits sah er sich durch die Größe Roms und durch die Achtung vor dem ununterbrochenen Bündnis[2] zu widerstreitenden Erwägungen hingezogen, auch war er von Natur aus ein Zauderer und durch den Abfall des starken Volksstammes der Hyrcaner[3] in eine Reihe von Kämpfen verwickelt. Während er nun unschlüssig war, stachelte ihn die Nachricht von einer neuen Beleidigung auf: Tigranes hatte die Grenze von Armenien überschritten und das Gebiet der Adiabener, einer angrenzenden Völkerschaft[4], in weiterem Umkreis und länger verwüstet, als dies bei gewöhnlichen Raubzügen geschieht. Darüber waren die Stammeshäuptlinge entrüstet. In so tiefe Verachtung seien sie gesunken, daß es nicht einmal ein römischer Heerführer sei, der bei ihnen einfalle, sondern ein frecher Geisel, der so viele Jahre im Sklavenstand gelebt habe. Ihre Entrüstung schürte noch Monobazus[5], der in Adiabene regierte, durch die Anfrage, welchen Schutz er habe und woher er ihn holen solle. Schon habe man Armenien aufgegeben, und den anschließenden Gebieten gehe es ebenso. Wenn die Parther nicht die Verteidigung übernehmen, werde die Knechtschaft bei den Römern leichter sein, wenn man sich unterwerfe, als wenn man gefangen werde. Auch Tiridates, der aus seinem Königreich geflohen war, wirkte durch sein Schweigen oder seine zurückhaltenden Klagen nur um so bedrückender: Nicht durch eine verzagte Haltung behaupte man große Reiche. Mit Männern und Waffen müsse

man zum Kampf antreten. Wenn man an höchster Stelle stehe, sei die Sache des Stärkeren auch die gerechtere. Seinen Besitz zu behaupten, sei rühmlich für einen Privatmann, um fremden Besitz zu kämpfen, für einen König.

(2) Diese Worte beeindruckten Vologaeses. Er berief eine Versammlung[6], wies dem Tiridates unmittelbar neben sich den Platz an und begann folgendermaßen: „Diesen Mann, der den gleichen Vater hat wie ich, habe ich, als er mir in Anbetracht meines Alters den höchsten Rang abgetreten hat, in den Besitz Armeniens eingesetzt und damit in eine Machtstellung, die als die drittstärkste gilt. Denn Medien hatte Pacorus schon vorher erhalten. Und es schien mir, als ob ich im Gegensatz zu dem alten Bruderhaß und den Zwistigkeiten die Verhältnisse in unserer Familie richtig geordnet hätte. Dagegen stellen sich die Römer und brechen den Frieden, den sie noch nie zu ihrem Heil gestört haben, auch jetzt zu ihrem eigenen Verderben. Ich will es nicht in Abrede stellen: lieber durch Gerechtigkeit als mit Blutvergießen, lieber durch Verhandeln als mit Waffengewalt hatte ich festhalten wollen, was die Vorfahren erworben haben. Habe ich durch Zaudern gefehlt, so will ich es durch männliche Haltung wiedergutmachen. Eure Kraft und eure Ehre ist ungeschwächt. Zudem habt ihr den Ruf maßvollen Verhaltens gewonnen, das auch die höchstgestellten Sterblichen nicht mißachten dürfen und das selbst die Götter zu schätzen wissen.“ Damit umwand er das Haupt des Tiridates mit dem Diadem, übergab die kampftüchtige Reiterschar, die nach der Sitte das Gefolge des Königs bildet, dem Monaeses, einem Mann aus dem Adel, verstärkte sie mit Hilfstruppen der Adiabener und gab den Auftrag, Tigranes aus Armenien zu verjagen, bis er selbst nach Beilegung der Zwistigkeiten mit den Hyrcanern seine Streitkräfte aus dem Innern seines Landes aufbiete und eine gewaltige Kriegsmacht zusammenbringe, um die römischen Provinzen zu bedrohen.

(3) Als Corbulo darüber sichere Kunde erhielt, schickte er zwei Legionen unter Verulanus Severus und Vettius Bolanus[7] dem Tigranes zu Hilfe mit der geheimen Anweisung,

überall mehr bedächtig als übereilt zu handeln. Denn er wollte lieber den Kriegszustand haben als den Krieg wirklich führen[8]. An den Caesar hatte er geschrieben, man benötige einen eigenen Feldherrn zur Verteidigung von Armenien, Syrien sei durch den drohenden Einfall des Vologaeses in schlimmerer Gefahr. Inzwischen ließ er die noch übrigen Legionen am Euphratufer Stellung beziehen, bewaffnete eine in aller Eile ausgehobene Mannschaft von Provinzialen und fing die einmarschierenden Feinde durch vorgeschobene Postierungen ab. Weil die Gegend wasserarm ist, wurden an den Quellen Kastelle angelegt. Einige Wasserläufe verschüttete er mit aufgehäuftem Sand.

(4) Während Corbulo diese Maßnahmen zur Sicherung Syriens traf, setzte sich Monaeses eilends in Marsch, um der Kunde von seinem Erscheinen zuvorzukommen, traf aber Tigranes nicht unwissend oder unvorbereitet an: Er hatte Tigranocerta[9] besetzt, das durch eine starke Besatzung und seine großen Mauern wohl geschützt war. Dazu umfließt der Nicephorius[10], ein beträchtlich breiter Strom, einen Teil der Mauern, und wo man sich auf den Fluß nicht verließ, war ein gewaltiger Graben gezogen. In der Stadt lagen römische Truppen[11], und ein Vorrat an Lebensmitteln war schon vorher bereitgestellt. Als dieser herangeführt wurde, waren einige Soldaten zu gierig ihm entgegengelaufen und von den Feinden plötzlich umzingelt worden, was bei den übrigen mehr Zorn als Furcht erweckte. Aber wenn es gilt, Belagerungen durchzuführen, zeigen die Parther keinen Mut und lassen sich auch auf keinen Nahkampf ein: mit vereinzelten Pfeilschüssen erschrecken sie keinen hinter den Mauern stehenden Feind und richten damit nichts aus. Als die Adiabener Leitern und Belagerungsmaschinen heranzubringen begannen, wurden sie ohne Mühe heruntergeworfen und dann von den Unsrigen bei einem Ausfall niedergemacht.

(5) Aber Corbulo, der glaubte, trotz seinen Erfolgen im Glück, maßhalten zu sollen, schickte Boten zu Vologaeses, um darüber Beschwerde zu führen, daß die Provinz angegriffen worden sei: ein verbündeter und befreundeter König

sowie römische Kohorten seien eingeschlossen. Er solle lieber die Belagerung aufheben, sonst werde auch er, Corbulo, sein Lager auf feindlichem Boden aufschlagen. Der für diese Abordnung ausersehene Centurio Casperius[12] traf bei der von Tigranocerta siebenunddreißig Meilen entfernten Stadt Nisibis[13] den König und eröffnete ihm in schroffer Form seine Aufträge. Von jeher vertrat Vologaeses den Grundsatz, einen Waffengang mit den Römern zu vermeiden. Auch liefen die Dinge im Augenblick für ihn nicht günstig: die Belagerung blieb ohne Erfolg, Tigranes war gesichert durch seine Truppen und seine Vorräte, in die Flucht geschlagen waren die Truppen, die es unternommen hatten, die Stadt zu erobern, Legionen waren nach Armenien geschickt, andere an der Grenze Syriens zum Einmarsch bereitgestellt, seine eigene Reiterei war durch Futtermangel geschwächt. Denn ein gewaltiger Heuschreckenschwarm hatte alles Gras und Laub weggefressen. So ließ er denn seine Furcht nicht merken, schützte eine versöhnlichere Haltung vor und antwortete, er werde an den römischen Imperator Gesandte schicken wegen seines Anspruches auf Armenien und zur Festigung des Friedens. Dem Monaeses gab er den Befehl, Tigranocerta aufzugeben. Er selbst zog sich zurück.

(6) Dies pries die Mehrzahl als das glänzende Ergebnis der Einschüchterung des Königs und der Drohungen Corbulos. Andere deuteten es als eine geheime Verabredung, nach der beide Parteien auf den Krieg verzichten und mit dem Abzug des Vologaeses auch Tigranes Armenien räumen solle. Denn wozu sonst sei das römische Heer von Tigranocerta abgezogen worden? Warum habe man die Waffen ruhen lassen und das Gebiet geräumt, das man durch Krieg verteidigt habe? Oder habe man im äußersten Winkel von Cappadocien in eilends errichteten Hütten besser überwintert als in dem Hauptort eines Reiches, das man eben noch fest in Händen gehalten hatte? Sicherlich habe man den Waffengang nur aufgeschoben, damit Vologaeses einen anderen Gegner als Corbulo bekomme und dieser seinen in so vielen Jahren verdienten Ruhm nicht weiterhin aufs Spiel

setze. Denn er hatte, wie gesagt, zum Schutze von Armenien einen besonderen Feldherrn verlangt, und man hörte, Caesennius Paetus[14] befinde sich auf der Herreise. Und schon war er auch zur Stelle. Die Truppen wurden so aufgeteilt, daß die vierte und zwölfte Legion unter Zuteilung der fünften, kürzlich von Mösien aufgebotenen, und zugleich der pontischen, galatischen und cappadocischen Hilfstruppen unter dem Befehl des Paetus[15] standen, während die dritte, sechste und zehnte Legion und die früher in Syrien stationierten Truppen bei Corbulo blieben. Im übrigen sollten sie je nach der augenblicklichen Lage gemeinsam handeln oder die Rollen verteilen. Aber Corbulo vertrug sich mit keinem Rivalen, und Paetus, für den es genug des Ruhmes gewesen wäre, als der Nächste zu gelten, setzte Corbulos Erfolge herab: Es sei ja weder Blut geflossen noch Beute gemacht worden, die Eroberung von Städten sei nur dem Namen nach erfolgt. Er werde Abgaben auferlegen und Gesetze erlassen und statt eines Schattenkönigs das römische Recht den Besiegten auferlegen.

(7) Um die gleiche Zeit kamen die Gesandten, die, wie berichtet[16], Vologaeses zu dem Princeps geschickt hatte, unverrichteterdinge zurück[17], und die Parther nahmen die Feindseligkeiten offen auf. Paetus wich dem Krieg nicht aus, sondern mit zwei Legionen, von denen die vierte in dieser Zeit Funisolanus Vettonianus, die zwölfte Calavius Sabinus befehligte, marschierte er in Armenien ein, jedoch unter einem schlimmen Vorzeichen: Beim Übergang über den Euphrat, der auf einer Brücke erfolgte, wurde ohne ersichtliche Ursache das Pferd, das die konsularischen Abzeichen trug[18], scheu und rannte zurück. Ferner ging ein Opfertier, das bei dem eben im Bau befindlichen Winterlager stand, durch und durchbrach die halbfertigen Befestigungswerke, wobei es über den Wall hinwegsetzte. Auch fingen die Speere der Soldaten Feuer, ein Wunderzeichen, das deshalb besonders auffällig war, weil die parthischen Feinde mit Wurfgeschossen kämpfen[19].

(8) Paetus mißachtete jedoch diese Vorzeichen. Er zog in Eilmärschen, noch ehe das Winterlager genügend befestigt

war und ohne für den Nachschub gesorgt zu haben, über den Taurus, um, wie er angab, Tigranocerta wiederzuerobern und die von Corbulo verschonten Gegenden zu brandschatzen. Und wirklich wurden einige Kastelle erobert, einiger Ruhm erworben und etwas Beute gemacht – hätte er nur bei seinem Ruhm maßgehalten und die Beute sorgsam behandelt. So aber durchzog er auf langen Märschen ein Gebiet, das er doch nicht halten konnte, die erbeuteten Vorräte verdarben, und da auch der Winter vor der Tür stand, führte er das Heer wieder zurück und verfaßte einen großsprecherischen Bericht an den Caesar, der bar allen sachlichen Inhalts war, in dem er aber so tat, als ob der Krieg beendigt sei.

(9) Inzwischen sicherte Corbulo das nie außer acht gelassene Euphratufer durch eine dichtere Reihe von Stützpunkten, und damit nicht die feindlichen Reiterabteilungen einen Brückenschlag verhinderten (schon ließen sie sich ja, durch die Niederungen streifend, mit stattlichem Aufgebot sehen), legte er mit Schiffen von besonderer Größe, die mit Balken miteinander verbunden waren und Turmaufbauten hatten, eine Sperre durch den Fluß und verjagte mit Katapulten und Ballisten die Barbaren, die man mit Steinen und Speeren aus weiterer Entfernung traf, als die Pfeilschüsse der Feinde reichten. Dann wurde der Brückenbau fortgesetzt. Die gegenüberliegenden Hügel wurden durch bundesgenössische Kohorten und dann durch ein Legionslager besetzt. Dies ging alles so schnell vor sich und zeigte so eindrucksvoll unsere Streitmacht, daß die Parther ihre Vorbereitungen zum Einfall in Syrien aufgaben und ihre ganze Hoffnung auf Armenien setzten.

(10) Dort befand sich Paetus, der die drohende Gefahr nicht ahnte. Er hatte seine fünfte Legion fern im Pontus gelassen. Auch hatte er die anderen Legionen durch die wahllose Gewährung von Urlaub geschwächt, bis man hörte, Vologaeses rücke mit einem großen Aufgebot zum Angriff heran. Nun wurde die zwölfte Legion herbeigeholt[20]. Aber während Paetus gehofft hatte, dadurch werde die Kunde von der Verstärkung seines Heeres umlaufen, wurde nur

dessen Schwäche verraten. Und doch hätte Paetus mit diesem Heer das Lager behaupten und durch eine hinhaltende Kriegsführung die Parther zu keinem Erfolg kommen lassen können, wenn er auf seinen eigenen oder auch auf den von anderen stammenden Plänen beharrt hätte. Aber sobald ihn die kriegserfahrenen Männer gegen heraufziehende Gefahren ermutigt hatten, wechselte er wieder, um nicht den Anschein zu erwecken, als ob er fremden Rats bedürfe, zu entgegengesetzten, schlechteren Maßnahmen über. So auch jetzt: er verließ das Winterlager mit dem Ruf, nicht Graben, nicht Wall, sondern Menschen und Waffen seien ihm gegen den Feind in die Hand gegeben, und führte die Legionen heraus, als ob er eine Entscheidungsschlacht liefern wolle. Als er dann einen Centurio und mehrere Leute, die er zur Erkundung der feindlichen Truppen vorausgeschickt hatte, verlor, kehrte er ängstlich wieder zurück. Und weil Vologaeses die Verfolgung nicht tatkräftig aufnahm, stellte er in erneutem unbegründetem Selbstvertrauen dreitausend erlesene Mann zu Fuß auf dem zunächst gelegenen Bergrücken des Taurus auf, um dem König den Übergang zu verwehren. Auch stellte er seine pannonischen Schwadronen, die Kerntruppe seiner Reiterei, seitwärts in der Ebene auf. Seine Frau und seinen Sohn ließ er in ein Kastell namens Arsamosata bringen und gab ihnen zu ihrem Schutz eine Kohorte[21] mit. So zersplitterte er seine Truppen, die, an einer Stelle zusammengehalten, den planlos umherstreifenden Feind mit größerer Schlagkraft gestellt hätten. Wie man erzählt, konnte er nur mit Mühe dazu gebracht werden, Corbulo seine Notlage einzugestehen. Doch auch Corbulo beeilte sich nicht: er wollte mit der Zunahme der Gefahren auch den Ruhm seiner Hilfe erhöhen. Dennoch gab er Befehl, es sollten sich je tausend Mann von den drei Legionen, achthundert Reiter und ebensoviel Mann von den Kohorten marschbereit machen.

(11) Aber obgleich Vologaeses erfahren hatte, Paetus habe auf der einen Seite mit dem Fußvolk, auf der anderen mit der Reiterei die Wege versperrt, änderte er doch nichts an seinem Plan, sondern rieb durch einen heftigen Angriff die

Legionstruppen auf und jagte durch Scheinangriffe den Reiterabteilungen Schrecken ein. Nur ein einziger Centurio namens Tarquitius Crescens wagte den Turm, dessen Besatzung er befehligte, zu verteidigen. Er machte wiederholt Ausfälle und hieb die Barbaren, die zu nahe herankamen, nieder, bis er durch das Schleudern von Feuerbränden überwältigt wurde. Wer von dem Fußvolk unverwundet blieb, flüchtete sich in entlegene, unwegsame Gegenden, die Verwundeten kehrten in das Lager zurück, wo sie die Tapferkeit des Königs, die Wildheit und die Menge der Volksstämme, kurz alles in ihrer Angst übertrieben und bei denen leicht Glauben fanden, die die gleichen Ängste hatten. Nicht einmal der Heerführer bot dem Mißgeschick die Stirn, sondern er hatte alle militärischen Verpflichtungen aufgegeben und zum zweitenmal an Corbulo die Bitte um beschleunigtes Erscheinen geschickt, um die Feldzeichen und die Adler und die Überreste des nur dem Namen nach noch vorhandenen Heeres zu retten. Sie würden inzwischen bis zum letzten Atemzuge treu ausharren.

(12) Corbulo ließ sich nicht erschrecken. Er ließ einen Teil der Truppen in Syrien zurück, um die am Euphrat angelegten Befestigungen zu behaupten, und marschierte auf dem nächsten Wege, auf dem ihm die erforderlichen Lebensmittel zur Verfügung standen, nach Commagene, dann nach Cappadocien und von da nach Armenien[22]. Dem Heer folgte außer dem auch sonst üblichen Troß ein großer Zug mit Getreide beladener Kamele, der ebenso den Feind wie den Hunger vertreiben sollte. Zuerst begegnete ihm von der geschlagenen Truppe der Centurio der ersten Klasse Paccius, dann die Masse der Mannschaften. Als diese mit allen möglichen Begründungen ihre Flucht entschuldigten, ermahnte er sie, zu ihren Fahnen zurückzukehren und es mit der Milde des Paetus zu versuchen. Er selbst kenne Nachsicht nur gegenüber einer siegreichen Truppe. Zugleich wandte er sich an seine eigenen Legionen und sprach ihnen Mut zu: er erinnerte sie an ihre früheren Leistungen und stellte ihnen neuen Ruhm vor Augen. Nicht um Dörfer oder Städte der Arme-

nier gehe es, sondern ein römisches Lager und in ihm zwei Legionen seien das Ziel und der Preis ihrer Anstrengungen. Wenn es schon eine besondere Auszeichnung für den einzelnen Mann bedeute, die Krone für einen geretteten Mitbürger aus der Hand des Imperators zu erhalten[23], welch hohe Ehre würde es sein, wenn man sehe, daß die Zahl der Retter und der Geretteten gleich groß sei. Durch solche und ähnliche Vorstellungen hob er die allgemeine Stimmung, wobei auch für manche schon die Gefahr, in der ihre Brüder oder Verwandten schwebten, einen persönlichen Ansporn bildete, und so setzten sie ununterbrochen bei Tag und Nacht den Eilmarsch fort.

(13) In um so größere Bedrängnis versetzte Vologaeses die Belagerten. Das eine Mal griff er den Wall der Legionen an, das andere Mal das Kastell, in dessen Schutz sich die nicht waffenfähigen Leute befanden, wobei er näher heranrückte, als es sonst bei den Parthern üblich ist, um vielleicht durch eine solche Verwegenheit den Feind zum Kampf herauslocken zu können. Aber dieser war kaum aus den Zelten herauszubringen und beschränkte sich darauf, die Verschanzungen zu verteidigen, teils auf Befehl des Heerführers, teils aus persönlicher Feigheit oder auch, weil sie auf Corbulo warteten und, falls sie der Übermacht erliegen würden, sich das Beispiel der Übergabe bei Caudium und bei Numantia[24] vor Augen hielten. Und dabei hätten doch die Samniten, ein italischer Volksstamm[25], nicht über die gleiche Kraft verfügt wie die Parther, die Rivalen des römischen Reiches. Auch das kraftvolle und gepriesene Altertum habe, sooft sich das Schicksal gegen es wandte, für seine Rettung gesorgt. Durch diese verzweifelte Stimmung des Heeres sah sich der Heerführer gezwungen, ein Schreiben an Vologaeses zu verfassen, das jedoch vorerst nicht in bittendem Tone gehalten war, sondern gewissermaßen Beschwerde führte: für Armenien, das doch immer unter der Botmäßigkeit Roms oder eines von dem Imperator erwählten Königs gestanden habe, begehe er feindselige Handlungen[26]. Beiden Parteien sei der Friede gleichermaßen nützlich. Vologaeses dürfe nicht die

augenblickliche Lage allein ins Auge fassen, er sei gegen zwei Legionen mit den gesamten Streitkräften seines Reiches angetreten. Aber den Römern stehe die ganze übrige Welt zur Fortführung des Krieges zur Verfügung.

(14) Dagegen schrieb Vologaeses, ohne auf die Sache weiter einzugehen, lediglich, er müsse auf seine Brüder Pacorus und Tiridates warten. Wo er jetzt sich befinde: Ort und Zeit seien für eine Beratung über das Schicksal von Armenien bestimmt. Zugleich hätten die Götter – was der Arsaciden würdig sei – vergönnt, daß sie auch über das Schicksal der römischen Legionen beschließen könnten. Darauf schickte Paetus erneut Boten und bat um eine Unterredung mit dem König, der dem Befehlshaber der Reiterei Vasaces befahl hinzugehen. Paetus wies auf Männer wie Lucullus und Pompeius sowie auf die Caesaren hin[27], soweit sie sich dafür eingesetzt hatten, Armenien zu behaupten oder zu verschenken. Vasaces dagegen betonte, daß wir nur scheinbar die Möglichkeit, Armenien zu behaupten oder zu verschenken, hätten, tatsächlich aber die Parther darüber verfügten. Nach langem Verhandeln hin und her wurde der Adiabener Monobazus für den folgenden Tag als Zeuge für die Vereinbarungen zugezogen. Man beschloß, die Belagerung der Legionen aufzuheben, die gesamten Truppen aus Armenien abzuziehen, die Kastelle und die Lebensmittelvorräte den Parthern auszuliefern. Wenn dies durchgeführt sei, solle Vologaeses die Möglichkeit zur Absendung einer Gesandtschaft an Nero erhalten.

(15) Inzwischen schlug Paetus über den Fluß Arsanias[28], der an dem Lager vorbeifloß, eine Brücke unter dem Vorwand, er brauche sie, um seinen Abmarsch durchzuführen. Jedoch hatten die Parther ihren Bau sozusagen als Beweis ihres Sieges befohlen. Denn sie waren es, die die Brücke benützten, während die Unsrigen in entgegengesetzter Richtung abzogen. Gerüchtweise verlautete sogar, die Legionen seien unter das Joch geschickt worden und es hätten sich auch noch andere unheilvolle Dinge abgespielt, die den bei den Armeniern üblichen Vorkommnissen ähnlich sahen. Denn sie

drangen in die Befestigungswerke ein, noch ehe das römische Heer abmarschierte und umstanden die Lagerstraßen, wobei sie die einst von den Römern erbeuteten Sklaven oder Zugtiere, die sie als ihr früheres Eigentum wiedererkannten, wegschleppten. Auch Kleidungsstücke wurden geraubt, Waffen zurückbehalten, und die eingeschüchterten Soldaten ließen es zu, um nur ja keinen Anlaß zu einer bewaffneten Auseinandersetzung zu geben. Vologaeses ließ Waffen und Leichen der Gefallenen auf einen Haufen zusammentragen, um unsere Niederlage deutlich sichtbar zu machen, verzichtete aber darauf, sich die Flucht unserer Legionen anzusehen. Er suchte in den Ruf des Maßhaltens zu kommen, nachdem er seinem Hochmut Genüge getan hatte. Er saß auf einem Elefanten, während die nächste Umgebung des Königs auf Pferden ritt, und durchquerte den Fluß Arsanias, weil das Gerücht aufgekommen war, die Brücke werde der Belastung nachgeben; bei ihrem Bau sei Hinterlist am Werk gewesen. Aber wer es wagte, sie zu betreten, merkte, daß sie stark und zuverlässig war.

(16) Übrigens stand es außer Frage, daß die Belagerten so reichlich mit Lebensmitteln versorgt waren, daß sie ihre Speicher in Brand steckten, während Corbulo behauptet hat[29], die Parther hätten infolge von Mangel an Lebensmitteln und nach dem Verbrauch des Grünfutters die Belagerung aufgeben müssen und er selbst sei nur noch drei Tagereisen entfernt gewesen. Er fügte noch hinzu, Paetus habe sich im Beisein der vom König abgeordneten Zeugen bei den Fahnen eidlich verpflichtet, kein Römer werde Armenien betreten, bis das Antwortschreiben Neros gekommen sei, ob er dem Frieden zustimme. Mag dies auch erfunden sein, um die Schande noch größer zu machen, so läßt sich das übrige nicht verheimlichen, daß nämlich Paetus an einem einzigen Tage vierzig Meilen zurückgelegt hat[30], wobei er überall die Verwundeten liegen ließ, und daß jene Flucht Hals über Kopf nicht minder schändlich war, als wenn man in der Schlacht kehrtgemacht hätte. Corbulo traf mit ihnen an dem Ufer des Euphrat zusammen. Aber er ließ seine Truppen

nicht im Schmuck ihrer Auszeichnungen und ihrer Waffen aufmarschieren, um die Geflohenen nicht durch das gegensätzliche Bild zu beschämen: eine traurige Stimmung herrschte unter ihnen, und das Los ihrer Kameraden beklagend, vergossen sie sogar Tränen. Kaum kam es vor Weinen zu der üblichen Begrüßung. Verschwunden war der Wettstreit um den Preis der Tapferkeit und das eifersüchtige Ringen um Ruhm, wovon die Herzen glücklicher Menschen erfüllt sind. Nur das Mitleid machte sich geltend, und zwar bei den unteren Rangstufen in stärkerem Maße.

(17) Zwischen den Heerführern kam es dann zu einer kurzen Aussprache: der eine klagte, er habe sich vergeblich angestrengt, der Krieg hätte durch die Verjagung der Parther beendigt werden können. Der andere gab zur Antwort, noch sei für sie beide nichts verloren; sie dürften nur mit den Adlern kehrtmachen und vereint in das durch den Abzug des Vologaeses geschwächte Armenien einrücken. Corbulo erklärte dagegen, dazu habe er von dem Imperator keine Aufträge. Nur unter dem Eindruck der gefährlichen Lage der Legionen habe er die Provinz verlassen. Da er über die Absichten der Parther in Ungewißheit sei, werde er nach Syrien zurückkehren. Auch so müsse man die gütigste Fortuna anrufen, daß das von den Gewaltmärschen mitgenommene Fußvolk die kampffrische und auf dem ebenen Gelände leicht vorankommende Reiterei der Parther einhole[31]. Darauf ging Paetus in Cappadocien in die Winterquartiere. Aber Vologaeses schickte zu Corbulo Boten mit der Aufforderung, die Kastelle jenseits des Euphrat niederzureißen[32] und den Strom wieder, wie einst, zur Trennungslinie zu machen. Corbulo verlangte dagegen, daß auch Armenien von den feindlichen Besatzungen geräumt werde. Zuletzt willigte der König ein: die Befestigungen, die Corbulo jenseits des Euphrat angelegt hatte, wurden geschleift, und die Armenier blieben sich selbst überlassen.

(18) Aber in Rom wurden Siegestrophäen über die Parther und ein Triumphbogen mitten auf dem kapitolinischen Berge aufgestellt, wie es der Senat beschlossen hatte, als der

Krieg noch in vollem Gange war, und worauf man auch jetzt nicht verzichtete, weil man die Schaulust befriedigen wollte und die Erkenntnis der Wirklichkeit verleugnete. Ja, um seine Besorgnis über die auswärtige Lage nicht merken zu lassen, ließ Nero das für die Plebs bestimmte, durch die lange Lagerung verdorbene Getreide in den Tiber werfen, um den Glauben an die gesicherte Getreideversorgung aufrechtzuerhalten. Der Preis des Getreides wurde nicht erhöht, obgleich etwa zweihundert schon im Hafen ankernde Schiffe ein heftiges Unwetter und hundert andere während der Fahrt den Tiber hinauf eine zufällige Feuersbrunst vernichtet hatte. Darauf beauftragte Nero drei ehemalige Konsuln, L. Piso, Ducennius Geminus und Pompeius Paulinus[33] mit der Verwaltung der Staatseinkünfte, nicht ohne einen Seitenhieb auf die früheren Herrscher, die infolge ihres verschwenderischen Aufwandes auf die normalen Einnahmen vorgegriffen hätten, während er dem Gemeinwesen jährlich sechzig Millionen Sesterzen schenke[34].

(19) In dieser Zeit hatte eine verderbliche Unsitte um sich gegriffen. Wenn sich die Wahlen näherten oder die Provinzen verlost wurden, nahmen sehr viele Kinderlose durch Scheinadoption Söhne an und entließen, sobald sie als Väter Präturen und Provinzen erlost hatten, die adoptierten Söhne gleich wieder aus der väterlichen Gewalt[35] ... [Die richtigen Väter[36]] wandten sich in großer Erbitterung an den Senat. Sie wiesen auf ihr natürliches Recht, auf die mühselige Erziehung gegenüber dem betrügerischen Vorgehen, den Schlichen und der kurzen Dauer der Adoption hin. Genug belohnt seien die Kinderlosen, wenn sie in aller Sorglosigkeit, ohne alle Lasten, Gunst[37] und Ehrenstellen erlangten, kurz, alles ihnen wie von selbst in den Schoß falle. Was aber ihnen aufgrund der Gesetze versprochen sei und worauf sie lange warteten[38], um das würden sie hohnvoll betrogen, wenn jeder, der ohne Mühe Vater, ohne Trauer wieder kinderlos werde, nun sofort das erreiche, was sich die wirklichen Väter schon so lange wünschten. Daraufhin wurde ein Senatsbeschluß gefaßt, eine Scheinadoption dürfe in keinem

Fall bei der Bewerbung um ein öffentliches Amt förderlich sein und dürfe auch nicht bei der Inanspruchnahme einer Erbschaft Nutzen bringen.

(20) Darauf wurde der Kreter Claudius Timarchus angeklagt[39]. Es waren Beschuldigungen, wie sie üblich sind bei Provinzialen, die, allzu mächtig und auf ihren zu großen Reichtum pochend, sich zu Übergriffen gegenüber ihren niedriger gestellten Mitbürgern hinreißen lassen. Aber mit einer einzigen Äußerung hatte er sich bis zu einer Schmähung des Senats verstiegen: er sollte gesagt haben, in seine Machtvollkommenheit sei es gelegt, ob den Prokonsuln, die Kreta verwaltet hätten, der Dank ausgesprochen werde[40]. Diese Gelegenheit benützte Thrasea, um für das Wohl der Allgemeinheit einzutreten. Als er dafür gestimmt hatte, den Angeklagten aus der Provinz Kreta zu verbannen, fügte er folgendes hinzu: „Durch die Erfahrung ist erwiesen, versammelte Väter, daß unter Gutgesinnten hervorragende Gesetze, edle Vorbilder ihr Entstehen den Verfehlungen anderer verdanken. So entstanden aus den Ausschreitungen der Redner der Gesetzesantrag des Cincius, aus den Wahlumtrieben der Amtsbewerber die Iulischen Gesetze, aus der Habsucht der Staatsbeamten die Calpurnischen Beschlüsse[41]. Denn die Schuld geht immer der Strafe voraus, die Besserung kommt erst nach der Verfehlung. Daher wollen wir gegen den unerhörten Übermut der Provinzialen einen der Redlichkeit und der Charakterfestigkeit der Römer würdigen Beschluß fassen, durch den die Fürsorge für die Bundesgenossen in keiner Weise geschmälert, jedoch von uns der Eindruck genommen wird, als ob für die Bewertung jedes einzelnen etwas anderes maßgebend ist als das Urteil der römischen Bürger.

(21) Einst schickte man ja nicht nur einen Prätor oder Konsul, sondern auch nichtamtliche Persönlichkeiten zur Besichtigung der Provinzen, damit sie berichteten, was man von dem Gehorsam eines jeglichen Provinzialen zu halten habe. Und ganze Völkerschaften zitterten vor der Bewertung durch einzelne. Aber jetzt verhätscheln wir die Frem-

den und umschmeicheln sie, und wie auf den ersten Wink irgendeines Provinzialen eine Danksagung, so wird noch eilfertiger eine Anklage beschlossen. Mag sie auch beschlossen werden, und mag den Provinzialen die Möglichkeit verbleiben, ihre Macht auf solche Weise zu zeigen, doch ein falsches und durch Bitten herausgefordertes Lob möge ebenso unterbunden werden wie Bosheit und Grausamkeit. Mehr Fehler macht man oft, wenn man sich gefällig erweist, als wenn man Anstoß erregt. Ja, es ist doch so, daß gewisse Tugenden, wie unnachgiebige Strenge und eine von Gefälligkeiten unbeeinflußbare Gesinnung, Haß erzeugen. Deshalb sind auch die ersten Schritte unserer Beamten in der Regel die besseren, aber die letzten bewegen sich auf schiefer Bahn, indem wir nach Art der Amtsbewerber Stimmen für uns zusammensuchen. Wenn man solche Mißbräuche ausschaltet, werden die Provinzen mit gerechterer und festerer Hand gelenkt werden. Denn wie die Furcht vor den Repetundengesetzen der Habsucht gesteuert hat, so wird durch ein Verbot der Dankbezeugungen der Liebedienerei Einhalt geboten werden." Großen Beifall fand diese Auffassung.

(22) Doch konnte ein Senatsbeschluß nicht erreicht werden, da die Konsuln erklärten, dieser Punkt sei nicht auf die Tagesordnung gesetzt[42]. Nachher aber setzte man auf Veranlassung des Princeps fest, niemand dürfe bei einer Tagung von Bundesgenossen den Antrag stellen, den Proprätoren oder Prokonsuln[43] im Senat Dank zu sagen, und niemand dürfe eine solche Gesandtschaft übernehmen. Unter den gleichen Konsuln wurde das Gymnasium[44] durch einen Blitz getroffen und brannte ab, wobei das Bild Neros zu einem unförmigen Klumpen zusammenschmolz. Infolge eines Erdbebens stürzte die stark bevölkerte Stadt Pompeii zu einem großen Teil ein[45]. Die Vestalische Jungfrau Laelia starb, an ihre Stelle wurde Cornelia aus der Familie der Cossi gesetzt.

(23) Unter dem Konsulat des Memmius Regulus und Verginius Rufus[46] wurde Nero von Poppaea eine Tochter geboren, was er mit übermenschlicher Freude begrüßte. Er nannte sie Augusta[47] und gab Poppaea den gleichen Bei- 63 n. Chr.

namen. Der Ort der Niederkunft war die Kolonie Antium, wo auch Nero geboren war. Schon vorher hatte der Senat den schwangeren Leib der Poppaea den Göttern anempfohlen und öffentliche Gelübde dargebracht, die jetzt vervielfacht eingelöst wurden. Auch Dankprozessionen wurden veranstaltet und ein Tempel der Fruchtbarkeit sowie ein Wettkampf nach dem Muster der religiösen Feier von Actium[48] beschlossen. Ferner sollten goldene Bilder der Glücksgöttinnen[49] an dem Thron des kapitolinischen Iuppiter aufgestellt und ein Circusspiel, wie für das iulische Geschlecht in Bovillae, für die Claudier und Domitier in Antium veranstaltet werden. Doch diese Beschlüsse wurden nicht wirksam: im vierten Monat starb das Kind. Und wiederum meldeten sich die Schmeichler und beantragten göttliche Verehrung, ein Götterpolster, einen Tempel und einen Priester. Wie in der Freude, so zeigte sich Nero in der Trauer maßlos. Es findet sich vermerkt, Thrasea sei, als der ganze Senat gleich nach der Geburt nach Antium strömte, dort abgewiesen worden und habe unerschütterten Sinnes diese Kränkung als Vorbote des bevorstehenden gewaltsamen Todes hingenommen. Hernach habe sich, wie berichtet wird, der Caesar gegenüber Seneca mit der Behauptung gebrüstet, er habe sich mit Thrasea ausgesöhnt, und Seneca habe dem Caesar dazu Glück gewünscht. Dies mehrte den Ruhm der beiden hervorragenden Männer, aber auch ihre Gefahren.

(24) Indessen brachten zu Beginn des Frühlings Gesandte der Parther mündliche Aufträge des Königs Vologaeses mit einem Schreiben gleichen Inhalts: er lasse jetzt die früheren, so oft vorgebrachten Erörterungen über die Ansprüche auf Armenien beiseite, weil ja die Götter als Schiedsrichter über Völker, mögen diese noch so mächtig sein, dessen Besitz den Parthern nicht ohne Schmach für die Römer überantwortet hätten. Kürzlich habe er Tigranes eingeschlossen, dann habe er Paetus und die Legionen, obgleich er sie hätte vernichten können, unbehelligt abziehen lassen. Zur Genüge habe er seine Macht erwiesen, auch von seiner Milde habe er eine Probe gegeben. Und Tiridates würde sich nicht weigern, zur

Entgegennahme des Diadems nach Rom zu kommen, wenn er nicht durch die heilige Verpflichtung seines Priesteramtes festgehalten würde. Er werde vor den Feldzeichen und Bildern des Princeps[50] erscheinen, um dort in Gegenwart der Legionen feierlich die Königswürde entgegenzunehmen.

(25) Angesichts dieses Briefes des Vologaeses wurde der mit den Gesandten erschienene Centurio, weil ja Paetus gerade das Gegenteil geschrieben hatte, nämlich es sei alles in bester Ordnung, befragt, wie es in Armenien stehe. Er gab zur Antwort: „Alle Römer haben es geräumt." Jetzt merkte man den Hohn der Barbaren, die um das baten, was sie uns bereits geraubt hatten. Nero hielt eine Beratung mit den führenden Männern der Bürgerschaft über die Frage ab, ob man einen Krieg mit zweifelhaftem Ausgang oder einen schimpflichen Frieden wählen solle. Ohne Schwanken entschied man sich für den Krieg. Corbulo, der schon seit so vielen Jahren seine Soldaten und die Feinde kannte, wurde mit seiner Durchführung beauftragt, damit nicht wiederum infolge der Unerfahrenheit eines anderen Beauftragten Fehler begangen würden und weil man des Paetus überdrüssig geworden war. So wurden die Gesandten unverrichteterdinge zurückgeschickt. Man gab ihnen jedoch Geschenke mit, um die Hoffnung zu erwecken, Tiridates würde die Bitte zum zweiten Male nicht vergeblich stellen, wenn er sie persönlich vorbrächte. Die vollziehende Gewalt in Syrien wurde C. Cestius[51], die militärischen Befugnisse Corbulo übertragen. Die fünfzehnte Legion unter der Führung von Marius Celsus[52] wurde aus Pannonien herbeigeholt. An die Tetrarchen und Könige, an die Präfekten und Prokuratoren sowie an alle Prätoren[53], die die nächstgelegenen Provinzen verwalteten, erging ein schriftlicher Erlaß, sie hätten den Befehlen Corbulos Folge zu leisten. Dadurch wurde dessen Befehlsgewalt etwa in dem Umfang verstärkt, wie sie das römische Volk dem Cn. Pompeius zur Führung des Seeräuberkrieges verliehen hatte[54]. Obgleich Paetus nach seiner Rückkehr Schlimmeres befürchtete, begnügte sich der Caesar, ihm mit spöttischen Worten zuzusetzen. Dem Sinne nach

sagte er zu ihm, er wolle ihm sofort verzeihen, damit ihn nicht, wo er doch so leicht in Angst gerate, eine länger dauernde Beunruhigung auch noch krank mache.

(26) Aber Corbulo verlegte die vierte und zwölfte Legion, die nach dem Verlust ihrer tapfersten Leute angesichts des Schreckens, der die Übriggebliebenen erfaßt hatte, nicht mehr recht kampfkräftig erschienen, nach Syrien und führte die sechste und dritte Legion, die noch intakt und in zahlreichen glücklichen Unternehmungen erprobt waren, nach Armenien. Er zog noch die fünfte Legion hinzu, die im Pontus stand und in die Niederlage nicht verwickelt worden war. Dazu kamen die eben herbeigeführte fünfzehnte Legion und auserlesene Truppenteile aus den Legionen in Illyricum[55] und Ägypten sowie alle verfügbaren Alen und Kohorten. Die Hilfstruppen der Könige wurden in Melitene[56] zusammengezogen, wo er Vorbereitungen zum Übergang über den Euphrat traf. Dann entsühnte er dem Brauche entsprechend das Heer und berief es zu einer Versammlung, in der er tönende Worte über die göttliche Berufung des Imperators und über seine eigenen Taten fand und alles Mißgeschick auf die Unerfahrenheit des Paetus schob, wobei ihm, dem Soldaten, sein hohes persönliches Ansehen die fehlende Beredsamkeit ersetzte.

(27) Darauf schlug er den Weg ein, auf dem einst L. Lucullus vormarschiert war[57], und ließ die Hindernisse, die im Laufe der langen Zeit den Weg versperrt hatten, beseitigen. Die Gesandten, die von Tiridates und Vologaeses zu Friedensverhandlungen kamen, wies er nicht ab, sondern gab ihnen Centurionen bei mit Aufträgen, die nicht unfreundlich waren: noch sei es nicht so weit gekommen, daß man den Kampf als letztes Mittel benötige. Vieles sei für die Römer, manches auch für die Parther glücklich verlaufen: eine Warnung vor Übermut. Darum sei es für Tiridates nützlich, ein von Verwüstungen verschontes Königreich als Geschenk zu empfangen, und Vologaeses werde besser durch ein Bündnis mit Rom als durch gegenseitige Schädigung für das parthische Volk sorgen. Er wisse ja, mit welchen Zwistig-

keiten er im Inneren zu tun habe und wie unbändig und wild die Völker seien, über die er regiere. Dagegen habe sein Imperator bei allseitig ungestörtem Frieden nur diesen einzigen Krieg zu führen. Um zugleich seinem Rat durch Einschüchterung Nachdruck zu verleihen, verjagte er die armenischen Veziere, die zuerst von uns abgefallen waren, aus ihren Residenzen, zerstörte ihre Burgen und verbreitete in dem Flachland wie auch in den Bergen, unter Starken und Schwachen die gleiche Furcht.

(28) Der Name Corbulo wurde auch bei den Barbaren weder mit Erbitterung noch feindseligem Haß gehört, und so glaubten sie seinem Rat vertrauensvoll. Auch Vologaeses benahm sich, alles in allem genommen, nicht trotzig, suchte vielmehr für einige Statthalterschaften[58] einen Waffenstillstand zu erreichen. Tiridates verlangte Ort und Zeit für eine Unterredung. Ein naher Termin und als Ort der, an dem kürzlich die von Paetus befehligten Legionen belagert worden waren, wurden von den Barbaren im Gedenken an das dortige, für sie erfreulichere Geschehen ausgewählt. Corbulo schlug dies nicht aus, um durch das unterschiedliche Geschick seinen Ruhm zu mehren. Auch fühlte er sich durch die Schande, die Paetus auf sich geladen hatte, nicht bedrückt[59], was dadurch besonders in Erscheinung trat, daß er dessen Sohn, einem Tribunen, den Befehl gab, einige Manipel dorthin zu führen und die Spuren des unseligen Kampfes zu beseitigen. An dem verabredeten Tage kamen Tiberius Alexander, ein erlauchter römischer Ritter, der ihm als Gehilfe für die Kriegführung zugeteilt war[60], und Vinicianus Annius, der Schwiegersohn Corbulos, der noch nicht im senatorischen Alter stand und an Stelle eines Legaten[61] die fünfte Legion befehligte, in das Lager des Tiridates. Dies sollte eine Ehrung für Tiridates und für ihn zugleich ein Sicherheitspfand gegenüber einer etwaigen Hinterlist sein. Jede Partei nahm zwanzig Reiter mit. Als der König Corbulo erblickte, sprang er zuerst vom Pferde, und auch Corbulo säumte nicht. Beide reichten sich stehend die Hände. Dann lobte der Römer den jungen Mann, daß er die ab-

schüssige Bahn verlassen und den sicheren und heilbringenden Weg eingeschlagen habe. Tiridates erging sich zuerst weitschweifig über den Adel seines Geschlechtes, während er in seinen übrigen Ausführungen bescheiden war. Er werde also nach Rom gehen und dem Caesar eine unerhörte Ehrung bringen, den Besuch eines Arsaciden, der, ohne daß die Parther in mißlicher Lage seien, als Bittsteller komme. Darauf wurde vereinbart, Tiridates solle vor dem Bild des Caesars das königliche Abzeichen niederlegen und es nur aus der Hand Neros zurücknehmen. Die Unterredung wurde mit einem Kuß beendigt.

(29) Dann wurden nach Verlauf von wenigen Tagen unter großem Gepränge beiderseits dort die Reiterei in Geschwadern mit ihren landesüblichen Abzeichen, hier die Kolonnen der Legionen mit funkelnden Adlern, Feldzeichen und Götterbildern, wie in einem Tempelbezirk, aufgestellt. In der Mitte befand sich ein Tribunal, auf dem ein kurulischer Sessel stand mit dem Bild Neros. Zu diesem trat Tiridates vor, und als der Sitte entsprechend Opfertiere geschlachtet waren, nahm er von seinem Haupt das Diadem und legte es vor dem Bild nieder unter allseitiger tiefer Bewegung, die noch durch das immer noch vor Augen stehende Bild von den erschlagenen oder eingeschlossenen römischen Heeren verstärkt wurde. Doch jetzt habe sich die Lage gewandelt. Die Reise des Tiridates werde ein Schaustück für die ganze Welt bilden. Wie gering sei der Unterschied zwischen ihm und einem Gefangenen!

(30) Diesem ruhmvollen Akt ließ Corbulo in höflicher Weise ein Gastmahl folgen; und als der König bei allem ihm bisher Unbekannten, das er bemerkte, fragte, was es damit für eine Bewandtnis habe, z. B. daß durch einen Centurio das Aufziehen der Nachtwache gemeldet, daß der Schluß des Essens durch einen Trompetenstoß angezeigt und der vor dem Feldherrnzelt aufgebaute Altar durch eine Fackel in Brand gesetzt werde[62], gab er dem allem eine übertriebene Bedeutung und versetzte ihn in Erstaunen über den althergebrachten Brauch. Am folgenden Tage bat ihn

Tiridates um Aufschub, um vor Antritt einer so weiten Reise noch vorher seine Brüder und seine Mutter zu besuchen. Er übergab inzwischen als Geisel seine Tochter und einen unterwürfigen Brief an Nero.

(31) Nach seiner Abreise traf er mit Pacorus in Medien, in Ecbatana[63] mit Vologaeses zusammen, der nicht ohne Sorge um seinen Bruder war. Er hatte nämlich von sich aus durch Boten Corbulo gebeten, Tiridates auch nicht dem Schein einer Unterwerfung auszusetzen, ihn auch nicht seine Waffe ablegen zu lassen, ihn nicht von der Begrüßung durch die Statthalter der Provinzen auszuschließen oder vor ihren Türen warten zu lassen. Es solle ihm in Rom die gleich hohe Ehre wie den Konsuln erwiesen werden. Offenbar hatte er, der an ausländischen Hochmut gewöhnt war, keine Kenntnis davon, daß bei uns nur wirkliche Herrschermacht Geltung hat und eitles Getue übergangen wird.

(32) In demselben Jahr nahm der Caesar die Völkerschaften der Seealpen in das latinische Recht[64] auf. Den römischen Rittern wies er ihre Plätze im Circus vor denen der Bürgerschaft an. Denn bis zu diesem Tage gab es im Circus keine gesonderten Plätze, weil das Roscische Gesetz nur über die vierzehn Sitzreihen verfügt hat[65]. Die Gladiatorenspiele fanden in diesem Jahre mit der gleichen Pracht wie früher statt. Aber eine größere Anzahl von erlauchten Frauen und von Senatoren machten sich durch ihr Auftreten in der Arena Schande.

(33) Unter dem Konsulat des C. Laecanius und M. Licinius wurde Nero von einer von Tag zu Tag wachsenden Begierde erfaßt, auf öffentlichen Bühnen aufzutreten. Bisher hatte er nur in seinem Palast oder in einem Park an den Iuvenalischen Spielen[66] gesungen, die er aber als zu schwach besucht und deren Rahmen er für seine mächtige Stimme als zu eng ablehnte. Doch wagte er es nicht, in Rom damit den Anfang zu machen, sondern er wählte dazu Neapel aus, weil es eine griechische Stadt sei. Dort wolle er zuerst auftreten und dann nach Achaia hinüberfahren, um die berühmten, seit alters geheiligten Kränze[67] zu erlangen und durch seinen 64 n. Chr.

so vermehrten Ruhm den Bürgern ihren Beifall zu entlocken. So wurde denn das dortige Stadtvolk zusammengetrieben, und zusammen mit ihm füllten die Bewohner der nächstgelegenen Kolonien und Landstädte, die die Kunde von diesem Ereignis herbeigelockt hatte, ferner alle diejenigen, die ehrenhalber oder zu allerlei dienstlichen Verpflichtungen im Gefolge des Caesars waren, ja sogar ganze Soldatenabteilungen[68] das Theater in Neapel.

(34) Dort kam es, wie die meisten glaubten, zu einem traurigen, nach Neros Auffassung aber zu einem die Huld der Götter ankündenden Vorfall. Als das Publikum das Theater verlassen hatte und dieses leer stand, stürzte es ein, jedoch ohne daß jemand Schaden nahm. Deshalb dankte er den Göttern in sorgsam ausgearbeiteten Liedern, in denen er den glücklichen Ausgang des kürzlichen Ereignisses pries. In der Absicht, über das Adriatische Meer zu fahren, machte er einstweilen in Benevent[69] halt. Dort veranstaltete Vatinius ein zahlreich besuchtes Gladiatorenspiel. Vatinius gehörte zu den abscheulichsten Mißgeburten an Neros Hof. Er stammte aus einer Schusterwerkstatt, war mißgestaltet, ein pöbelhafter Possenreißer, den man zuerst nur als Zielscheibe kränkenden Witzes zugezogen hatte, der es aber im Laufe der Zeit durch die Verleumdung der rechtschaffensten Männer zu solcher Geltung gebracht hatte, daß er durch Beliebtheit, Reichtum und durch sein schädliches Wirken sogar über die schlechten Elemente hinausragte[70].

(35) Nero, der das von Vatinius veranstaltete Schauspiel häufig besuchte, stellte sein verbrecherisches Treiben nicht einmal in der Zeit ein, da er sich diesen Genüssen hingab. Denn eben in diesen Tagen wurde Torquatus Silanus[71] in den Tod getrieben, weil er neben der Berühmtheit des iunischen Hauses Augustus als Urgroßvater aufzuweisen hatte. Die Ankläger hatten die Weisung, ihn als einen freigebigen Verschwender auszugeben, der seine ganze Hoffnung auf einen Umsturz gründe. Ja, unter seinen Freigelassenen befänden sich Leute, die er „ab epistulis“, „a libellis“ und „a rationibus“ nenne, lauter Titel, die eine Tätigkeit an höchster Stelle

bezeichnen – und Vorübungen seien[72]. Dann wurden seine vertrautesten Freigelassenen verhaftet und abgeführt, und da seine Verurteilung bevorstand, schnitt sich Torquatus die Adern an den Armen auf. Hernach erklärte Nero, wie üblich, er sei zwar schuldig und habe mit Recht sich nicht auf eine Verteidigung eingelassen, aber er wäre am Leben geblieben, wenn er auf die Milde des Richters[73] gewartet hätte.

(36) Bald darauf verzichtete er für den Augenblick auf die Reise nach Achaia (die Gründe blieben im dunkeln) und kehrte nach Rom zurück, während sich im geheimen seine Phantasien mit den Provinzen des Orients, hauptsächlich mit Ägypten, beschäftigten. Als er dann in einem Edikt betont hatte, seine Abwesenheit werde nicht lange dauern und alles werde in dem Gemeinwesen ebenso unverändert wie glücklich weitergehen, besuchte er anläßlich dieser Reise das Capitol. Dort betete er zu den Göttern, und wie er auch den Tempel der Vesta betrat, überkam ihn ein plötzliches Zittern an allen Gliedern, mag ihn nun die Gottheit erschreckt haben, oder war er im Gedenken an seine Schandtaten nie frei von Angst. So gab er nun sein Vorhaben auf und erklärte, alle seine persönlichen Anliegen wögen leichter als seine Liebe zur Vaterstadt. Er habe die traurigen Gesichter seiner Mitbürger gesehen, er höre ihre geheimen Klagen darüber, daß er eine so weite Reise antreten wolle, wo sie doch nicht einmal seine kurzen Ausflüge ertrügen, weil sie gewohnt seien, gegenüber den Unberechenbarkeiten des Daseins im Blick auf den Princeps Trost zu finden. Wie man daher im Privatleben den nächsten Angehörigen den Vorzug gebe, so entscheide über ihn das römische Volk, und wenn es ihn zurückhalte, so müsse er gehorchen. Diese und ähnliche Beteuerungen hörte das Volk gerne, weil es vergnügungssüchtig ist und, was sein Hauptanliegen bildete, im Falle der Abwesenheit des Princeps Kornverteuerung befürchtete. Der Senat und die führenden Männer waren darüber im Zweifel, ob er schrecklicher wirke, wenn er abwesend oder wenn er anwesend sei. Zuletzt hielten sie, wie

es in schweren Angstzuständen ganz natürlich ist, das für schlimmer, was dann wirklich eingetreten war.

(37) Um nun den Glauben zu erwecken, er fühle sich nirgends so wohl wie in Rom, veranstaltete er Bewirtungen an öffentlichen Plätzen und machte gleichsam die ganze Stadt zu seinem Hause. Das größte Aufsehen und Gerede erregte durch seine Üppigkeit das Gastmahl, das Tigellinus veranstaltete. Ich will es als Beispiel anführen, um nicht zu oft von der gleichen Schlemmerei erzählen zu müssen. Auf dem See des Agrippa[74] ließ er ein Floß bauen, auf dem die Tafel angerichtet war und das im Schlepptau von anderen Fahrzeugen sich vorwärtsbewegte. Die Schiffe waren mit Gold und Elfenbein ausgelegt, und als Ruderer waren Lustknaben eingeteilt, die man nach dem Gesichtspunkt von Alter und Erfahrung in sinnlichen Ausschweifungen ausgewählt hatte. Er hatte Geflügel und Wildbret aus fernen Ländern sowie Seetiere weit vom Ozean herkommen lassen. An den Seeufern standen Bordelle voll mit adeligen Frauen, dagegen ließen sich öffentlich Freudenmädchen mit nackten Körpern sehen. Schon kam es auch zu unzüchtigen Gebärden und Bewegungen, und als es dunkel wurde, erscholl ringsum in dem ganzen Park und in den Häusern Gesang und erglänzte heller Lichterschein. Nero selbst, der sich in erlaubter und nicht erlaubter Weise bloßstellte, hatte keine Schandtat übriggelassen, die seine Verderbtheit noch hätte steigern können, nur daß er einige Tage später einen Lustknaben aus jener Horde – er hieß Pythagoras – in einer richtigen Hochzeitsfeier heiratete. Der Imperator wurde in einen Brautschleier gehüllt und Vogelschauer wurden geschickt[75]. Man sah die Mitgift, das Ehelager und die Hochzeitsfackeln, kurz alles, was sogar, wenn es sich um eine Frau handelt, die Nacht verhüllt.

(38) Es folgte nun ein Unglück, bei dem es ungewiß ist, ob es auf Zufall oder auf die Heimtücke des Princeps zurückzuführen war; beides haben die Schriftsteller überliefert. Aber es war schwerer und schrecklicher als alles, was je über diese Stadt durch Feuersmacht gekommen ist. Der

Brand brach in dem an den Palatinischen und den Coelischen Berg stoßenden Teil des Circus aus. Dort nahm in den Kaufläden mit ihren leicht entzündbaren Waren das Feuer gleich bei seinem Entstehen ein starkes Ausmaß an und erfaßte, vom Wind angefacht, rasch die ganze Länge des Circus. Denn die Häuser waren weder durch Brandmauern abgeschirmt noch die Tempel mit Mauern umgeben, und auch sonst lag kein Hindernis dazwischen, das dem Feuer hätte Einhalt gebieten können. Der Feuersturm durchraste zuerst die ebenen Teile der Stadt, dann fraß er sich in die höher gelegenen hinauf, verheerte dann wieder die Niederungen und kam infolge der Schnelligkeit, mit der das Unheil um sich griff, allen Abwehrmaßnahmen zuvor. Denn die Stadt mit ihren engen Straßen und den hin und her sich windenden riesigen Häuserreihen, wie ja das alte Rom gebaut war, wurde eine leichte Beute des Feuers. Dazu gesellten sich die jammernden, verängstigten Frauen, die altersschwachen Greise und die unbeholfenen Kinder. Die Leute waren teils auf ihre eigene Rettung, teils auf die anderer bedacht, wobei sie Kranke wegschleppten oder noch auf solche warteten, teils stehen bleibend, teils sich beeilend, kurz überall hindernd im Wege waren. Und oft wurden sie, während sie zurücksahen, seitwärts oder von vorne von den Flammen eingeschlossen. Und wenn sie sich in nahegelegene Bezirke retten konnten, wurden auch diese von dem Feuer erfaßt; ja in denen, die sie für weitab gehalten hatten, fanden sie die gleiche Lage vor. Zuletzt standen sie ratlos, welche Richtung sie meiden oder einschlagen sollten, in Haufen in den Straßen oder warfen sich auf den Feldern zu Boden. Manche hatten ihr ganzes Hab und Gut verloren, sogar die Lebensmittel für den täglichen Bedarf, andere kamen aus Liebe zu ihren Angehörigen, die sie nicht hatten retten können, um, obwohl sie die Möglichkeit zu fliehen gehabt hätten. Und niemand hatte den Mut, das Feuer einzudämmen, weil immer wieder zahlreiche Leute mit Drohungen das Löschen verhinderten, andere ganz offen Feuerbrände warfen und dabei schrien, hinter ihnen stehe ein Auftraggeber, um so ungehemmter plündern zu können. Vielleicht war es ihnen auch wirklich befohlen worden[76].

(39) In der Zwischenzeit hielt sich Nero in Antium auf und kehrte erst nach Rom zurück, als das Feuer sich seinem Palast, den er mit dem Palatium und den Parkanlagen des Maecenas[77] verbunden hatte, näherte. Doch konnte dem Feuer nicht Einhalt geboten werden. Auch das Palatium und sein Palast und alles ringsum wurde von ihm verzehrt. Als Trost für die obdachlose, umherirrende Bevölkerung gab er das Marsfeld und die Bauwerke des Agrippa frei, ja sogar seine eigenen Parkanlagen und errichtete Notbauten zur Unterbringung der mittellosen Menge. Hausrat wurde von Ostia und den benachbarten Landstädten herbeigeführt und der Getreidepreis auf drei Sesterzen herabgesetzt. Dies waren Maßnahmen, die zwar von dem Volk begrüßt wurden, aber sie verfehlten ihren Zweck, da sich das Gerücht verbreitet hatte, eben in der Zeit, da Rom brannte, sei Nero auf seiner Hausbühne aufgetreten und habe den Untergang Troias besungen, wobei er das augenblickliche Unglück mit Katastrophen aus dem Altertum verglich.

(40) Erst am sechsten Tage wurde man am untersten Teil der Esquilien[78] des Feuers dadurch Herr, daß man die Gebäude weithin einriß, damit das zusammenhängende Flammenmeer auf einen freien Raum und gleichsam auf den leeren Himmel stoße. Noch ehe sich die Furcht gelegt oder das Volk neue Hoffnung geschöpft hatte, griff das Feuer neuerdings um sich, und zwar mehr in den freiliegenden Stadtteilen, weshalb auch weniger Menschen umkamen. Jedoch Göttertempel und Säulenhallen, die dem Lustwandeln gewidmet waren, stürzten in um so größerem Ausmaß zusammen. Dieser erneute Brand war der Anlaß zu noch üblerer Nachrede, weil er in den Aemilianischen Grundstücken[79] des Tigellinus ausgebrochen war und es so aussah, als ob Nero nach dem Ruhm des Gründers einer neuen Stadt trachte, die seinen Namen erhalten sollte. Denn Rom ist in vierzehn Regionen eingeteilt, von denen nur vier unversehrt blieben. Drei wurden bis auf den Grund zerstört, von den

sieben übrigen blieben nur wenige Häuserreste übrig, die schwer beschädigt und halb verbrannt waren.

(41) Die Zahl der Paläste, der Häuserviertel und Tempel, die verlorengingen, anzugeben, dürfte nicht leicht sein. Von den uralten, heiligen Stätten gingen in Flammen auf: die von Servius Tullius der Luna errichtete, der große Altar und die Kapelle, beide von dem Arcader Euandros dem Hercules anläßlich dessen Anwesenheit geweiht, der dem Iuppiter Stator von Romulus gelobte Tempel, die Königsburg des Numa und das Heiligtum der Vesta samt den Penaten des römischen Volkes[80], ferner die in so vielen Siegen erworbenen Schätze und Schmuckstücke griechischer Kunst, sodann die alten, noch unverfälschten Denkmäler großer Geister, deren viele, mochte auch die Stadt in noch so großer Schönheit wieder erstanden sein, die ältere Generation noch im Gedächtnis hat und die nicht wieder hergestellt werden konnten. Manche vermerkten, daß das Feuer am 19. Juli ausgebrochen sei, am gleichen Tage, an dem die Senonen[81] die eroberte Stadt in Flammen aufgehen ließen. Andere sind in ihrer sorgfältigen Berechnung so weit gegangen, daß sie gleich viele Jahre, Monate und Tage zwischen den beiden Bränden zählten[82].

(42) Nero aber machte sich die Zerstörung seiner Vaterstadt zunutze, indem er sich einen Palast[83] erbaute, in dem weniger Edelsteine und Gold, was schon längst zum üblichen, verbreiteten Luxus zählte, bewundert werden sollten als Grünanlagen und Teiche und, als ob man in menschenferner Gegend wäre, Waldbestände abwechselnd mit offenen Flächen und mit Fernsicht. Die Aufsicht über diese Anlagen sowie ihre Planung lagen in den Händen des Severus und Celer, die über die Erfindungskraft und auch über die Kühnheit verfügten, auch was die Natur versagt hatte, durch Kunst zu versuchen – und die Mittel des Princeps zu vergeuden. Denn sie hatten versprochen, von dem Averner See[84] bis zu der Tibermündung einen schiffbaren Kanal zu graben entlang der unwirtlichen Küste oder auch durch die Berge, die im Wege lagen. Kein anderes Gebiet, das die

erforderliche Wassermenge hätte liefern können, gab es dort außer den Pomptinischen Sümpfen. Alles übrige Land ist felsig und wasserarm, und hätte auch ein Durchstich gemacht werden können, so hätte es unüberwindliche Mühe gekostet, dabei ohne rechte Begründung. Nero jedoch versteifte sich entsprechend seiner Art, immer das Unglaubliche zu wollen, darauf, die dem Averner See zunächst gelegenen Höhen zu durchstechen. Noch immer sieht man die Spuren dieses vergeblichen Versuches.

(43) Was Neros Palast von dem Stadtgebiet nicht beanspruchte, wurde jedoch nicht, wie nach dem gallischen Brand, planlos, wie es gerade kam, wieder aufgebaut, sondern die Häuserreihen wurden regelmäßig angelegt mit breiten Straßen und mit beschränkter Gebäudehöhe. Auf den Bauplätzen wurde Hofraum frei gelassen und wurden Säulenhallen angefügt, um die Vorderseite der Mietshäuser zu beschatten. Diese Säulenhallen versprach Nero mit eigenem Gelde zu bauen und die Bauplätze, vom Schutt geräumt, den Eigentümern zu übergeben. Auch setzte er Prämien je nach dem Stand und der Vermögenslage des einzelnen aus und bestimmte eine Frist, innerhalb derer man die Prämien für die Fertigstellung der Einzelhäuser oder der Mietshäuser erhalten sollte. Für die Schuttablage bestimmte er die Sümpfe von Ostia und ordnete an, die Schiffe, die das Getreide den Tiber hinaufführten, bei der Rückfahrt mit dem Schutt zu beladen, ferner, daß ein bestimmter Teil der Gebäude selbst ohne Balken aus Gabinischem oder Albanischem Stein[85] fest aufgeführt werde, weil dieser gegen Feuer widerstandsfähiger ist. Auch sollten die Gebäude keine gemeinsamen Wände haben, sondern jedes mit einer eigenen Mauer umgeben werden. Weiterhin wurden die Wasserleitungen, denen von Privatpersonen willkürlich Wasser entnommen worden war, unter Aufsicht gestellt, damit es reichlicher fließe und an einer größeren Zahl von Stellen der Bevölkerung zur Verfügung stehe. Auch sollte jeder Hausbesitzer in seinem Vorhof Löschmittel bereitstellen. Diese Maßnahmen, die ihres praktischen Nutzens wegen willkommen waren, dien-

ten zugleich der Verschönerung der Stadt. Doch wurden auch Stimmen laut, die alte Bauweise sei der Gesundheit zuträglicher gewesen, weil die engen Straßen und die hohen Häuser nicht so sehr die Sonnenhitze hätten durchdringen lassen, während jetzt auf den breiten, offenen, von keinem Schatten geschützten Straßen die glühende Hitze noch drükkender laste.

(44) Das waren die Maßnahmen, die menschlicher Fürsorge entsprangen. Dann suchte man die Götter zu versöhnen. Man wandte sich an die Sibyllinischen Bücher, denen zufolge Gebete an Volcanus, Ceres und Proserpina gerichtet wurden und die Gnade der Iuno[86] durch Matronen erfleht wurde, zuerst auf dem Capitol, dann an der zunächst gelegenen Stelle des Meeres, aus dem man Wasser zum Besprengen des Tempels sowie des Bildes der Göttin schöpfte. Auch veranstalteten verheiratete Frauen Speiseopfer und nächtliche Feiern[87]. Aber nicht menschliche Hilfe, nicht freigebige Spenden des Princeps oder Sühnemittel für die Götter konnten das schlimme Gerücht aus der Welt schaffen, der Brand sei auf Befehl gelegt worden. Und so schob Nero, um dieses Gerücht zu ersticken, die Schuld auf andere und verhängte über die, die durch ihr schändliches Gebaren[88] verhaßt waren und im Volksmund „Christianer" hießen, die ausgesuchtesten Strafen. Dieser Name leitete sich von Christus ab, der unter der Regierung des Tiberius durch den Prokurator Pontius Pilatus hingerichtet worden war. Der für den Augenblick unterdrückte verhängnisvolle Aberglaube griff von neuem um sich, nicht nur in Judäa, wo dieses Übel entstanden war, sondern auch in Rom, wo alle Scheußlichkeiten und Abscheulichkeiten aus der ganzen Welt zusammenströmen und freudigen Anklang finden. Und so wurden zuerst die Personen verhaftet, die sich als Christen bekannten, dann aufgrund von deren Aussagen ein weiterer großer Personenkreis, und sie wurden nicht nur des Verbrechens der Brandstiftung, sondern auch des Hasses gegen das Menschengeschlecht für schuldig befunden. Und mit den Todgeweihten trieb man noch seinen Spott: man hüllte sie in

Tierhäute und ließ sie von Hunden zerfleischen, oder sie wurden, ans Kreuz geschlagen und für den Flammentod bestimmt, nach Tagesschluß als Beleuchtung für die Nacht verbrannt[89]. Für dieses Schauspiel hatte Nero seinen Park zur Verfügung gestellt. Zugleich veranstaltete er ein Circusspiel, wobei er im Aufzug eines Wagenlenkers sich unter den Pöbel mischte oder sich auch wirklich auf einen Wagen stellte. Dies führte dazu, daß sich Mitleid regte, wenn auch gegenüber Schuldigen, die die schwersten Strafen verdient hatten: man nahm an, daß sie nicht dem allgemeinen Wohl, sondern der Grausamkeit eines einzelnen zum Opfer fielen.

(45) Inzwischen wurde Italien durch das Eintreiben der Geldmittel ausgeplündert, die Provinzen wie auch die verbündeten Völkerschaften und die sogenannten freien Gemeinden ruiniert[90]. In diesen Raubzug wurden auch die Götter einbezogen: in Rom wurden die Tempel geplündert und das Gold herausgeholt, das bei Triumphen und bei Gelübden das römische Volk in seiner ganzen Geschichte in Zeiten des Glücks oder der Furcht geweiht hatte. In ganz Kleinasien und in Achaia wurden nicht nur die Geschenke, sondern auch die Bilder der Götter von den in diese Provinzen beorderten Acratus und Secundus Carrinas geraubt. Jener war ein Freigelassener[91], der zu jeder Schandtat ohne weiteres bereit war, dieser hatte es durch griechischen Unterricht zu einer gewissen Zungenfertigkeit gebracht, sich aber keine tiefere Bildung zugelegt. Die Rede ging, Seneca habe, um die Empörung über den Tempelfrevel von seiner Person abzulenken, um die Genehmigung gebeten, sich auf ein entlegenes Landgut zurückzuziehen, sich, als dies abschlägig beschieden wurde, nervenkrank gestellt und sein Zimmer nicht mehr verlassen. Manche haben auch berichtet, sein eigener Freigelassener namens Cleonicus habe auf Befehl Neros ihn zu vergiften versucht, aber Seneca sei diesem Anschlag entgangen, weil ihm der Freigelassene dies verriet oder auch weil er, selbst in Furcht versetzt, sich auf einfache Ernährung beschränkte und nur mit wildgewachsenem Obst und gegen den Durst mit fließendem Wasser sein Dasein fristete.

(46) Um die gleiche Zeit wurde in der Landstadt Praeneste[92] ein Ausbruchsversuch der Gladiatoren durch das dort stationierte Wachkommando[93] vereitelt, während man in dem Volk bereits von Spartacus und anderen schlimmen Ereignissen der alten Zeit redete. Das Volk ist ja immer nach neuen Ereignissen begierig – und ist zugleich voller Angst. Bald darauf traf die Flotte ein Unglück zur See. Es handelte sich dabei nicht um ein Kriegsgeschehen – denn nie herrschte so tiefer Friede[94] –, vielmehr hatte Nero der Flotte die Rückkehr an einem bestimmten Tage nach Campanien befohlen, und zwar ohne Rücksicht auf die Wetterverhältnisse zur See zu nehmen. Deshalb fuhren die Steuermänner trotz der tobenden See von Formiae[95] aus ab, wurden aber bei dem Versuch, um das Vorgebirge Misenum herumzufahren, von einem heftigen Südwind an den Strand von Cumae geworfen und verloren zahlreiche Dreiruderer und eine Menge kleinerer Fahrzeuge.

(47) Am Ende des Jahres sprach man überall von Wunderzeichen, die bevorstehendes Unheil ankündigen: ungewöhnlich häufige Blitzschläge, das Erscheinen eines Kometen, das Nero immer[96] mit erlauchtem Blut sühnte, neugeborene Kinder mit zwei Köpfen oder andere Mißgeburten, die auf der Straße ausgesetzt wurden oder sich bei Opfern vorfanden, an denen trächtige Tiere zu schlachten Sitte ist. In der Flur von Placentia[97] wurde an der Straße ein Kalb geboren, dessen Kopf angeblich am Schenkel angewachsen war. Dies gab den Opferschauern zu der Deutung Anlaß, für die Welt sei ein anderes Haupt im Kommen, aber es werde nicht stark sein und auch nicht im verborgenen bleiben, weil es im Mutterleib eingezwängt gewesen und an der Straße geboren sei.

(48) Darauf traten Silius Nerva und Atticus Vestinus[98] 65 n. Chr.
das Konsulat an, in dem Augenblick, da jene Verschwörung gleich mit ihrem Beginn auch schon größere Ausmaße annahm: wetteifernd hatten sich zur Beteiligung gemeldet: Senatoren, Ritter, Soldaten und auch Frauen, teils aus Haß gegen Nero, teils aus Sympathie für Piso[99]. Über ihn als einen Sproß aus dem calpurnischen Geschlecht, der mit

vielen hervorragenden Familien durch den Adel seines Vaters verbunden war, sprach man im Volk mit hoher Anerkennung wegen seiner Tugend oder wegen seines tugendähnlichen Gehabens. Denn er setzte seine Beredsamkeit für die Verteidigung seiner Mitbürger ein, übte Freigebigkeit gegenüber seinen Freunden und auch gegenüber Unbekannten und war leutselig im Gespräch und im gesellschaftlichen Auftreten. Dazu kamen auch zufällige Äußerlichkeiten: er war schlank gewachsen und hatte ein schönes Gesicht. Aber sittlicher Ernst lag ihm ebenso fern wie Beschränkung im Lebensgenuß. Er gab sich einem oberflächlichen, prunkliebenden, manchmal auch verschwenderischen Leben hin, was bei der Mehrzahl Gefallen fand, da diese angesichts der süßen Verlockungen der Laster keinen Herrn über sich haben will, der ein straffes und zu strenges Regiment führt.

(49) Den Ausgangspunkt der Verschwörung bilden nicht sein persönliches ehrgeiziges Streben. Allerdings könnte ich auch nicht leicht angeben, wer der eigentliche Urheber gewesen ist, auf wessen Eingebung eine Bewegung hervorgerufen wurde, der sich dann so viele angeschlossen haben. Daß Subrius Flavus, der Tribun der Prätorianerkohorten, und der Centurio Sulpicius Asper die entschlossensten Personen gewesen sind, bewiesen sie durch ihre unerschütterliche Haltung, mit der sie in den Tod gingen. Auch Lucanus Annaeus und Plautius Lateranus[100] brachten ihren lebendigen Haß ins Komplott. Lucanus stachelten persönliche Gründe auf: Nero unterdrückte das Bekanntwerden seiner Gedichte und hatte in törichter Eifersucht verhindert, sie zu veröffentlichen. Den designierten Konsul Lateranus führte in den Kreis der Verschwörer keine persönliche Kränkung, sondern die Liebe zum Vaterland. Daß jedoch Flavius Scaevinus und Afranius Quintianus, beide dem Senatorenstand angehörig, sich an die Spitze des großen Unternehmens setzten, war mit dem Ruf, in dem sie standen, nicht zu vereinbaren. Denn Scaevinus war durch seinen ausschweifenden Lebenswandel geistig zerrüttet und verbrachte daher sein Dasein in dumpfer Schläfrigkeit, Quintianus war wegen

widernatürlicher Unzucht verrufen und von Nero in einem Schmähgedicht bloßgestellt worden, weshalb er sich für die Beleidigung rächen wollte.

(50) Während nun diese über die Verbrechen des Princeps unter sich und unter weiteren Freunden sprachen und feststellten, daß das Ende seiner Herrschaft gekommen sei und man einen Mann erwählen müsse, der dem erschöpften Gemeinwesen wiederaufhelfe, zogen sie hinzu: Claudius Senecio[101], Cervarius Proculus, Vulcacius Araricus, Iulius Augurinus, Munatius Gratus, Antonius Natalis, Marcius Festus, lauter römische Ritter. Von diesen wurde Senecio, der zu den besonderen Vertrauten Neros zählte und den Schein der Freundschaft immer noch aufrechterhielt, in desto mehr Gefahren verwickelt. Natalis war in alle Geheimnisse Pisos eingeweiht; die übrigen hofften, für sich aus einem Staatsstreich Gewinn zu ziehen. Zugezogen wurden noch außer Subrius und Sulpicius, über die ich schon berichtet habe, als handfeste Militärs Gavius Silvanus und Statius Proxumus, Tribunen der Prätorianerkohorten, sowie die Centurionen Maximus Scaurus und Venetus Paulus. Jedoch die gewichtigste Kraft glaubte man in dem Präfekten Faenius Rufus zu haben, der wegen seines löblichen Lebenswandels in gutem Rufe stand, dem aber in der Gunst des Princeps Tigellinus durch seine Grausamkeit und Schamlosigkeit den Rang ablief. Dieser bestürmte den Princeps mit Anschuldigungen und hatte ihn schon oft in Furcht versetzt mit der Behauptung, Rufus sei der Geliebte Agrippinas und sinne aus Verlangen nach ihr auf Rache. Als nun die Verschworenen aus wiederholten Äußerungen des Prätorianerpräfekten die Überzeugung gewonnen hatten, auch dieser sei für ihre Sache gewonnen, verhandelten sie nunmehr entschlossener über Zeit und Ort des Mordes. Man erzählte, Subrius Flavius habe den plötzlichen Entschluß gefaßt, sich auf Nero, während dieser auf der Bühne singe, zu stürzen, oder dies schon damals, als er in dem brennenden Palast bei Nacht ohne Wache hin und her lief, tun wollen[102]. In diesem Falle hatte die Gelegenheit, Nero allein zu treffen, in jenem die große

Menge der Zuschauer als die schönste Zeugin einer solchen Ruhmestat anfeuernd gewirkt. Doch der Wunsch, sein eigenes Leben nicht aufs Spiel zu setzen, der immer großen Wagnissen im Wege steht, hielt ihn zurück.

(51) Während sie so zögerten und das Schweben zwischen Hoffnung und Furcht sich weiter hinzog, stachelte eine gewisse Epicharis – man weiß nicht, wie sie von der Sache Kunde bekommen hatte; denn sie hatte sich bisher nie um anständige Dinge gekümmert – die Verschworenen durch Vorwürfe auf. Zuletzt konnte sie deren Entschlußlosigkeit nicht mehr länger ertragen und suchte, während sie sich in Campanien aufhielt, die Offiziere der Flottenmannschaften in Misenum wankend zu machen und in die Mitwisserschaft zu verstricken, wobei sie folgendermaßen vorging: Es befand sich bei dieser Flotte ein Kapitän namens Volusius Proculus, der zu den Werkzeugen Neros bei der Ermordung seiner Mutter gehört hatte und, wie er glaubte, nicht entsprechend der Bedeutung des Verbrechens befördert worden war. Er war mit dem Weibe schon seit langem bekannt – es mag auch sein, daß er jetzt erst ihr Freund geworden war – und enthüllte nun seine dem Nero geleisteten Dienste, die ihm nichts eingebracht hätten. Dazu beklagte er sich über Nero und äußerte seinen Entschluß zur Rache, wenn sich dazu Gelegenheit biete. So machte er ihr Hoffnung, daß sie ihn verleiten und durch seine Vermittlung noch mehr Teilnehmer gewinnen könne. Die Unterstützung durch die Flotte falle sehr ins Gewicht. Sie biete ja zahlreiche günstige Möglichkeiten, weil Nero gerne und häufig sich am Meere in Puteoli und Misenum aufhalte. Nun brachte Epicharis noch mehr zur Sprache und zählte alle Verbrechen des Princeps der Reihe nach auf. Nichts Heiliges[103] gebe es mehr. Aber es sei vorgesorgt, daß er bald für die Zerrüttung des Gemeinwesens büße. Er solle sich nur zur wackeren Tat wappnen und die entschlossensten Soldaten zum Mitmachen veranlassen, um dann den entsprechenden Lohn zu erwarten. Jedoch die Namen der Verschworenen verschwieg sie. Deshalb hatte die Anzeige des Proculus keinen Erfolg, obgleich er

dem Nero alles überbrachte, was er gehört hatte. Als nämlich Epicharis vorgeladen und dem Angeber gegenübergestellt wurde, konnte sie ihn, da er sich auf keine Zeugen stützte, leicht abfertigen. Aber sie selbst wurde in Haft behalten, da Nero argwöhnte, es sei nicht falsch, auch was als wahr nicht erwiesen wurde.

(52) Doch die Verschworenen beschlossen aus Furcht vor Verrat den Mord in Baiae beschleunigt durchzuführen, und zwar in dem anmutig gelegenen Landhaus Pisos, an dem der Caesar Gefallen gefunden hatte und wohin er häufig kam, um zu baden und zu speisen, ohne eine Wache und ohne die Masse seines fürstlichen Gefolges. Aber Piso lehnte diesen Vorschlag mit der Begründung ab, es würde einen recht mißgünstigen Eindruck machen, wenn man die Heiligkeit des Tisches und die das Gastrecht schützenden Götter durch die Ermordung des Princeps, mag dieser noch so schlimm sein, mit Blut besudele. Besser wäre es, wenn sie in der Hauptstadt in jenem verhaßten, durch Ausbeutung der Mitbürger errichteten Palast oder auch in aller Öffentlichkeit den Plan durchführten, den sie zum Besten des Gemeinwesens gefaßt hätten. So äußerte er sich vor den Verschworenen; aber im geheimen fürchtete er, L. Silanus[104], ein Mann aus dem höchsten Adel, der seine Erziehung und Bildung im Hause des Cassius genossen und zu allseitiger Berühmtheit gelangt war, werde die Regierung an sich reißen, die ihm bereitwillig alle die zubilligen würden, die mit der Verschwörung keine Berührung gehabt hätten und die es bedauerten, daß Nero durch ein Verbrechen umgekommen sei. Sehr viele glaubten auch, Piso habe dem leidenschaftlichen Temperament des Konsuls Vestinus aus dem Wege gehen wollen, damit er nicht zur Errichtung der Republik aufrufe oder mit der Wahl eines anderen Imperators das Gemeinwesen zu seinem persönlichen Geschenk mache. Denn er war an der Verschwörung nicht beteiligt, obgleich Nero diese Beschuldigung dazu benützte, seinen alten Haß an dem Unschuldigen auszulassen.

(53) Endlich beschlossen sie, am Tage der circensischen Spiele, einem Festtage der Ceres[105], ihren Plan durchzufüh-

ren. Denn der Caesar, der selten ausging und in seinem Palast oder Park abgeschlossen lebte, pflegte bei den Spielen im Circus zu erscheinen, wo man leichter an ihn herankommen konnte, während das Publikum diesen Spielen frohgestimmt zuschaute. Sie hatten den genauen Ablauf des Anschlages verabredet: Lateranus, der ein mutiger, starker Mann war, sollte unter dem Schein, eine Unterstützung für seinen Hausstand zu erbitten, mit der Geste eines Bittstellers dem Princeps zu Füßen fallen, ihn dabei unversehens umwerfen und auf den Boden drücken. Wenn er dann am Boden liege und sich nicht bewegen könne, sollten die Tribunen und Centurionen und wer sonst dazu den Mut habe, herbeieilen und ihn umbringen, wobei die Hauptrolle Scaevinus für sich forderte, der einen Dolch aus dem Tempel der Salus [in Etrurien] oder, wie anderweitig berichtet wird, aus dem der Fortuna in der Stadt Ferentinum[106] geholt hatte und ihn bei sich trug, als ob er für das große Werk geheiligt wäre. Inzwischen sollte Piso im Tempel der Ceres[107] warten, von wo ihn der Präfekt Faenius mit den übrigen Verschworenen abholen und in die Prätorianerkaserne bringen sollte, und zwar in Begleitung von Antonia, der Tochter des Claudius Caesar, um die Gunst der großen Masse zu gewinnen[108]. So berichtet C. Plinius. Ich habe im Sinne gehabt, keine noch so geartete Überlieferung zu verheimlichen, so widersinnig es auch erscheinen mag, daß entweder Antonia ihren Namen mit einer leeren Hoffnung und dazu einem gefährlichen Spiel verbunden habe[109] oder daß Piso, dessen Liebe zu seiner Frau bekannt war, sich zu einer anderen Ehe verpflichtet hätte – es sei denn, daß die Herrschsucht brennender ist als jede andere Leidenschaft.

(54) Doch ist es erstaunlich, wie unter Menschen verschiedener Herkunft und verschiedenen Standes, Alters und Geschlechtes, unter Reichen und Armen alles in Schweigen gehüllt wurde, bis der Verrat in dem Hause des Scaevinus seinen Anfang nahm. Dieser führte an dem Tage vor dem geplanten Anschlag ein langes Gespräch mit Antonius Natalis und kehrte dann in sein Haus zurück, wo er sein Testa-

ment versiegelte. Dann zog er den Dolch, von dem ich oben berichtet habe, aus der Scheide, schalt, daß er alt und stumpf sei, und befahl, ihn an einem Stein zu schleifen und zum Schärfen zu erhitzen. Dieses Geschäft übertrug er dem Freigelassenen Milichus. Zugleich hielt er eine ungewöhnlich reichhaltige Mahlzeit und schenkte seinen Lieblingssklaven die Freiheit, anderen Geld. Er selbst war in trüber Stimmung und offenbar mit einer wichtigen Überlegung beschäftigt, obgleich er Heiterkeit in seinen unsteten Gesprächen vortäuschte. Zuletzt befahl er, Binden für Wunden und Mittel zum Blutstillen zu beschaffen, womit er ebenfalls Milichus beauftragte, mag nun dieser von der Verschwörung gewußt und bis zu diesem Zeitpunkt Treue gewahrt oder nichts gewußt haben und jetzt erst argwöhnisch geworden sein, wie die gewöhnliche Überlieferung lautet. Über die weiteren Ereignisse herrscht Einmütigkeit. Als er in seiner Sklavengesinnung überdachte, welche Belohnungen seiner für einen Verrat warten und ihm zugleich Geld und Macht ohne Grenzen vor Augen standen, sagte er sich von seiner heiligen Pflicht los und gab das Wohl seines Herrn und das Gedenken an die ihm geschenkte Freiheit preis. Er hatte auch seine Frau zu Rate gezogen, die ihm als Weib zum Schlechteren riet. Denn sie machte ihm obendrein noch Angst: es hätten doch viele Freigelassene und Sklaven dabeigestanden, die es auch gesehen hätten. Das Schweigen eines einzelnen werde keinen Wert haben, aber die Belohnungen würden dem einen zufallen, der Anzeige vor den anderen erstattet habe.

(55) So eilte nun bei Tagesanbruch Milichus in den Servilianischen Park[110]. Als er an den Toren festgehalten wurde, erklärte er, er überbringe eine wichtige, schreckliche Botschaft. Darauf wurde er von den Pförtnern zu Neros Freigelassenem Epaphroditus[111] geleitet, dann von diesem zu Nero selbst. Er unterrichtete Nero von der drohenden Gefahr, von den gefährlichen Verschworenen und von allem, was er sonst gehört und sich zusammengereimt hatte. Auch die zu seiner Ermordung bereitgelegte Waffe zeigte er vor und forderte auf, den Beschuldigten herbeizuholen. Eiligst

wurde dieser durch Soldaten herbeigeschleppt und setzte zu seiner Verteidigung an, wobei er entgegnete, die als Beweisstück dienende Waffe habe er schon seit langer Zeit als ein verehrtes, heiliges, aus seiner Heimat stammendes Stück in seinem Schlafgemach aufbewahrt und sie sei ihm durch den Freigelassenen böswillig entwendet worden. Seine testamentarischen Anordnungen habe er schon öfters und ohne besondere Beachtung der Tage versiegelt. Geld und Freiheit habe er seinen Sklaven auch schon früher geschenkt, aber in diesem Fall reichlicher, weil er angesichts seines bereits klein gewordenen Vermögens und des Drängens der Gläubiger sich auf sein Testament nicht mehr verlasse[112]. Zur Tafel habe er immer schon in weitherziger Weise eingeladen und überhaupt ein angenehmes Leben geführt, das durchaus nicht die Billigung strenger Richter gefunden habe. Verbandsmittel seien überhaupt nicht in seinem Auftrag bereitgestellt worden, vielmehr habe Milichus, weil alle seine übrigen Behauptungen offensichtlich haltlos gewesen seien, eine Beschuldigung hinzugefügt, für die er sich zugleich zum Angeber und zum Zeugen machen wolle. Seine Darlegungen unterstützte er durch eine feste Haltung. Er bezeichnete seinerseits Milichus als ehrlosen, verbrecherischen Menschen und zeigte dabei eine solche Sicherheit in seiner Stimme und Miene, daß der Anzeige jeder Rückhalt entzogen worden wäre, hätte nicht den Milichus seine Frau darauf aufmerksam gemacht, daß Antonius Natalis vielfach mit Scaevinus geheime Gespräche geführt habe und daß die beiden die engsten Freunde von C. Piso seien.

(56) So wurde denn Natalis herbeordert, und beide wurden getrennt darüber verhört, was dies für eine Unterredung gewesen sei und um was es sich dabei gehandelt habe. Jetzt erhob sich Verdacht, weil ihre Antworten nicht übereinstimmten, und sie wurden in Fesseln gelegt. Als sie die Folterwerkzeuge sahen, mit denen man ihnen drohte, brachen sie zusammen. Zuerst legte Natalis, der in die ganze Verschwörung eingehender eingeweiht und zugleich geschickter war, seine Angaben glaubhaft zu machen, ein Ge-

ständnis ab. Er fing mit Piso an, dann nannte er Annaeus Seneca, mag dieser nun der Mittelsmann zwischen ihm und Piso gewesen sein, oder wollte er die Gunst Neros gewinnen, dem, da er über Seneca erbost war, jedes Mittel zu dessen Sturz recht war. Als sodann Scaevinus von der Aussage des Natalis erfuhr, gab auch er in der gleichen Schwachmütigkeit – vielleicht glaubte er auch, es sei ohnehin schon alles aufgedeckt und Schweigen biete keinen Vorteil mehr – alle übrigen Verschworenen an. Von ihnen leugneten Lucanus, Quintianus und Senecio lange Zeit. Als ihnen dann Straflosigkeit versprochen wurde, ließen sie sich, um ihr Zögern zu entschuldigen, dazu verführen, folgende Namen anzugeben: Lucanus nannte seine Mutter Acilia, Quintianus den Glitius Gallus, Senecio den Annius Pollio, ihre besten Freunde.

(57) Nero fiel es inzwischen ein, daß auf die Anzeige von Volusius Proculus hin Epicharis noch in Haft sei, und in dem Glauben, ein Weib halte den körperlichen Schmerz nicht aus, befahl er, sie zu foltern. Aber sie ließ sich nicht durch Schläge, nicht durch Feuer, nicht durch die Wut der Folterknechte, die um so schärfer vorgingen, weil sie sich nicht von einem Weibe mißachten lassen wollten, davon abbringen, die Beschuldigungen zu leugnen. So blieb die peinliche Befragung am ersten Tag ergebnislos. Als man sie am folgenden Tage wieder zu den gleichen Martern schleppte – auf einem Tragstuhl, denn sie konnte mit ihren ausgerenkten Gliedern nicht mehr stehen –, knüpfte sie ihre Busenbinde, die sie abgenommen hatte, wie einen Strick an die Stuhllehne, steckte ihren Hals in die Schlinge, und indem sie durch ihr Körpergewicht die Schlinge zuschnürte, preßte sie den schon schwachen Atem vollends heraus. So gab diese freigelassene Frau, die fremde und ihr fast unbekannte Menschen in so schwerer eigener Notlage zu schützen suchte, ein um so rühmlicheres Beispiel, weil Freigeborene, Männer und römische Ritter und Senatoren, die mit keiner Folter in Berührung gekommen waren, ihre nächsten Angehörigen verrieten.

(58) Denn auch Lucanus und Senecio und Quintianus[113] zögerten nicht, Mitwisser in Menge anzugeben, wobei Nero

in immer größeres Entsetzen geriet, obgleich er sich persönlich durch eine Vermehrung der Wachen geschützt hatte. Ja, er ließ sogar die Mauern der Stadt durch militärische Abteilungen besetzen, auch das Meer und den Fluß bewachen, und machte so aus der Stadt gleichsam ein einziges Gefängnis. Durch die freien Plätze, die Häuser in der Stadt, auch durch die Felder draußen und durch die nächstgelegenen Landstädte eilten Mannschaften zu Fuß und zu Pferd, vermischt mit Germanen, denen der Princeps als Ausländern traute[114]. Ununterbrochen wurden Scharen von Gefesselten herbeigeschleppt und lagen an den Toren der Parkanlagen[115]. Und wenn sie hereinkamen, um sich zu verantworten, galt es schon als ein Verbrechen, wenn sie sich einmal mit den Verschworenen gefreut, zufällig sich unterhalten hatten, unvorhergesehen ihnen begegnet waren, mit ihnen gespeist oder mit ihnen zusammen ein Schauspiel besucht hatten. Zu den brutalen Verhören des Nero und Tigellinus hinzu drangsalierte sie auch Faenius Rufus schwer, der, noch nicht von den Angebern mit Namen genannt, rücksichtslos gegen seine Mitverschworenen vorging, um sein Nichteingeweihtsein glaubhaft zu machen. Auch winkte er dem Subrius Flavius, der neben ihm stand und ihm zuwinkte, ob er nicht mitten in dem Verhör sein Schwert ziehen und den Mord vollziehen solle, ab und lähmte dessen plötzlichen Entschluß, als er schon die Hand an den Griff legte.

(59) Als nun die Verschwörung verraten war, forderten einige Teilnehmer während des Verhörs des Milichus und der Unentschlossenheit des Scaevinus, Piso auf, in die Kaserne zu gehen oder die Rednerbühne zu besteigen und zu versuchen, die Soldaten und das Volk für sich zu gewinnen. Wenn sich die Mitverschworenen seinem Vorgehen anschließen, würden auch bisher Unbeteiligte nachfolgen. Sei erst einmal eine Unternehmung in Gang gebracht, so rede man überall von ihr, was bei Umsturzplänen von größter Bedeutung sei. Nero habe für diesen Fall keine Vorkehrungen getroffen. Auch mutige Männer würden durch unerwartete Ereignisse in Schrecken versetzt, und es sei gar

nicht anzunehmen, daß jener Bühnenheld, natürlich in Begleitung von Tigellinus und seinen Mätressen, bewaffnete Gegenmaßnahmen ergreifen werde. Vieles, was tatenlosen Menschen zu schwierig erscheine, führe zum Erfolg, wenn man nur erst einen Versuch mache. Es sei vergeblich, bei der seelischen und körperlichen Verfassung so vieler Mitverschworenen auf Stillschweigen und Treue zu hoffen. Mit Marterungen und Belohnungen sei alles erreichbar. Man werde kommen, um auch ihn zu fesseln und schließlich einem schmählichen Tode zu überantworten. Wieviel rühmlicher werde er sterben, wenn er sich für das Gemeinwesen einsetze, wenn er Kämpfer für die Freiheit aufrufe! Mögen sich auch die Soldaten versagen, mag ihn das Volk im Stiche lassen, wenn nur er für seine Person vor den Vorfahren, vor der Nachwelt, sollte er verfrüht sein Leben lassen, mit seinem Tode bestehe. – Unbeeindruckt von diesen Vorstellungen hielt er sich noch ganz kurz außerhalb seines Hauses auf, dann zog er sich allein in dieses zurück und wappnete sich für seine letzte Stunde, bis ein Trupp Soldaten kam, für den Nero Rekruten oder Leute mit kurzer Dienstzeit ausgewählt hatte. Denn man fürchtete bei den altgedienten Soldaten Sympathie für Piso[116]. Er starb durch Öffnen der Adern an den Armen. Mit den häßlichen Schmeicheleien in seinem Testament für Nero trug er der Liebe zu seiner Gemahlin Rechnung, die, moralisch minderwertig und nur durch ihre körperliche Schönheit anziehend, von ihm aus der Ehe mit einem Freunde entführt worden war. Die Frau hieß Satria Galla, ihr früherer Mann Domitius Silus. Dieser sorgte durch seine Duldsamkeit, jene durch ihre Unzüchtigkeit dafür, daß Pisos schlechter Ruf sich als dauerhaft erwies[117].

(60) Der nächste Mord, den Nero vollziehen ließ, betraf den designierten Konsul Plautius Lateranus, und zwar hatte es Nero dabei so eilig, daß er ihm nicht einmal gestattete, seine Kinder zu umarmen, und ihm auch nicht die kurze Spanne Zeit ließ, sich für eine Todesart zu entscheiden. Er wurde an die für die Bestrafung von Sklaven vorbehaltene Stätte[118] geschleppt und von dem Tribunen Statius eigen-

händig umgebracht, wobei er in unerschütterlichem Schweigen verharrte, ohne dem Tribunen zum Vorwurf zu machen, daß er ja auch an der Verschwörung beteiligt sei.

Es folgte die Ermordung des Annaeus Seneca, die von dem Princeps mit besonderer Freude begrüßt wurde, nicht etwa, weil er von dessen unleugbarer Beteiligung an der Verschwörung erfahren hatte, sondern er wollte mit dem Schwerte wüten, wo das Gift keinen Erfolg gehabt hatte[119]. Denn Natalis war der einzige, der Aussagen machte, aber nur soweit, daß er zu dem kranken Seneca geschickt worden sei, um ihm einen Besuch zu machen und sich darüber zu beklagen, daß er es Piso verwehre, zu ihm zu kommen. Besser wäre es, wenn sie ihre Freundschaft in vertrautem Verkehr pflegen würden. Seneca habe geantwortet, gegenseitige Aussprachen und häufige Unterredungen seien keinem von beiden nützlich. Im übrigen hänge seine eigene Existenz von der Pisos ab. Der Tribun der Prätorianerkohorte Gavius Silanus erhielt den Befehl, diese Aussagen des Natalis dem Seneca zu überbringen und zu fragen, ob er sich zu den Worten des Natalis und zu seiner Erwiderung bekenne. Seneca war zufällig oder absichtlich an diesem Tage von Campanien zurückgekehrt und war vier Meilen von Rom auf seinem Landsitz abgestiegen. Dorthin kam der Tribun gegen Abend und sperrte das Landhaus durch Abteilungen von Soldaten ab. Dann gab er Seneca, der gerade mit seiner Gattin Pompeia Paulina und zwei Freunden speiste, die Aufträge des Imperators bekannt.

(61) Seneca antwortete, allerdings sei Natalis zu ihm geschickt worden und habe sich im Namen Pisos darüber beschwert, daß er seinen Besuch ablehne. Er selbst habe sich mit der Rücksichtnahme auf seine Gesundheit und mit dem Wunsch nach Ruhe entschuldigt. Das Wohl eines Privatmannes seiner eigenen Existenz vorzuziehen, dazu habe er keine Veranlassung gehabt. Auch habe er keine Veranlagung zu Schmeicheleien. Das wisse niemand besser als Nero, der öfters mit dem Freimut Senecas als mit seiner Unterwürfigkeit Bekanntschaft gemacht habe. Als dies von dem Tribu-

nen in Anwesenheit von Poppaea und Tigellinus berichtet wurde – sie waren des rasenden Princeps engste Berater –, fragte Nero, ob Seneca Vorkehrungen treffe zu einem freiwilligen Tode. Darauf versicherte der Tribun, er habe keine Zeichen von Furcht, keine Spur von Niedergeschlagenheit in seinen Worten oder in seiner Miene entdecken können. Und so erhielt er den Befehl, nochmals hinzugehen und ihm den Tod anzukündigen. Fabius Rusticus überliefert, der Tribun sei nicht auf dem gleichen Weg zurückgekehrt, auf dem er gekommen war, sondern habe einen Umweg gemacht zu dem Präfekten Faenius, dem er die Befehle des Caesars dargelegt und den er gefragt habe, ob er sie befolgen solle. Dieser habe ihn aufgefordert, sie zu vollziehen. Das Schicksal wollte es, daß sie alle sich feige benahmen. Auch Silanus gehörte ja zu den Verschworenen und vermehrte die Verbrechen, zu deren Bestrafung er seine Zustimmung gegeben hatte. Doch ersparte er es sich, mit Seneca persönlich zu sprechen und ihm vor Augen zu treten. Er schickte zu ihm einen von den Centurionen, der ihm ankündigen sollte, daß seine letzte Stunde gekommen sei.

(62) Seneca verlangte unerschrocken, die Niederschrift seines Testaments zu bringen. Als dies der Centurio ablehnte[120], wandte er sich an seine Freunde mit den Worten, da er ja gehindert werde, ihnen für ihre Verdienste den schuldigen Dank abzustatten, hinterlasse er ihnen das nunmehr einzige, jedoch auch das Schönste, das er besitze, das Bild seines Lebens. Wenn sie dies im Gedächtnis behielten, würden sie den Ruf einer edlen Bildung als Lohn für ihre so unerschütterliche Freundschaft davontragen. Zugleich suchte er durch allerlei Gespräche und dann wieder nachdrücklich im Tone der Zurechtweisung ihrem Weinen Einhalt zu gebieten und sie zu einer festen Haltung zurückzuführen, indem er fragte, wo denn die Lehren der Philosophie geblieben seien, wo die in so vielen Jahren geübte Einstellung auf drohende Gefahren. Wem sei die Grausamkeit Neros nicht bekannt gewesen? Es sei Nero ja nach der Ermordung seiner Mutter und seines Bruders nichts anderes

übriggeblieben, als auch seinen Erzieher und Lehrer umzubringen.

(63) Als er dieses und ähnliches, gleichsam für die Allgemeinheit berechnet, gesprochen hatte, umarmte er seine Gemahlin, und weil er jetzt um sie fürchtete, etwas weicher gestimmt, bat er sie inständig, ihren Schmerz zu mäßigen und sich ihm nicht ewig hinzugeben, sondern in der Betrachtung seines der Tugend gewidmeten Lebens die Sehnsucht nach dem Gatten durch tröstende edle Gedanken zu mildern. Seine Frau dagegen beharrte darauf, daß auch ihr der Tod bestimmt sei, und forderte die Hand des Mörders. Da sagte Seneca, der ihrem rühmlichen Entschluß nichts in den Weg legen wollte, zugleich in der Furcht, er müsse die von ihm einzig Geliebte Mißhandlungen überlassen: „Ich habe dir die Mittel gezeigt, die das Leben erträglicher machen, du ziehst es vor, rühmlich zu sterben. Ich werde diesem deinem löblichen Entschluß nichts in den Weg legen. Mögen wir beide die gleiche feste Haltung bei diesem tapferen Sterben zeigen und dein Ende rühmlicher sein!" Darauf öffneten sie sich beide gleichzeitig die Pulsadern. Weil bei Senecas durch Alter und spärliche Nahrung geschwächtem Körper das Blut nur langsam abfloß, öffnete er auch die Adern an den Schenkeln und Kniekehlen. Von schweren Schmerzen erschöpft, riet er seiner Gattin, um nicht ihre mutige Haltung durch seine Schmerzen zu erschüttern und seinerseits durch den Anblick ihrer Qualen in einen Zustand des Schwachwerdens zu verfallen, in ein anderes Gemach zu gehen. Und da ihn auch im letzten Augenblick seine Beredsamkeit nicht im Stich ließ, rief er seine Schreiber herbei und diktierte ihnen längere Ausführungen, die im Wortlaut veröffentlicht worden sind, weshalb ich mir es erspare, sie umgeformt wiederzugeben[121].

(64) Aber da Nero keinen persönlichen Haß gegen Paulina hegte und er vermeiden wollte, daß die Empörung über seine Grausamkeit weiter um sich greife, befahl er, ihren Tod zu verhindern. Auf Zureden der Soldaten verbanden die Sklaven und Freigelassenen ihre Arme und stillten das

Blut, wobei man nicht weiß, ob sie es bemerkte. Denn bei der Neigung der großen Masse, immer das Schlechtere anzunehmen, glaubten manche, solange sie Neros Unversöhnlichkeit gefürchtet habe, sei ihr der Ruhm eines gemeinsamen Todes mit ihrem Manne erwünscht gewesen, dann aber, als sich die Aussicht zeigte, gelinder davonzukommen, seien die Verlockungen des Lebens über sie Herr geworden. Sie lebte dann noch einige Jahre in löblichem Gedenken an ihren Mann mit so bleichem und fahlem Gesicht und Körper, daß man deutlich sah, wieviel sie von ihrer Lebenskraft eingebüßt hatte.

Indessen bat Seneca, da bei ihm das Verbluten nur langsam vor sich ging und das Sterben sich verzögerte, seinen lange bewährten treuen Freund und Arzt Statius Annaeus, das schon lange vorgesehene Gift zu holen, mit dem in Athen die von einem staatlichen Gericht Verurteilten hingerichtet wurden[122]. Man brachte es, und er trank es, doch ohne daß es wirkte. Denn seine Glieder waren schon erkaltet und der Körper nahm das Gift nicht mehr in sich auf. Zuletzt stieg er in ein Bassin mit heißem Wasser, und während er die zunächst stehenden Sklaven bespritzte, sagte er, er weihe dieses Naß Iuppiter, dem Befreier. Dann ließ er sich in das Dampfbad bringen, wo er erstickte. Darauf wurde er ohne jede Leichenfeier verbrannt. So hatte er es in seinem Testament angeordnet schon zu einer Zeit, da er als ein ungeheuer begüterter und einflußreicher Mann für sein Lebensende vorsorgte.

(65) Es ging das Gerücht, Subrius Flavus habe mit den Centurionen in einer geheimen Beratung, jedoch nicht ohne Senecas Wissen, ausgemacht, wenn Nero mit Hilfe Pisos ermordet sei, solle auch Piso umgebracht und die Regierung Seneca übergeben werden als einem Schuldlosen, der zu der höchsten Stellung lediglich aufgrund seiner rühmlichen Tugenden erwählt worden sei. Ja, es gingen sogar die Worte des Flavus um, es sei die gleiche Schande, wenn ein Zitherspieler beseitigt werde und dafür ein tragischer Bühnenheld der Nachfolger sei. Denn wie Nero zur Zither, so pflegte Piso im Kostüm eines tragischen Schauspielers zu singen.

(66) Doch auch die Verschwörung der Soldaten ließ sich nicht weiter verheimlichen, da die Erbitterten bei ihren Aussagen Faenius verrieten, dessen Doppelrolle als Mitverschworener und Untersuchungsrichter sie nicht hinnehmen wollten. Wie also dieser die Angeklagten bedrängte und bedrohte, sagte Scaevinus grinsend, keiner wisse mehr als er selbst. Dazu forderte er ihn auf, sich einem so gütigen Princeps dankbar zu erweisen[123]. Darauf fand Faenius keine Antwort. Aber er schwieg auch nicht, sondern brachte seine Worte nur stotternd vor und die Angst stand ihm im Gesicht. Da auch die übrigen und besonders Cervarius Proculus, ein römischer Ritter, ihn zu überführen suchten, wurde er auf Befehl des Imperators von dem Soldaten Cassius, der wegen seiner hervorragenden Körperkraft zugezogen war, ergriffen und gefesselt.

(67) Bald darauf wurde durch die Anzeige der gleichen Männer der Tribun Subrius Flavus ins Verderben gestürzt. Zu seiner Verteidigung berief er sich zuerst darauf, daß er in seinem Charakter von den Verschworenen ganz verschieden sei, er, als Mann des Waffenhandwerks, hätte sich doch nicht mit verweichlichten Zivilisten zu einem solch schweren Verbrechen verbündet. Wie er dann ins Gedränge kam, glaubte er, Ruhm in einem Geständnis zu finden. Von Nero gefragt, aus welchen Beweggründen er sich so weit habe hinreißen lassen, seinen Fahneneid zu vergessen, sagte er: „Ich haßte dich. Keiner der Soldaten ist dir treuer gewesen, solange du Liebe verdient hast. Zu hassen habe ich begonnen, als du der Mörder deiner Mutter und deiner Gattin, Wagenlenker, Schauspieler und Brandstifter geworden bist." Ich habe hier seine eigenen Worte berichtet, weil sie nicht, wie die Senecas, bekanntgeworden sind und weil es nicht weniger am Platz war, die ungeschminkte, mannhafte Gesinnung des Soldaten kennenzulernen. Es stand fest, daß bei der ganzen Verschwörung nichts Bedrückenderes Nero zu Ohren kam, da er zwar gleich bereit war, Verbrechen zu begehen, aber nicht gewohnt, von ihrer Ausführung zu hören. Die Bestrafung des Flavus wurde dem Tribunen Veianius Niger über-

tragen. Dieser ließ in nächster Nähe auf einem Felde eine Grube ausheben, die Flavus als zu nieder und zu eng tadelte, indem er zu den herumstehenden Soldaten sagte: „Nicht einmal dies nach Vorschrift!“ Aufgefordert, seinen Hals mutig vorzubeugen, sagte er: „Wenn nur du so mutig draufhaust!“ Obgleich dieser heftig zitterte, so daß er nur mit Mühe ihm den Kopf abschlug und dazu zwei Hiebe brauchte, prahlte er noch vor Nero mit seiner Grausamkeit mit den Worten, er habe ihn mit anderthalb Hieben umgebracht.

(68) Der nächste, der ein Beispiel seiner Standhaftigkeit gab, war der Centurio Sulpicius Asper. Auf die Frage Neros, warum er sich zu seiner Ermordung verschworen habe, gab er die kurze Antwort, man habe sich gegen sein so vielfaches frevelhaftes Treiben nicht anders helfen können. Darauf erlitt er die befohlene Strafe. Und auch die übrigen Centurionen nahmen in edler Haltung ihre Hinrichtung auf sich. Dagegen zeigte Faenius Rufus nicht die gleiche Gesinnung: er verlegte sich aufs Jammern, das er sogar in sein Testament übertrug.

Nero wartete darauf, daß auch der Konsul Vestinus in die Anklage einbezogen werde, da er ihn für einen gewalttätigen Feind hielt. Aber die Verschworenen hatten Vestinus in ihre Pläne nicht eingeweiht, einige, weil sie schon seit langem mit ihm Streitigkeiten hatten, die Mehrzahl, weil sie ihn für unberechenbar und unverträglich hielten. Übrigens war der Haß Neros gegen Vestinus gerade aus ihrem sehr engen kameradschaftlichen Verhältnis entstanden, da Vestinus die Feigheit des Princeps durch und durch erkannte und ihn daher verachtete, während dieser die Brutalität des Freundes fürchtete, der ihn öfters mit beißendem Witz verspottete, der ja, wenn er sich weitgehend auf Wahrheit stützt, einen scharfen Stachel in der Erinnerung zurückläßt. Dazu war ein Anlaß aus jüngster Zeit gekommen: Vestinus hatte Statilia Messalina[124] geheiratet, obwohl er wußte, daß einer ihrer Liebhaber auch der Caesar war.

(69) Da nun keine Anklage und auch kein Kläger vorhanden war und Nero sich nicht die Rolle eines Richters anmaßen konnte, griff er zu der Gewalt, über die er in

seiner Herrscherstellung verfügte, und schickte den Tribunen Gerellanus und eine Kohorte Soldaten mit dem Befehl, den Maßnahmen des Konsuls zuvorzukommen, sein festungsähnliches Haus zu besetzen und die dortige auserlesene Mannschaft zu überwältigen. Denn Vestinus besaß ein Haus oberhalb des Forums und eine stattliche Schar von Sklaven, die alle in gleichem Alter standen. An diesem Tage hatte Vestinus alle seine Amtspflichten bereits erledigt und saß bei einem Gastmahl, ohne irgend etwas zu befürchten, vielleicht auch, um dies nicht merken zu lassen, als die Soldaten eindrangen und erklärten, der Tribun rufe ihn heraus. Er erhob sich ohne jedes Zögern, und alles spielte sich in einem Augenblick ab: er wird in sein Schlafzimmer eingeschlossen, ein Arzt ist schon zur Stelle, seine Adern werden geöffnet, noch bei vollen Kräften wird er in das Bad getragen und in das heiße Wasser untergetaucht, ohne daß er ein Wort hätte verlauten lassen, mit dem er sein Schicksal bejammerte. Seine Tischgäste wurden inzwischen von Wachen umringt und erst spät in der Nacht entlassen, nachdem Nero sich ihre Angst, vom Tische weg ihr Ende erwarten zu müssen, ausgemalt und spottend gesagt hatte, sie hätten nun für das Essen bei einem Konsul genug Strafe bezahlt.

(70) Dann befahl er, Annaeus Lucanus zu ermorden. Als dieser sein Blut verströmte und merkte, wie seine Füße und Hände kalt wurden und die Lebenskraft allmählich aus seinen äußersten Körperteilen entwich, während sein Herz noch warm und er selbst noch bei Besinnung war, erinnerte er sich an ein von ihm verfaßtes Gedicht, in dem er einen verwundeten Soldaten in gleicher Weise hatte sterben lassen, und trug die entsprechenden Verse vor[125], die seine letzten Worte waren. Dann kamen Senecio, Quintianus und Scaevinus an die Reihe, die nicht so starben, wie man es nach ihrem bisherigen weichlichen Lebenswandel hätte erwarten sollen, dann die übrigen Verschworenen, doch ohne eine bemerkenswerte Handlung oder Äußerung.

(71) Aber inzwischen häuften sich in der Stadt die Leichen, auf dem Capitol die Opfertiere. Dem einen war ein

Sohn, dem anderen ein Bruder oder Verwandter oder Freund ermordet worden, und sie selbst sagten den Göttern Dank, schmückten den Palast[126] Neros mit Lorbeer, warfen sich ihm zu Füßen und wurden nicht müde, ihm die Hand zu küssen. Er hielt dies für eine Freudenkundgebung und belohnte Antonius Natalis und Cervarius Proculus für ihre eiligen Anzeigen mit Straflosigkeit. Milichus wurde reichlich belohnt und legte sich den Namen „Retter" auf Griechisch bei. Von den Tribunen beging Gavius Silvanus, obgleich er freigesprochen worden war, Selbstmord, Statius Proxumus machte den Freispruch, den er von dem Imperator erlangt hatte, durch einen leichtfertigen Tod[127] nachher hinfällig. Dann wurden als Tribunen abgesetzt ... Pompeius[128], Cornelius Martialis, Flavius Nepos, Statius Domitius, nicht etwa weil sie den Princeps wirklich gehaßt hätten, sondern nur, weil man dies von ihnen annahm. Novius Priscus wurde wegen seiner Freundschaft mit Seneca verbannt, ebenso Glitius Gallus und Annius Pollio[129], die zwar verdächtigt, aber nicht überführt worden waren. Priscus wurde von seiner Gemahlin Artoria Flacilla begleitet, Gallus von Egnatia Maximilla, die zuerst noch ihr großes Vermögen unangetastet behielt, das ihr aber dann entrissen wurde, was beides zur Erhöhung ihres Ruhmes beitrug[130]. Ausgewiesen wurde auch Rufrius Crispinus[131], wozu die Verschwörung günstige Gelegenheit gab. In Wirklichkeit war er Nero verhaßt, weil er früher mit Poppaea verheiratet gewesen war. Verginius Flavus und Musonius Rufus[132] hatten ihre Verbannung ihrem berühmten Namen zu verdanken. Denn Verginius förderte die Bildung der Jugend durch seine Beredsamkeit, Musonius durch seine philosophischen Lehren. Und Cluvidienus Quietus, Iulius Agrippa, Blitius Catulinus, Petronius Priscus und Iulius Altinus wurden, gleichsam um den Zug[133] und die Zahl abzurunden, einer Insel des Ägäischen Meeres anvertraut. Cadicia aber, der Gattin des Scaevinus, und Caesennius Maximus wurde nur der Aufenthalt in Italien verboten. Daß sie angeklagt worden waren, erfuhren sie nur durch ihre Bestrafung. Acilia, die

Mutter des Annaeus Lucanus, wurde weder freigesprochen noch bestraft. Man tat so, als wäre sie nicht vorhanden.

(72) Als Nero diese Maßnahmen durchgeführt hatte, hielt er eine Soldatenversammlung ab[134] und verteilte unter den gemeinen Soldaten pro Kopf zweitausend Sesterzen, wozu er eine kostenlose Spende von Getreide fügte, für das sie bisher den üblichen Marktpreis hatten bezahlen müssen. Darauf berief er, als ob er von Kriegstaten Bericht erstatten wolle, den Senat und teilte die Triumphehrenzeichen dem Konsular Petronius Turpilianus, dem designierten Prätor Cocceius Nerva[135] und dem Prätorianerpräfekten Tigellinus zu, wobei er dem Tigellinus und Nerva so hohe Ehre zukommen ließ, daß er zu ihren Triumphbildern auf dem Forum hinzu auch ihre Standbilder auf dem Palatium aufstellen ließ. Die konsularischen Ehrenzeichen erhielt Nymphidius[136], über den ich, da er hier uns zum erstenmal begegnet, einiges kurz rückgreifend mitteilen möchte. Denn auch er wird in der Reihe der römischen Schicksalsschläge eine Rolle spielen[137]. Von einer Freigelassenen geboren, die ihren schönen Körper den Sklaven und Freigelassenen der Herrscher preisgegeben hatte, gab er an, er sei der Sohn des C. Caesar, weil er zufällig von hoher Gestalt war und ein finsteres Gesicht hatte oder auch weil C. Caesar in seinem Hang auch zu Dirnen sich sogar mit dessen Mutter abgegeben hatte . . .[138]

(73) Aber Nero gab nach seiner Rede im Senat einen Erlaß an das Volk bekannt, dem er die in die Protokolle eingetragenen Anzeigen und Geständnisse der Verurteilten beifügte. Denn er fühlte sich durch das überall in dem Volk umgehende Gerücht, er habe das Leben berühmter, unschuldiger Personen aus Haß oder Angst ausgelöscht, schwer getroffen. Daß übrigens eine Verschwörung angezettelt worden sei, daß sie um sich gegriffen habe und niedergeschlagen worden sei, bezweifelte damals niemand, dem es darum zu tun war, die Wahrheit kennenzulernen, und dies gaben auch diejenigen zu, die nach Neros Tod nach Rom zurückkehrten. Aber während im Senat sich alle und gerade die vom größ-

ten Leid Betroffenen niedriger Schmeichelei hingaben, schalt den Iunius Gallio[139], der durch den Tod seines Bruders Seneca in Angst versetzt war und um sein eigenes Leben flehte, Salienus Clemens heftig und nannte ihn einen Staatsfeind und Vatermörder[140], bis ihn die Väter einmütig zurechtwiesen mit der Warnung, den Anschein zu vermeiden, das Unglück des Gemeinwesens zur Befriedigung seines persönlichen Hasses auszunützen und, was dank der Milde des Princeps beigelegt und begraben sei, zu neuem grausamem Geschehen wiederaufzuwühlen.

(74) Dann wurden Geschenke und Dankfeiern für die Götter beschlossen sowie eine besondere Ehrung für den Sonnengott – er hat einen alten Tempel im Circus, in dem das Verbrechen vor sich gehen sollte –, weil er durch sein Walten die heimliche Verschwörung aufgedeckt habe. Auch sollten die circensischen Spiele beim Ceresfest mit einem größeren Wagenrennen gefeiert werden und der Monat April den Namen Nero erhalten[141], ferner der Salus ein Tempel an der Stelle errichtet werden . . .[142], aus dem Scaevinus den Dolch geholt hatte. Nero selbst weihte den Dolch auf dem Capitol und ließ die Inschrift anbringen IOVI VINDICI[143]. Im Augenblick schenkte man ihr keine weitere Beachtung. Nach der bewaffneten Erhebung des Iulius Vindex[144] wurde sie als Vorbedeutung und Voraussage der später erfolgten Rache gedeutet. Ich finde in den Senatsprotokollen, der designierte Konsul Cerialis Anicius[145] habe bei seiner Stimmabgabe erklärt, es solle dem vergöttlichten Nero so rasch wie möglich auf Staatskosten ein Tempel errichtet werden. Freilich ging er bei diesem Antrag davon aus, daß Nero über höchste menschliche Größe hinausgewachsen sei und göttliche Verehrung seitens der Menschen verdient habe – durch deren Haß eben dieser Tempel zur Vorbedeutung seines baldigen Todes werden sollte[146]. Denn göttliche Verehrung wird einem Princeps erst dann zuteil, wenn er aufgehört hat, unter den Menschen zu wirken[147].

BUCH XVI

(1) Nun trieb Fortuna mit Nero ihr Spiel. Daran waren seine persönliche Eitelkeit schuld sowie die Versprechungen des Caesellius Bassus, eines Mannes von punischer Abkunft, der ein Wirrkopf war. Von einem Traum, den er hatte, ließ er sich zu der Hoffnung verleiten, dieser werde sich bestimmt verwirklichen. Er fuhr nach Rom, erkaufte sich den Zugang zum Princeps und erzählte ihm, auf seinem Grundstück habe er eine riesig tiefe Höhle entdeckt, in der eine große Menge Gold sei, nicht gemünzt, sondern in rohen altertümlichen Gewichtsstücken. Auf der einen Seite lägen überaus schwere Barren, auf der anderen stünden ganze Stangen. Diese seien so lange Zeit verborgen worden, damit sie den Reichtum der Gegenwart vermehren. Im übrigen – darauf wies er nur vermutungsweise hin – habe die Phönizierin Dido bei ihrer Flucht von Tyrus diese Schätze nach der Gründung Carthagos verborgen, damit nicht die neue Gemeinde durch allzu vieles Geld leichtsinnig werde oder die numidischen Könige, ohnehin schon feindlich gesinnt, sich durch ihr Verlangen nach Gold zu einem Krieg hinreißen ließen.

(2) Ohne nun die Glaubwürdigkeit des Erzählers oder die Sache selbst recht geprüft oder Leute zur Erkundung geschickt zu haben, ob das Berichtete auch wahr sei, gab Nero seinerseits dem Gerücht weitere Nahrung und sandte Boten ab, die die Beute, als ob sie schon bereitläge, herbeischaffen sollten. Es wurden Triremen mitgegeben und eine auserlesene Rudermannschaft, um die Fahrt zu beschleunigen. Über nichts anderes sprach in diesen Tagen das Volk, leichtgläubig die einen, während die Einsichtigen sich gegen das Gerücht wandten. Man feierte gerade zum zweitenmal das Quinquennalien-Spiel[1], wobei dieses den Rednern den Hauptstoff

zum Preise des Princeps lieferte: nicht allein die üblichen Feldfrüchte und in den Bergwerken das mit anderen Metallen vermischte Gold spende die Erde, sondern in einer noch nie erlebten Fruchtbarkeit erschließe sich die Erde und die Götter stellten ungesuchte Schätze zur Verfügung, und was sie sonst noch mit größter Beredsamkeit und mit nicht geringerer Schmeichelei in ihrer Unterwürfigkeit sich ausdachten, der Leichtgläubigkeit Neros gewiß.

(3) Einstweilen steigerte sich seine Verschwendungssucht aufgrund der eitlen Hoffnung. Die von früher überkommenen Mittel wurden verbraucht, als hätte er neue zur Verfügung, die er jahrelang verschwenden könnte. Ja er machte davon bereits Schenkungen. So wurde die Hoffnung auf Reichtum zu einer der Ursachen für die Armut des Gemeinwesens. Denn Bassus hatte sein Grundstück umgegraben und auch in weitem Umkreis das Ackerland. Er hatte bald diesen, bald jenen Platz als den Ort der verheißenen Höhle angegeben, wobei nicht nur die Soldaten mitliefen, sondern auch die für die Grabarbeiten zugezogene Landbevölkerung. Endlich gab Bassus sein wahnwitziges Unterfangen auf und versicherte, seine Träume seien zwar bisher stets eingetroffen; er habe sich jetzt zum ersten Male getäuscht. Der Schande und der Angst entzog er sich durch einen freiwilligen Tod. Manche haben überliefert, er sei ins Gefängnis geworfen, aber bald wieder freigelassen worden, nachdem man ihm sein Vermögen statt des königlichen Schatzes abgenommen habe.

(4) Indessen bot der Senat – die alle fünf Jahre stattfindenden Wettspiele standen bevor[2] – dem Imperator den Siegespreis im Gesang an und fügte den Ehrenkranz für Beredsamkeit hinzu, um das häßliche Auftreten als Schauspieler zu verhüllen. Aber Nero erklärte, er benötige keineswegs die Begünstigung und das Machtwort des Senats. Er stehe gleich auf gleich mit den anderen Bewerbern und werde nur durch die gewissenhafte Entscheidung der Kampfrichter sich den verdienten Preis erwerben. So las er denn zuerst ein Gedicht auf der Bühne vor, und als ihn dann das

Publikum bestürmte, alle seine Künste zum besten zu geben – so drückte es sich aus –, erschien er auf der Bühne des Theaters[3], wobei er sich an alle Regeln des Zitherspiels hielt: er setzte sich nicht, wenn er müde wurde, er wischte sich den Schweiß nur mit dem Kleide ab, das er trug, und man konnte ihn weder ausspucken noch sich schneuzen sehen. Zuletzt beugte er das Knie, huldigte mit einer Handbewegung den Versammelten und wartete mit geheucheltem Bangen auf die Sprüche der Richter. Und der Stadtpöbel, gewohnt, auch die Schauspieler bei ihren Gesten zu unterstützen, erfüllte den Theaterraum mit seinem taktmäßigen Beifallsklatschen. Man hätte glauben können, es sei der Ausdruck der Freude. Und vielleicht freuten sie sich auch in ihrer Unbekümmertheit um den Frevel, der an dem Gemeinwesen verübt wurde.

(5) Aber alle die Leute, die aus den entfernten Landstädten und aus dem immer noch an den alten, strengen Sitten festhaltenden Italien gekommen waren, ferner alle, die, ohne in den entlegenen Provinzen mit dem leichtsinnigen Leben in Rom Bekanntschaft gemacht zu haben, dorthin als Gesandte oder in privaten Geschäften eine Reise gemacht hatten, konnten den Anblick dieses Treibens nicht ertragen, auch reichten ihre Kräfte für die schändliche Mühe nicht aus, da ihre ungeübten Hände versagten und sie Verwirrung unter den Leuten, die sich darauf verstanden, stifteten und oft von den Soldaten geprügelt wurden, die in den Gängen standen, um darüber zu wachen, daß in keinem einzigen Augenblick das Beifallsgeschrei ungleichmäßig werde oder ein lahmes Stillschweigen eintrete. Es steht fest, daß eine ganze Anzahl Ritter, als sie sich durch die beengten Zugänge und durch die eindringende Menschenmasse Bahn zu brechen suchten, niedergetrampelt wurde, während andere Tag und Nacht auf ihren Plätzen ausharrten und auf den Tod erkrankten. Denn noch Schlimmeres hatten sie zu befürchten, falls sie dem Schauspiel fernblieben, da viele Aufpasser, offene und noch mehr geheime, die Namen und Mienen der Besucher, deren Freude und Traurigkeit erforschten. Und so wurde

über die Angehörigen niederen Standes sofort die Todesstrafe verhängt, bei den hochgestellten Persönlichkeiten ließ man für den Augenblick den Haß nicht merken, um ihn dann später sich auswirken zu lassen. Man erzählte, Vespasian sei, als er wie im Schlaf die Augen schloß, von dem Freigelassenen Phoebus hart angefahren und nur mit Mühe durch die Bitten der Bessergesinnten geschützt worden; auch sei er später dem drohenden Verderben nur dadurch entronnen, daß ihn das Schicksal zu höheren Aufgaben berufen habe[4].

(6) Nach der Beendigung der Spiele starb Poppaea. Bei einem plötzlichen Zornausbruch hatte der Gemahl der schwangeren Frau einen Fußtritt versetzt. An Gift möchte ich nicht glauben, obgleich dies einige Schriftsteller berichten, mehr aus Haß, als weil es der Wahrheit entspräche[5]. Denn Nero wollte Kinder haben und war seiner Gemahlin in Liebe zugetan. Ihr Leichnam wurde nicht verbrannt, wie es römische Sitte war, sondern, wie es bei ausländischen Königen Gewohnheit ist, einbalsamiert und in der Gruft der Iulier beigesetzt[6]. Doch wurde ein öffentliches Leichenbegängnis veranstaltet, und Nero pries auf der Rednerbühne ihre Schönheit, auch daß sie Mutter eines göttlichen Kindes[7] gewesen sei. Noch andere Gaben des Glücks hob er hervor – in Ermangelung von Tugenden.

(7) Den Tod Poppaeas, der zwar in der Öffentlichkeit betrauert, aber auch im Gedenken an ihre Lasterhaftigkeit und Grausamkeit freudig begrüßt wurde, ergänzte eine neue empörende Handlung[8] Neros: er hinderte C. Cassius[9], an dem Leichenbegängnis teilzunehmen. Das war das erste Anzeichen seines Sturzes. Und dieser ließ nicht lange auf sich warten. Doch auch Silanus wurde in diesen hineingezogen. Es lag keine Beschuldigung gegen ihn vor, es sei denn, daß Cassius sich durch ererbten Reichtum und durch seinen sittlichen Ernst, Silanus[10] durch die Berühmtheit seines Geschlechtes und durch seine jugendliche Bescheidenheit hervortaten. So schickte Nero denn an den Senat eine Botschaft, es seien beide von der politischen Bühne zu entfernen. Dem

Cassius warf er vor, er habe unter den Bildern seiner Vorfahren auch das des Cassius[11] aufgestellt mit der Inschrift „Dem Parteiführer". Damit habe er versucht, die Saat zu einem Bürgerkrieg auszustreuen und den Abfall von dem Hause der Caesaren anzubahnen. Und damit nicht zufrieden, die Erinnerung an einen verhaßten Namen zur Erregung von Zwietracht auszunützen, habe er Silanus hinzugezogen, einen Jüngling aus vornehmem Geschlecht, um ihn für einen Staatsstreich zu präsentieren.

(8) Darauf fuhr er über den Silanus mit den gleichen Beschuldigungen wie über seinen Oheim Torquatus[12] her, er verteile bereits die Regierungsgeschäfte und setze Freigelassene über die Finanzverwaltung und über die Staatskanzleien für Bittschriften und für Briefe, lauter ebenso nichtssagende wie falsche Beschuldigungen. Denn Silanus stand zu sehr unter dem Druck seiner Furcht, und das Ende seines Oheims hatte ihn so erschreckt, daß er auf der Hut war. Darauf wurden sogenannte Angeber in den Senat geführt, die der Lepida[13], der Gemahlin des Cassius und der Tante des Silanus, Blutschande mit dem Sohn ihres Bruders und abscheuliche religiöse Gebräuche[14] andichten sollten. Einbezogen wurden als Mitwisser die Senatoren Volcacius Tullinus und Marcellus Cornelius sowie der römische Ritter Calpurnius Fabatus[15]. Diese legten Berufung bei dem Princeps ein, verzögerten so die drohende Verurteilung und kamen dann später als Personen von minderer Bedeutung davon, da Nero mit Schandtaten größten Stiles voll in Anspruch genommen war.

(9) Darauf wurden durch Senatsbeschluß Cassius und Silanus mit Verbannung bestraft. Über Lepida sollte der Caesar entscheiden. Cassius wurde auf die Insel Sardinien deportiert, wobei man mit seinem hohen Alter rechnete[16]. Silanus wurde unter dem Vorgeben, er werde nach Naxos überführt, nach Ostia entfernt, dann in einer Landstadt Apuliens namens Barium[17] eingekerkert. Während er dort sein so unwürdiges Schicksal mit Weisheit auf sich nahm, fiel er einem Centurio, der zu seiner Ermordung abgeschickt worden war, in die Hände. Als dieser ihm riet, sich die

Adern zu öffnen, sagte er, er sei zwar auf den Tod vorbereitet, aber er erlasse seinem Mörder nicht den Ruhm seiner Mithilfe. Wie jedoch der Centurio den zwar unbewaffneten, aber ungewöhnlich starken Mann eher zornig als furchtsam sah, befahl er den Soldaten, ihn zu knebeln. Doch wehrte sich Silanus nach Kräften und schlug um sich, soweit ihm dies mit bloßen Händen möglich war, bis er, von dem Centurio von vorn mehrfach verwundet, wie in einer Schlacht zu Boden sank.

(10) Nicht weniger gefaßt gingen L. Vetus[18], seine Schwiegermutter Sextia und seine Tochter Pollitta in den Tod. Sie waren dem Princeps verhaßt. Er empfand ihr weiteres Leben als einen Vorwurf wegen der Ermordung des Rubellius Plautus[19], des Schwiegersohnes des Lucius Vetus. Aber den Anlaß, seine Grausamkeit zu enthüllen, gab der Freigelassene Fortunatus, der zuerst sich an dem Besitztum seines Herrn vergriffen hatte und dann dazu überging, ihn anzuklagen. Er zog Claudius Demianus hinzu, den Vetus als Prokonsul von Asien wegen seiner Verbrechen verhaftet hatte und den jetzt Nero als Lohn für seine Anklage wieder freiließ. Als dies der Angeklagte erfuhr, zugleich daß ihm sein Freigelassener Fortunatus vor Gericht als gleichberechtigter Kläger gegenübergestellt werde[20], begab er sich auf seine Besitzungen nach Formiae[21]. Dort wurde er unter die geheime Bewachung von Soldaten gesetzt. Seine Tochter war bei ihm. Sie war, abgesehen von der unmittelbar drohenden Gefahr, durch das lange Leid verbittert, seitdem sie die Mörder ihres Gemahls Plautus gesehen hatte; damals hatte sie seinen blutigen Nacken umschlungen und bewahrte nun sein Blut und die blutbespritzte Kleidung auf, als eine Witwe, die dauernd in ihre Trauer versponnen war und nur so viel Nahrung zu sich nahm, daß sie dem Hungertod entging. Jetzt reiste sie, von ihrem Vater aufgefordert, nach Neapel. Da sie bei Nero nicht vorgelassen wurde, stellte sie sich ihm jedesmal, wenn er ausging, in den Weg und bat ihn, er solle doch ihren unschuldigen Vater anhören und nicht seinen einstigen Amtsgenossen im Konsulat einem Freigelas-

senen preisgeben, wobei sie das eine Mal in ein weibliches Geheul, dann wieder, ihr Geschlecht verleugnend, in ein drohendes Geschrei ausbrach, bis der Princeps unmißverständlich zu erkennen gab, daß er sich ebensowenig durch Bitten wie durch Haß rühren lasse.

(11) So teilte sie denn dem Vater mit, er müsse die Hoffnung aufgeben und sich in das Unvermeidliche fügen. Zugleich wurde die Nachricht überbracht, eine Untersuchung seitens des Senats werde in Gang gebracht und es sei ein hartes Urteil zu erwarten. Es fehlte auch nicht an Stimmen, die ihm rieten, den Caesar für einen großen Teil seines Vermögens als Erben einzusetzen und so den Rest für seine Enkel[22] zu sichern. Er lehnte dies ab und verschenkte, um nicht sein in fast völliger Unabhängigkeit verbrachtes Leben zuletzt noch durch eine sklavische Gesinnung zu entweihen, sein Geld, soweit es verfügbar war, an seine Sklaven. Jeder solle soviel mitnehmen, als er wegschaffen könne, und nur drei Bettstellen sollten für die letzten Stunden dagelassen werden. Dann öffneten sie sich die Adern in dem gleichen Gemach und mit dem gleichen Messer und wurden eilends, jeder in ein Tuch schamhaft gehüllt, in das Bad getragen, wobei der Vater auf die Tochter, die Großmutter auf die Enkelin ihre Blicke richteten und alle wetteifernd füreinander beteten, der entgleitende Lebensodem möge rasch den Körper verlassen, damit sie die Ihrigen noch lebend und erst nach ihnen zum Sterben bestimmt zurückließen. Und das Schicksal wahrte die natürliche Reihenfolge: zuerst starben die Älteren, dann sie, die noch in der Blüte ihrer Jugend stand. Angeklagt wurden sie erst nach ihrer Beisetzung. Man beschloß, sie nach der Sitte der Vorfahren zu bestrafen[23]. Doch Nero erhob Einspruch: er stelle ihnen die Todesart frei. Solcher Hohn folgte dem bereits vollzogenen Mord.

(12) Der römische Ritter Publius Gallus wurde geächtet, weil er mit Faenius Rufus[24] eng befreundet war und dem Vetus nahegestanden hatte. Dem Freigelassenen, der als Ankläger aufgetreten war, wurde als Belohnung für seine Bemühung ein Platz im Theater unter den tribunizischen

Amtsdienern[25] gewährt. Die Namen der dem Aprilis – er hatte auch den Namen Neroneus – folgenden Monate wurden geändert: der Maius erhielt den Namen Claudius, der Iunius den Namen Germanicus[26], wobei der Antragsteller Cornelius Orfitus[27] zur Begründung anführte, es seien schon zwei Männer mit dem Namen Torquatus[28] als Verbrecher hingerichtet worden und sie hätten damit dem Namen Iunius eine unheilvolle Vorbedeutung gegeben.

(13) Dem durch so viele Greueltaten befleckten Jahr gaben auch noch die Götter durch Unwetter und Krankheiten ein besonderes Gepräge. Campanien wurde durch einen Orkan verwüstet, der überall Landhäuser zerstörte, Bäume entwurzelte, Feldfrüchte vernichtete und bis in die Nähe von Rom tobte. In der Stadt selbst wütete unter allen Bevölkerungsschichten eine schwere Seuche, ohne daß eine abnorme Witterung geherrscht hätte. In den Häusern häuften sich die Leichen und in den Straßen die Leichenzüge. Kein Geschlecht, kein Alter blieb verschont. Sklaven wie auch die freigeborenen Bürger wurden plötzlich inmitten ihrer jammernden Frauen und Kinder weggerafft, die, eben noch bei dem Toten sitzend und ihn beweinend, oft auf dem gleichen Scheiterhaufen verbrannt wurden. Der Tod von Rittern und Senatoren, obwohl er auch bei ihnen keine Ausnahme machte, gab weniger Anlaß zum Weinen; sie kamen ja bei dem allgemeinen Sterben dem Wüten des Princeps zuvor.

In dem gleichen Jahr fanden Aushebungen in dem narbonensischen Gallien, in Afrika und in Asien statt, um die Legionen in Illyricum aufzufüllen, bei denen die infolge von Alter und Krankheit nicht mehr tauglichen Leute ihres Fahneneides entbunden wurden. Lugdunum[29] bekam als Trost für das erlittene Unglück vier Millionen Sesterzen, um die Verluste der Stadt wieder auszugleichen. Die gleiche Summe hatte Lugdunum in früheren Notlagen Roms gespendet.

(14) Unter dem Konsulat des C. Suetonius und Luccius 66 n. Chr.
Telesinus[30] erfuhr Antistius Sosianus, der für Schmähgedichte, die er auf Nero verfaßt hatte, wie oben gesagt[31], mit

Verbannung bestraft worden war, welch hohe Ehre den Angebern zuteil werde und wie rasch der Princeps bereit zum Morden sei. Als ein unruhiger Kopf, der gleich zugriff, wenn sich eine günstige Gelegenheit bot, gewann er Pammenes, der, an den gleichen Ort verbannt und durch seine astrologische Kunst berüchtigt, über vielfache Freundschaftsverbindungen verfügte, als seinen Schicksalsgenossen für sich, wobei er annahm, es sei nicht von ungefähr, daß so häufig Boten und Anfragen zu diesem kommen. Zugleich erfuhr er, daß dieser von P. Anteius[32] ein Jahresgehalt beziehe. Auch war es ihm nicht unbekannt, daß Anteius wegen seiner Liebe zu Agrippina dem Nero verhaßt und sein Vermögen besonders geeignet war, die Habsucht Neros zu reizen, die ja schon vielen den Untergang gebracht hatte. Und so fing er einen Brief des Anteius ab, stahl auch Notizbücher, in denen Aufzeichnungen des Pammenes über den Geburtstag und das kommende Geschick des Anteius in Geheimschrift standen, und fand zugleich eine Niederschrift über Geburt und Leben des Ostorius Scapula[33]. Nun schrieb er an den Princeps, er werde ihm wichtige und für seine Sicherheit nützliche Eröffnungen machen, wenn ihm eine kurzfristige Aufhebung der Verbannung bewilligt werde. Denn Anteius und Ostorius seien eine Gefahr für den Staat und stellten Nachforschungen über ihr eigenes Schicksal sowie das des Caesars[34] an. Sofort wurden einige Jachten abgeschickt und Sosianus eilig herbeigeholt. Als seine Anzeige ruchbar wurde, galten Anteius und Ostorius schon eher für Verurteilte als für Beschuldigte, so daß niemand mehr das Testament des Anteius unterzeichnet hätte, wenn nicht Tigellinus dies dadurch veranlaßt hätte, daß er noch vor dem Erscheinen des Sosianus den Anteius aufforderte, mit der Niederschrift seines letzten Willens nicht zu zögern. Anteius nahm Gift, und ärgerlich über dessen langsame Wirkung, öffnete er sich die Adern und beschleunigte so seinen Tod.

(15) Ostorius war in diesen Tagen auf seinem fernen Landbesitz an der Grenze Liguriens. Dorthin wurde ein Centurio geschickt, der ihn rasch umbringen sollte. Der

Grund zur Eile lag darin, daß Ostorius, der bei den Soldaten in hohem Ansehen stand und sich die Bürgerkrone in Britannien verdient hatte, mit seinem riesigen Körperbau und seiner Kenntnis des Waffenhandwerks Nero in Furcht vor einem Überfall versetzt hatte; er war ja schon immer in Angst und durch die kürzlich aufgedeckte Verschwörung noch mehr erschreckt worden. Der Centurio sperrte nun zuerst die Ausgänge des Landhauses und eröffnete dann dem Ostorius die Befehle des Imperators. Ostorius betätigte die schon oft gegen den Feind bewährte Tapferkeit gegen sich selbst. Und weil aus den Adern, obgleich sie durchschnitten waren, zu wenig Blut floß, nahm er die Hand des Sklaven zu Hilfe, aber nur so weit, daß dieser den Dolch unbeweglich hochhielt, während er selbst dessen Hand gegen sich drückte und sich so den Dolch in die Kehle stieß.

(16) Selbst wenn es sich um auswärtige Kriege und um Männer handelte, die für das Gemeinwesen in den Tod gegangen sind, über deren so gleichförmiges Schicksal ich zu berichten hätte, wäre mir dies für meine Person zuviel geworden und müßte ich mit dem Überdruß meiner Leser rechnen, die von dem Ende ihrer Mitbürger, das, so ehrenvoll es auch im einzelnen Fall gewesen sein mag, doch nur eine ununterbrochene Kette von Leid gebildet hat, nichts mehr hören wollen. Wie sehr müssen jetzt das knechtische Geschehenlassen und die Ströme des im Frieden vergossenen Blutes das Herz müde und traurig beklommen machen! Auch will ich von denen, die davon Kenntnis nehmen werden, nur das zu meiner Rechtfertigung fordern, daß ich die Menschen, die so widerstandslos in den Tod gegangen sind, nicht hassen soll[35]. Es war der Zorn der Götter, der sich gegen das Römertum richtete, und darüber darf man nicht, wie bei Niederlagen von Heeren oder bei der Eroberung von Städten, mit einer einmaligen Erwähnung hinweggehen. Möge dies dem Nachleben erlauchter Männer zugebilligt werden: wie ihr Leichenbegängnis sich von dem bei Verstorbenen allgemein üblichen unterscheidet, so mögen sie durch den Bericht über ihre letzten Stunden ein besonderes Gedenken erhalten und behalten!

(17) Innerhalb weniger Tage wurden in einem und demselben Zuge Annaeus Mela, Cerialis Anicius, Rufrius Crispinus und T. Petronius in den Tod getrieben: Mela und Crispinus waren römische Ritter im Senatorenrange[36]. Crispinus, der einstige Prätorianerpräfekt, der mit den konsularischen Ehrenzeichen beschenkt und erst kürzlich unter der Beschuldigung, sich an der Verschwörung beteiligt zu haben, nach Sizilien verbannt worden war, nahm sich selbst das Leben, als er die Nachricht von seinem befohlenen Tode erhielt. Mela, der leibliche Bruder von Gallio und Seneca, hatte sich von der Bewerbung um Ehrenämter ferngehalten aus verkehrtem Ehrgeiz: er wollte als römischer Ritter den Konsularen an Einfluß gleichgestellt werden. Zugleich glaubte er, der Weg zum Gelderwerb sei kürzer, wenn er als Prokurator die Privatgeschäfte des Princeps verwalte. Er war auch der Vater des Annaeus Lucanus[37], was viel zu seiner Berühmtheit beitrug. Als er nach dessen Hinrichtung eingehende Nachforschungen nach seinem Vermögen vornahm, rief er als Ankläger den Fabius Romanus, einen der engsten Freunde des Lucanus, auf den Plan[38]. Man stellte die erdichtete Behauptung auf, Vater und Sohn hätten sich von der Verschwörung gegenseitig in Kenntnis gesetzt, und benützte dazu einen gefälschten Brief des Lucanus. Nero nahm Einsicht in diesen und befahl, ihn Mela zu überbringen, da er auf dessen Vermögen gierig war. Mela aber öffnete sich die Adern, was damals die einfachste Todesart war. Er hatte noch vorher seinen letzten Willen aufgesetzt, in dem er eine hohe Geldsumme Tigellinus und dessen Schwiegersohn Cossutianus Capito[39] vermachte, damit wenigstens der Rest erhalten bleibe. Mela soll noch dem Testament, wohl um sich über die Unrechtmäßigkeit seines Todes zu beschweren, beigefügt haben, er sterbe ohne irgendwelchen Anlaß zu seiner Hinrichtung, während Rufrius Crispinus und Anicius Cerialis sich als Feinde des Princeps ihres Lebens erfreuen. Man glaubte, er habe über Crispinus dies nur niedergeschrieben, weil dieser bereits hingerichtet war[40], und über Cerialis, damit er hingerichtet werde. Denn bald darauf beging Cerialis

Selbstmord, wobei er weniger bedauert wurde als die übrigen, weil man daran dachte, daß er eine Verschwörung dem C. Caesar[41] verraten hatte.

(18) Wenn ich über Petronius berichte, so muß ich kurz auf eine frühere Zeit zurückgreifen. Bei Tag schlief er, bei Nacht kam er seiner Arbeit nach und gab sich den Genüssen des Daseins hin. Und wie andere durch ihren Fleiß, so war er durch sein Nichtstun zu Ansehen gekommen. Er galt nicht als verschwenderischer Schlemmer, wie viele andere, die ihr Vermögen vergeuden, sondern als der Mann eines verfeinerten Lebensgenusses. Und je ungezwungener seine Worte und Handlungen waren und ein gewisses Sichgehenlassen zur Schau trugen, um so angenehmer wirkten sie, da sie den Anschein der Natürlichkeit erweckten. Jedoch bewies er als Prokonsul von Bithynien und dann als Konsul Tatkraft und die Fähigkeit, seinen Aufgaben gerecht zu werden. Darauf sank er wieder in sein Lasterleben zurück – vielleicht tat er auch nur so nach außen – und wurde von Nero in den kleinen Kreis seiner engen Vertrauten aufgenommen als Schiedsrichter des guten Geschmacks[42], wobei Nero nur das als reizvoll und zu einem behaglichen Wohlleben gehörig betrachtete, was ihm Petronius empfahl. Das erweckte den Neid des Tigellinus, der in ihm den Rivalen und überlegenen Sachverständigen in den Fragen des Lebensgenusses sah. Deshalb suchte er die Grausamkeit des Princeps, hinter der alle seine anderen Leidenschaften zurückstanden, für sich auszunützen. Er warf dem Petronius die Freundschaft mit Scaevinus[43] vor, nachdem ein Sklave zur Erstattung einer Anzeige bestochen, Petronius die Möglichkeit, sich zu rechtfertigen, genommen und der größte Teil seines Gesindes in Fesseln gelegt worden war.

(19) Zufällig war in diesen Tagen der Princeps nach Campanien gereist. Petronius war ihm bis Cumae gefolgt, wo er festgehalten wurde. Da wollte er nicht länger das Schweben zwischen Furcht und Hoffnung ertragen. Doch nahm er sich nicht überstürzt das Leben, sondern er schnitt sich die Adern auf, verband sie, wie es ihm gerade einfiel,

öffnete sie wieder und unterhielt sich dabei mit seinen Freunden, jedoch nicht über ernste Fragen oder um mit seinen Worten sich den Ruhm einer standhaften Haltung zu verschaffen. Er hörte den Freunden zu, die kein Wort über die Unsterblichkeit der Seele oder über philosophische Lehren verloren, sondern schlüpfrige Gedichte oder oberflächliche Verse vortrugen. Die einen seiner Sklaven beschenkte er, die andern ließ er auspeitschen. Er setzte sich zu Tisch, gab sich dem Schlafe hin, damit sein erzwungener Tod einem zufälligen gleiche. Auch in seinem Testament schmeichelte er nicht, wie die meisten Todgeweihten, Nero oder Tigellinus oder sonst irgendeinem der anderen Machthaber, sondern machte eine ausführliche Niederschrift der Schandtaten des Princeps unter namentlicher Anführung seiner Lustknaben und seiner Weiber sowie jeglicher Neuerung auf dem Gebiet der Unzucht. Dann schickte er sie versiegelt an Nero.

(20) Darauf zerbrach er seinen Siegelring, damit er nicht nachher dazu benützt werde, anderen den Prozeß zu machen[44]. Während Nero hin und her überlegte, wie denn die Einfälle seiner Nächte bekannt werden konnten, fiel ihm Silia ein, die als Gemahlin eines Senators nicht unbekannt, von ihm selbst zu allen möglichen sinnlichen Ausschweifungen beigezogen und mit Petronius eng befreundet war. Sie wurde verbannt, als hätte sie nicht verschwiegen, was sie gesehen und durchgemacht hatte. Er befriedigte damit nur seinen persönlichen Haß. Dagegen den ehemaligen Prätor Minucius Thermus opferte er der Feindschaft des Tigellinus. Denn ein Freigelassener des Thermus hatte Tigellinus mit einigen Beschuldigungen angeschwärzt, die der Freigelassene selbst mit Folterqualen, sein Herr mit unverdientem Tod büßten.

(21) Nach der Ermordung so vieler hervorragender Männer gelüstete es Nero zuletzt, die Tugend selbst auszurotten durch die Ermordung von Thrasea Paetus und Barea Soranus[45]. Schon seit langem war er über beide erbost. Bei Thrasea kamen noch besondere Gründe hinzu. Er hatte ja, wie berichtet[46], bei der Verhandlung über Agrippina die Senats-

sitzung verlassen und bei den Iuvenalienspielen zu wenig sichtbare Anteilnahme bezeugt. Nero fühlte sich dadurch um so tiefer getroffen, weil eben dieser Thrasea in seinem Geburtsort Patavium[47] an den von dem Trojaner Antenor gestifteten Fischerspielen[48] in der Rolle eines tragischen Schauspielers gesungen hatte. Auch an dem Tage, da der Prätor Antistius[49] wegen der Schmähgedichte auf Nero zum Tode verurteilt wurde, hatte er ein milderes Urteil beantragt und auch durchgesetzt. Als für Poppaea göttliche Ehren beschlossen wurden, war er absichtlich ferngeblieben und hatte sich auch nicht an ihrem Leichenbegängnis beteiligt. Diese Vorfälle ließ Capito Cossutianus nicht in Vergessenheit geraten. Er war ein Mensch, der schon wesensmäßig zu Verbrechen neigte. Zudem haßte er Thrasea, weil er durch dessen Einfluß zu Fall gebracht worden war, als Thrasea die Gesandten der Cilicier bei ihrer Klage gegen Capito wegen Erpressung unterstützte.

(22) Ja, auch folgende Vorwürfe erhob er gegen Thrasea: dieser vermeide es, bei Jahresbeginn den üblichen Eid abzulegen. Bei der Darbringung von Gelübden sei er nicht anwesend, obgleich er mit dem Priesteramt der „Fünfzehn Männer“[50] betraut sei. Nie habe er für das Leben des Princeps oder für seine himmlische Stimme geopfert. Früher immer bei den Sitzungen anwesend und unermüdlich auch bei unwichtigen Beschlüssen der Väter sein Für und Wider darlegend, habe er schon seit drei Jahren die Kurie nicht mehr betreten, und erst vor ganz kurzer Zeit, als alles um die Wette herbeirannte, um Silanus und Vetus zu maßregeln, habe er es vorgezogen, sich mit den privaten Angelegenheiten seiner Klienten zu beschäftigen. Dies bedeute bereits ein Sichabsondern, eine Parteibildung und, wenn sich eine größere Zahl zu der gleichen Haltung erdreiste, Krieg. „Wie einst von C. Caesar und von Cato[51]“, fuhr er fort, „die nach Zwietracht lüsterne Bürgerschaft sprach, so spricht sie jetzt von dir, Nero[52], und von Thrasea. Und schon hat er Parteigänger – oder besser gesagt Trabanten –, die zwar noch nicht sein stures Verhalten bei den Abstimmungen, aber sein Ge-

haben und seine Miene nachmachen, also unzugänglich und unfreundlich sind, nur um dir zügellose Lebensweise vorzuwerfen. Er ist der einzige, der sich um dein Wohlergehen nicht kümmert, deinen Künsten nicht Ehre zollt. Was dem Princeps frommt, lehnt er ab. Vermögen ihn auch dessen Leid und Schmerz nicht zufriedenzustellen? Demselben Geiste entspringt es, wenn er Poppaea nicht für göttlich hält und auf die Verordnungen des vergöttlichten Augustus und des vergöttlichten Iulius nicht schwört[53]. Er verachtet religiöse Bindungen, er schafft die Gesetze ab. Die Staatszeitung des römischen Volkes wird in den Provinzen und bei den Heeren nur darum sorgfältiger gelesen, weil man erfahren will, was Thrasea nicht getan habe. Entweder laßt uns zu jenen Grundsätzen übergehen, sofern sie die besseren sind, oder es soll all denen, die einen Staatsstreich herbeiwünschen, der Führer und der Kopf genommen werden. Diese Sekte hat Leute wie Tubero und Favonius[54] hervorgebracht, Namen, an denen schon die alte Republik keine Freude gehabt hat. Um die Regierung zu stürzen, erheben sie die Fahne der Freiheit. Haben sie diese erst gestürzt, dann werden sie die Freiheit selbst angreifen. Vergeblich war es, daß du Cassius[55] beseitigt hast, wenn du dulden wirst, daß Leute, die dem Brutus[56] nacheifern, an Zahl zunehmen und an Macht gewinnen. Also: gib nicht selbst schriftliche Anweisung über Thrasea[57], überlasse dem Senat die Entscheidung über uns beide!" Nero lobte den im Zorn aufbrausenden Cossutianus und gab ihm in Marcellus Eprius[58] einen mitreißenden Redner zur Seite.

(23) Aber den Barea Soranus hatte bereits Ostorius Sabinus, ein römischer Ritter, als sein Opfer vor Gericht gefordert. Er berief sich auf dessen Statthalterschaft in Asien[59], in der er den Unwillen des Princeps durch seine Gerechtigkeit und Tatkraft vermehrt hatte. Auch hatte er es sich sehr angelegen sein lassen, die Versandung des Hafens von Ephesos zu beseitigen, und den gewaltsamen Widerstand der Stadt Pergamum gegen die Wegführung von Statuen und Gemälden durch Acratus, einen Freigelassenen des Caesars[60], unbestraft gelassen. Aber als Verbrechen wurde ihm die

Freundschaft mit Plautus[61] angerechnet und seine Umtriebe, für sich die Provinz zu gewinnen zum Zwecke eines Umsturzes.

Für die Verurteilung wurde die Zeit ausgewählt, da Tiridates, um die Krone von Armenien entgegenzunehmen, sich auf der Reise nach Rom befand. Dadurch, daß sich das Gerede in Rom den auswärtigen Fragen zuwende, sollte das im eigenen Land sich abspielende Verbrechen in den Hintergrund gedrängt werden. Vielleicht wollte auch Nero seine Herrschergröße durch die Ermordung hochgestellter Persönlichkeiten, gleichsam durch eine königliche Untat[62], ins rechte Licht setzen.

(24) Als daher die gesamte Bürgerschaft zum Empfang des Princeps[63] und um den König zu sehen aus der Stadt hinausströmte, wurde Thrasea zu der Begegnung nicht zugelassen. Jedoch ließ er den Mut nicht sinken, sondern setzte ein Schreiben an Nero auf, in dem er anfragte, was ihm denn eigentlich vorgeworfen werde, und versicherte, er werde sich rechtfertigen, wenn er Einsicht in die Anklagepunkte genommen und die Möglichkeit zu ihrer Widerlegung erhalten habe. Dieses Schreiben nahm Nero eiligst an sich in der Hoffnung, Thrasea habe in seinem Schrecken Äußerungen geschrieben, mit denen er den Ruhm des Princeps erhöhe und seinen eigenen Ruf erniedrige. Da dies nicht der Fall war und er selbst sich vor den Blicken, dem Selbstbewußtsein und dem Freimut des unschuldigen Mannes fürchtete, befahl er, die Väter zu berufen.

(25) Jetzt hielt Thrasea in engstem Kreise eine Beratung ab, ob er seine Verteidigung versuchen oder auf sie verzichten solle. Die Meinungen waren geteilt. Die einen waren dafür, daß er in die Kurie gehe, und erklärten, sie seien darüber unbesorgt, daß er vielleicht seine feste Haltung verliere. Er werde kein Wort sagen, das nicht seinen Ruhm erhöhe. Nur schlaffe und ängstliche Gemüter verbrächten ihre letzten Stunden ganz für sich. Erblicken solle das ganze Volk den Mann, der dem Tode entgegengehe, hören solle der Senat die Worte, die, wie aus dem Munde einer Gottheit

kommend, über menschliche Größe hinausragen. Eben durch sein bewunderungswürdiges Auftreten könne sogar ein Nero sich beeinflussen lassen. Wenn dieser aber bei seiner Grausamkeit verharre, so werde sicherlich die Nachwelt das Gedenken an seinen ehrenvollen Tod zu unterscheiden wissen von der Feigheit all derer, die stillschweigend in den Tod gehen.

(26) Die anderen, die dafür waren, daß Thrasea zu Hause warte, sprachen über ihn selbst in gleichem Sinne, aber betonten, daß er Hohn und Schmähungen zu erwarten habe. Er solle sich nicht dem Schelten und Schimpfen aussetzen. Nicht nur Cossutianus und Eprius seien zu jeder frevlerischen Handlung entschlossen. Es seien auch noch viele Leute da, die sich vielleicht in ihrer Unmenschlichkeit zu rohen Tätlichkeiten hinreißen lassen. Auch Gutgesinnte würden aus Furcht ihrem Beispiel folgen. Lieber solle er dem Senat, dessen Zierde er immer gewesen sei, die Schande einer solchen Freveltat ersparen und es im ungewissen lassen, was die Väter beim Anblick des beschuldigten Thrasea beschließen würden. Daß Nero von Beschämung über seine Schandtaten ergriffen werde, darauf setze man vergeblich seine Hoffnung. Viel mehr sei zu befürchten, daß sich sein Wüten dann gegen Thraseas Gattin, seine Tochter und gegen die übrigen nächsten Angehörigen richte. Daher solle er unentweiht und unbefleckt so rühmlich seinem Ende entgegengehen, wie die, deren Spuren und Bestrebungen er in seiner Lebensführung gefolgt sei[64]. Bei der Beratung war auch Rusticus Arulenus[65] zugegen, ein leidenschaftlicher junger Mann, der in seinem Ehrgeiz sich anerbot, gegen den Senatsbeschluß Einsprache zu erheben. Denn er war Volkstribun. Sein Feuer dämpfte Thrasea: er solle sein zweckloses Beginnen lassen, das dem Angeklagten doch nichts nützen, aber dem, der Einspruch erhebe, verderblich sein werde. Seine Zeit sei erfüllt, und er dürfe seine so viele Jahre hindurch stetig eingehaltene Lebensordnung nicht preisgeben; er dagegen stehe erst am Beginn seiner Ämterlaufbahn und sein weiterer Weg stehe ihm noch voll und ganz offen. Er solle zuvor reiflich bei sich überlegen, welche Bahn er in einer solchen Zeit im Dienst des Gemein-

wesens einzuschlagen habe. Im übrigen behielt es Thrasea einem weiteren eigenen Nachdenken vor, ob es für ihn am Platze sei, im Senat zu erscheinen.

(27) Aber am folgenden Tage besetzten zwei Prätorianerkohorten in voller Rüstung den Tempel der Genetrix Venus[66]. Den Zugang zum Senat hatte ein Haufen Soldaten in der Toga[67] gesperrt, die offen ihre Schwerter sehen ließen. Militärische Kommandos waren überall auf den freien Plätzen und in den Basiliken postiert. Unter deren Blicken und Drohungen gingen die Senatoren in die Kurie. Aus dem Munde eines Quästors[68] vernahmen die Senatoren die Botschaft des Princeps. Ohne einen einzelnen bei Namen zu nennen, beschuldigte er die Väter, ihre Pflichten gegenüber dem Gemeinwesen preiszugeben und durch ihr Beispiel die römischen Ritter zur Saumseligkeit zu verleiten. Sei es deshalb zu verwundern, daß man nicht aus den entfernten Provinzen herkomme[69], wenn so viele, die das Konsulat und Priesterämter erlangt hätten, lieber ihren anmutigen Gärten sich widmeten? Diesen Vorwurf griffen die Ankläger wie eine Waffe auf.

(28) Den Beginn machte Cossutianus, mit noch größerer Lautstärke schrie Marcellus: es handle sich hier um die Existenz des Staates. Die Widerspenstigkeit der Untertanen beeinträchtige die Milde des Herrschers. Allzu nachgiebig seien bis zu dem heutigen Tage die Väter, die den abtrünnigen Thrasea und seinen dem gleichen Wahnsinn verfallenen Schwiegersohn Helvidius Priscus, ebenso Paconius Agrippinus, den Erben des väterlichen Hasses gegen das Fürstenhaus, und den Curtius Montanus, den Verfasser abscheulicher Gedichte, ungestraft höhnen lassen[70]. Er vermisse im Senat den Konsular, bei den Gelübden den Priester, bei der Eidesleistung den Bürger, während Thrasea gegen die Staatseinrichtungen und religiösen Gebräuche der Vorfahren die Rolle eines Verräters und Staatsfeindes übernommen habe. Kurz: er, der gewohnt sei, den Senator zu spielen[71] und für die Widersacher des Princeps einzutreten, solle kommen und beantragen, was er verbessert oder ge-

ändert wissen wolle. Man würde es leichter hinnehmen, wenn er über Einzelfälle schimpfe, als dieses jetzige schweigende Verurteilen von allem. Ob ihm etwa der Friede in der Welt mißfalle oder die ohne Verluste von den Heeren errungenen Siege[72]? Einen Menschen, der traurig sei, wenn es dem Gemeinwesen gut gehe, und der die öffentlichen Plätze, die Theater, die Tempel als Einöden betrachte, der mit seinem Exil drohe, solle man nicht seinen verkehrten Ehrgeiz auskosten lassen. In seinen Augen seien dies doch keine Senatsbeschlüsse, keine Staatsbeamten, keine römische Hauptstadt. Er solle sein Leben scheiden von einer Bürgerschaft, auf deren Liebe er schon längst verzichtet habe und die er jetzt nicht mehr sehen wolle.

(29) Während Marcellus, finster und drohend, wie es seinem Wesen entsprach, mit solchen und ähnlichen Phrasen sich in Glut redete mit heißem Gesicht und funkelnden Augen, prägte sich nicht mehr jene schon bekannte, in den häufigen Prozessen bereits übliche Niedergeschlagenheit bei dem Senat aus, sondern, bei dem Anblick der Waffen in den Händen der Soldaten, ein bisher ungewohntes, tiefer gehendes Entsetzen. Zugleich schwebte dem Senat Thraseas verehrungswürdige Gestalt vor Augen. Manche empfanden auch Mitleid mit Helvidius, der unschuldig für seine Verwandtschaft büßen sollte. Was habe man denn Agrippinus anderes vorgeworfen, als das traurige Schicksal seines Vaters, der ja ebenfalls unschuldig der Grausamkeit des Tiberius zum Opfer gefallen sei? Und gar Montanus, der unbescholtene junge Mann, dessen Gedicht keine Schmähung enthalten habe, werde außer Landes gejagt, weil er seine Begabung offen gezeigt habe.

(30) Inzwischen fand sich Ostorius Sabinus, der Ankläger des Soranus, ein und begann, von dessen Freundschaft mit Rubellius Plautus zu reden und daß Soranus das Prokonsulat von Asien eher zu seiner persönlichen Verherrlichung als zum Wohl der Allgemeinheit geführt und die Aufsässigkeit der Gemeinden gefördert habe. Doch dies waren alte Geschichten. Neu war nur die Beschuldigung, seine Tochter

habe den Magiern Geldgeschenke gemacht, und damit verwickelte er sie in die gefährliche Lage ihres Vaters. Allerdings hatte Servilia – so hieß das Mädchen – dies getan, aber nur aus kindlicher Liebe. Sie hatte aus Anhänglichkeit an ihren Vater und zugleich in jugendlicher Unerfahrenheit gehandelt und sich über nichts anderes befragt als über das Wohlergehen ihrer Familie und darüber, ob Nero versöhnlich sei und ob die Untersuchung durch den Senat nicht schlimm ausfallen werde. So wurde sie denn in den Senat geholt, und beide standen gesondert da, vor dem Richterstuhl der Konsuln der hochbetagte Vater, ihm gegenüber die noch nicht zwanzig Jahre alte Tochter, die erst kürzlich durch die Verbannung ihres Gatten Annius Pollio[73] Witwe geworden und verlassen war und nun nicht einmal ihren Vater anschaute, dessen bedrohliche Lage sie ja verschlimmert zu haben schien.

(31) Als nun der Ankläger sie fragte, ob sie ihren Brautschmuck und ihr Halsgeschmeide verkauft habe, um sich das Geld für magische Beschwörungen zu verschaffen, warf sie sich zuerst auf den Boden, weinte lange lautlos und legte dann ihre Arme um den Brandaltar[74] mit den Worten: „Ich habe keine Götter angerufen, die dem Princeps Verderben bringen sollen, keine Verwünschungen ausgesprochen und nichts anderes mit meinen unseligen Gebeten gewollt, als daß du, Caesar[75], und daß ihr, Väter, diesem meinem so guten Vater das Leben erhalten möget. So habe ich meine Edelsteine und Kleider und den Schmuck meines Standes hingegeben, wie ich mein Blut und mein Leben hingeben würde, wenn man es von mir verlangte. Möchten doch diese Männer dort dies gesehen haben[76], von denen ich bisher nicht wußte, welchen Namen sie haben und welche Künste sie betreiben. Ich habe den Princeps nie erwähnt, ohne ihn unter die Gottheiten einzureihen. Doch davon weiß mein unglücklicher Vater nichts, und ist es ein Verbrechen, so habe ich allein gefehlt."

(32) Soranus fiel ihr ins Wort und rief: „Sie ist nicht mit mir in die Provinz gereist. Sie ist zu jung gewesen, um mit Plautus bekannt zu sein. Sie hat nichts mit den gegen ihren Mann erhobenen Vorwürfen zu tun. Nur zu großer Kindes-

liebe ist sie schuldig, und man muß das Verfahren gegen sie abtrennen. Ich selbst will jegliches Schicksal auf mich nehmen." Zugleich wollte er sich seiner auf ihn zulaufenden Tochter in die Arme werfen. Aber die Liktoren stellten sich beiden in den Weg. Dann wurden die Zeugen aufgerufen, und so tief die Anteilnahme war, die die Unbarmherzigkeit des Anklägers erweckt hatte, so groß war die Erbitterung, die P. Egnatius[77] als Zeuge hervorrief. Er war ein Klient des Soranus und trat, jetzt gekauft, um den Freund ins Verderben zu stürzen, mit dem Anspruch eines Angehörigen der stoischen Schule auf, geübt, in seiner äußeren Haltung und in seiner Miene das Bild eines tugendhaften Mannes zu verkörpern, aber von treuloser und heimtückischer Gesinnung und heimlicher Habsucht und Zügellosigkeit. Als sich dieser Charakter durch Bestechung enthüllt hatte, gab er ein warnendes Beispiel dafür, daß man sich ebenso vor gewerbsmäßigen Betrügern und gemeinen Schurken in acht nehmen muß wie vor falschen Tugendhelden und verräterischen Freunden.

(33) Jedoch brachte der gleiche Tag auch ein Beispiel ehrenhafter Gesinnung: Cassius Asclepiodotus[78], der aufgrund seines Reichtums bei den Bithynern eine große Rolle spielte, bewahrte die Ergebenheit, mit der er Soranus in seinen glücklichen Tagen gepriesen hatte, und ließ ihn nicht im Stich, als sein Stern sank. Dafür verlor er sein ganzes Vermögen und wurde verbannt, womit sich deutlich erwies, wie gleichgültig die Götter gegenüber Gut und Böse sind. Thrasea, Soranus und Servilia wurde die Art ihres Todes anheimgestellt. Helvidius und Paconius wurden aus Italien verbannt. Montanus wurde seinem Vater überlassen[79], jedoch mit dem Vorbehalt, daß er ihn nicht am politischen Leben sich beteiligen lasse. Den Anklägern Eprius und Cossutianus wurden je fünf Millionen Sesterzen, Ostorius eine Million und zweihunderttausend Sesterzen zuerkannt, außerdem die Abzeichen eines Quästors.

(34) Dann wurde zu Thrasea, der sich in seinem Parke aufhielt, der Quästor des Konsuls geschickt[80], als sich bereits

der Tag neigte. Er hatte eine große Gesellschaft von erlauchten Männern und Frauen bei sich versammelt, wobei er sich besonders aufmerksam mit dem Lehrer der kynischen Philosophie, Demetrius[81], beschäftigte. Mit ihm sprach er, wie man den angespannten Mienen und den Worten, soweit sie diese lauter sprachen, entnehmen konnte, über das Wesen der Seele und die Trennung von Geist und Körper, bis Domitius Caecilianus, einer seiner nächsten Freunde, kam und ihm den Beschluß des Senats mitteilte. Und so forderte Thrasea die Anwesenden, die weinten und klagten, auf, eiligst sich aufzumachen und durch ihre Anteilnahme an dem Schicksal des Verurteilten sich nicht selbst in Gefahr zu bringen, und ermahnte Arria, die ihrem Gatten in den Tod folgen und das Beispiel ihrer Mutter Arria[82] nachahmen wollte, am Leben zu bleiben und ihrer gemeinsamen Tochter nicht die einzige Stütze zu nehmen.

(35) Dann trat Thrasea in die Vorhalle, wo ihn der Quästor antraf; er war eher freudig gestimmt, weil er vernommen hatte, daß sein Schwiegersohn Helvidius nur aus Italien ausgewiesen werde. Als er dann den Senatsbeschluß empfangen hatte, führte er Helvidius und Demetrius in das Schlafzimmer. Er hielt die Adern beider Arme hin[83], und als das Blut herauslief, besprengte er den Boden, rief den Quästor herbei und sagte: „Wir wollen dem Befreier Iuppiter eine Spende darbringen. Schau her, junger Mann! Zwar mögen die Götter verhüten, daß es eine Vorbedeutung sei. Doch du bist in eine Zeit hineingeboren, in der es not tut, sein Herz zu stählen durch Vorbilder von Standhaftigkeit." Als dann das langsame Hinsterben ihm schwere Qualen verursachte, wandte er sich zu Demetrius . . .

Der Rest des Buches ist verloren. Es fehlen die beiden letzten Regierungsjahre Neros, an die sich die Historien anschlossen.

ANMERKUNGEN

BUCH XI

1. Valeria Messalina, die die dritte Gemahlin des Claudius war.
2. Nämlich der Poppaea Sabina, der Tochter des Poppaeus Sabinus und der gleichnamigen Gemahlin Neros. Sie war damals mit P. Scipio (s. Anm. 11) verheiratet. – Valerius Asiaticus war Konsul unter Caligula und im Jahre 46.
3. Lucullus, bekannt durch den Krieg gegen Mithridates (in den Jahren 74–67 v. Chr.). Die Gärten des Lucullus lagen im Norden der Stadt, auf der Westseite des collis hortorum (heute Monte Pincio).
4. Britannicus, mit seinem vollen Namen Tiberius Claudius Caesar Britannicus. Den Beinamen erhielt er nach seinem Vater Claudius, der sich die Eroberung Britanniens zuschrieb.
5. Des C. Caesar Caligula im Jahre 41.
6. Vienna war die Hauptstadt der Allobroger, heute Vienne in der Dauphiné.
7. Zu (Rufrius) Crispinus s. XI 4.
8. Baiae im Golf von Neapel war wegen seiner Lage und besonders wegen seiner heißen Heilquellen berühmt.
9. Der Senat war das für ihn zuständige Gericht.
10. Vitellius war der Vater des späteren Princeps Vitellius und der bevorzugte Günstling des Claudius. Tacitus berichtet hier mit wirkungsvoller Ironie, die mit der bloßen Gegenüberstellung der sich widersprechenden Tatsachen erreicht wird. Sie setzt sich am Anfang von XI 3 fort, besonders ausgeprägt in dem Begriff „Milde“ (clementia).
11. P. Cornelius Lentulus Scipio. Er war im Jahre 24 n. Chr. Konsul gewesen (s. III 74).
12. Antonia, die Jüngere (s. III 3. 18, vgl. auch IV 44).
13. Britannien wurde im Jahre 43 n. Chr. erobert (s. Anm. 4).
14. „Erlauchte“ (illustres) römische Ritter hießen die über den Senatorenzensus verfügenden. Mit diesem konnten sie in den Senat eintreten. Sie trugen, wie die Senatoren, den breiten Purpurstreifen (latus clavus).

15. Tiberius Iulius Mnester war ein Freigelassener des Tiberius und ein berühmter Pantomime, einer der Geliebten Messalinas, die hier aus Eifersucht handelte. Er ist nicht zu verwechseln mit dem XIV 9 genannten histrio gleichen Namens.
16. Eine Teuerung wäre dem Princeps zur Last gelegt worden, da er für die Versorgung Roms verantwortlich war.
17. Eine Million Sesterzen war der Senatorenzensus. 1 Sesterz (soweit überhaupt vergleichbar): ungefähr 20 Pf.
18. Damit brachte er als Ehemann der Poppaea zum Ausdruck, daß er den übrigen nur ungern zustimmte und daß er es offen ließ, ob er bei voller Handlungsfreiheit seine Zustimmung gegeben hätte.
19. „Ware auf dem Staatsmarkt" (publica merx) bezeichnet Tacitus hier die Objekte der Machenschaften, zu denen Personen in amtlicher Stellung sich durch Bestechung verleiten ließen. Zu diesem Personenkreis rechnet er auch die Anwälte (advocati) wegen ihrer Tätigkeit an den Gerichten.
20. Samius war von Suillius angeklagt und hatte diesen bestochen, daß er seine Anklagerede so einrichten solle, daß es zu keiner Verurteilung komme. Er beging in dem Hause des Suillius Selbstmord, um sich durch den öffentlichen Skandal für die Anklage und die erfolglose Aufwendung der Bestechungssumme zu rächen.
21. C. Silius war zum consul suffectus für die beiden letzten Monate des nächsten Jahres ernannt.
22. S. XI 12 und 26 ff.
23. Die lex Cincia war von dem Volkstribunen M. Cincius Alimentus im Jahre 204 v. Chr. eingebracht worden. Sie wandte sich gegen übermäßige Schenkungen (de donationibus).
24. C. Asinius Pollio und M. Valerius Messala waren berühmte Redner am Ende der Republik und unter Augustus.
25. L. Arruntius und M. Claudius Marcellus Aeserninus, dieser ein Enkel des Asinius Pollio, waren ebenfalls berühmte Redner und Staatsmänner unter Augustus.
26. Das Gesetz ermöglichte gegen Beamte, die sich in ihrer Amtstätigkeit widerrechtlich bereichert hatten, eine Rückforderung durch die actio repetundarum (pecuniarum). Von Caesar wurde die Rückerstattung auf das Vierfache des in Frage kommenden Betrages festgesetzt.
27. Tacitus gebraucht den allgemeinen Ausdruck rebus. Er will zum Ausdruck bringen, man müsse Geld annehmen, um seinen Lebensbedürfnissen Rechnung zu tragen, was schon des-

halb notwendig sei, weil sonst die Unbemittelten nicht mehr als Advokaten sich betätigen könnten und die Rechtsuchenden bei deren Fehlen von der Gnade der Mächtigen abhängig würden.

28. Kriegsdienst und Landwirtschaft waren die für den Senatorenstand einzig in Frage kommenden Erwerbsquellen.
29. P. Clodius war der als Feind Ciceros berüchtigte Volkstribun (58 v. Chr.) – C. Scribonius Curio, der Parteigänger Caesars im 2. Bürgerkrieg, Volkstribun und Pontifex Maximus im Jahre 50 v. Chr. Er fiel im Jahre 49 in Nordafrika.
30. Mit friedlicher Tätigkeit (toga) ist vor allem an Beredsamkeit und an Rechtskunde gedacht.
31. Tacitus hält sich hier mit der Zeitangabe nicht an eine genaue chronologische Reihenfolge. Er geht bis vor das Jahr 43 zurück und faßt, was sich in einem längeren Zeitraum entwickelte, in das Jahr zusammen, in dem eine parthische Gesandtschaft nach Rom kam, um von Claudius die Einsetzung eines neuen Königs zu erbitten. – Die Einsetzung des Mithridates ist VI 32 ff. berichtet, wo auch von Pharasmanes und den im Norden von Armenien wohnenden Hiberern die Rede ist. Der Bericht über die Regierung des Mithridates und seine Gefangensetzung durch Caligula ist in der Lücke zwischen Buch VI und XI verlorengegangen.
32. Gotarzes war der Adoptivsohn und Nachfolger von Artabanus III.
33. Vardanes war der jugendliche Sohn von Artabanus III.
34. 1 Stadion ist ein griechisches Längenmaß von rund 200 m. Die Entfernung betrug also etwa 600 km. Es handelte sich bei dem Einfall wohl nur um ein kleineres berittenes Detachement. Aber auch so und selbst bei Zurechnung der beiden Nächte ist die Entfernungsangabe maßlos übertrieben oder ein Überlieferungsfehler.
35. Präfekturen wurden die Provinzen des parthischen Reiches und Armeniens genannt.
36. Durch den Tigris. – Seleucia war schon im Jahre 36 von Artabanus III. abgefallen und im Jahre 43 wieder unterworfen worden (s. VI 42).
37. Die Daher (s. Anm. II 3) und Hyrcaner saßen südöstlich des Kaspischen Meeres.
38. Die „Ebenen von Bactrien" im Nordosten des Parthischen Reiches.
39. Damit knüpft Tacitus wieder an den Anfang von XI 8 an.

40. Das hiberische Heer bestand zum größten Teil aus Reiterei.
41. Demonax war der parthische Satrap des nach dem Sturz des Mithridates wieder unter die parthische Oberhoheit gekommenen Landes.
42. Kleinarmenien (Armenia minor) war das Gebiet westlich von Großarmenien. – Cotys war der Sohn des thrakischen Königs Cotys (vgl. II 64 ff.). Von Caligula hatte er 39 n. Chr. Kleinarmenien erhalten.
43. Seleucia war im Jahre 36 von Artabanus abgefallen.
44. Vibius Marsus (vgl. II 74) war der Nachfolger des P. Petronius als Statthalter von Syrien. Er wurde im Jahre 44/45 abberufen.
45. Der Erindes (auch Charindas) ist der östlichste Fluß von Medien und mündet in das Kaspische Meer.
46. Der Fluß Sindes ist nicht sicher zu identifizieren, vermutlich der h. Thedžen.
47. Arier hießen die Bewohner des Landes Aria im nordöstlichen Iran, die in den Bergen als Nomaden, in den Ebenen als feste Ansiedler lebten.
48. Arsaciden: die Nachkommen des Arsaces, des Begründers des parthischen Reiches.
49. Die hier geschilderten Ereignisse fallen in die Zeit bis zum Ende des Jahres 48. Der Bericht geht erst XII 10 weiter.
50. Meherdates, der Enkel von Phraates IV. und Sohn von Vonones II. (s. II 1 ff., XII 10 f.).
51. Konsuln waren Claudius zum viertenmal und L. Vitellius zum zweitenmal.
52. Die Säkularspiele wurden entsprechend einem Sibyllinischen Spruch zuerst im Jahr 249 v. Chr. gefeiert und sollten dann alle hundert Jahre wiederholt werden. Augustus rechnete das saeculum zu 110 Jahren und ließ, da er die Spiele im Jahre 17 v. Chr. = 737 a. u. c. abhalten wollte, die letzte Feier auf das Jahr 126 v. Chr. = 628 a. u. c. festsetzen, unter Einrechnung des durch die Kalenderreform Caesars bedingten einen Tages. Claudius faßte die Säkularspiele als hundertjährige Feier der Gründung Roms auf. Domitian feierte sie im Jahr 88 n. Chr. entsprechend der Berechnung des Augustus, aber setzte sie 6 Jahre zu früh an.
53. Die Geschichte Domitians stand in dem verlorenen Teil der Historien.
54. Die „Fünfzehnmänner“ (quindecimviri) waren die Mitglieder eines der vier großen Priesterkollegien, zu deren besonderer

Aufgabe die Bewahrung und Befragung der Sibyllinischen Bücher gehörten.

55. Im Jahre 88 n. Chr. (s. Anm. 52).

56. Nämlich diejenigen Staatsbeamten, die in dem fraglichen Jahr ein höheres Amt bekleideten.

57. Ein Reiterspiel, von Knaben vorgeführt, die aus angesehenen, meist adeligen Familien stammten. Von Vergil Aeneis V 545 ff. geschildert.

58. L. Domitius, der Sohn des Cn. Domitius und der Agrippina, der Tochter des Germanicus. Vgl. IV 75.

59. Agrippina war die älteste der drei Töchter des Germanicus.

60. Iunia Silana war die Tochter des L. Silanus, vgl. XIII 19. 22, XIV 12.

61. Claudius war zusammen mit L. Vitellius in der zweiten Hälfte des Jahres nach der Niederlegung des Konsulats (vgl. XI 2) Censor auf fünf Jahre (vgl. auch XII 4 f.).

62. Zu Publius Pomponius s. V 8. Er war nach dem Urteil Quintilians ein bedeutender Tragödiendichter.

63. Dies war in der damaligen Zeit in der Praxis wirkungslos.

64. Es waren zwei Leitungen, die aqua Marcia und der Anio novus, von Caligula im Jahre 38 n. Chr. begonnen und von Claudius im Jahre 52 fertiggestellt. Die Simbruini colles bei dem h. Subiaco.

65. Es handelte sich um drei neue Buchstaben: 1. das auf den Kopf gestellte Digamma Ⅎ zur Bezeichnung des konsonantischen u; 2. um das Antisigma Ↄ für bs und ps; 3. das Zeichen Ⱶ für den Mittellaut zwischen u und i. Im Jahre 47 befahl Claudius die Einführung dieser Buchstaben; doch verschwanden sie wieder nach seinem Tode.

66. „Hieroglyphen“ war seit der ptolemäischen Zeit die Bezeichnung der dekorativen Schrift der Ägypter, die besonders auf Stein verwendet wurde, im Gegensatz zu der in der späteren Zeit den religiösen Texten vorbehaltenen hieratischen Buchschrift und der demotischen Schrift, d. h. der im täglichen Leben benützten Schreibschrift, die beide nur abgekürzte Varianten der Hieroglyphen waren. Deren Zeichen stellen Menschen, Tiere und Gegenstände des täglichen Lebens dar, mit denen man die gesamte ägyptische Sprache zu erfassen suchte.

67. Die Geschichten von Cecrops, Linus und Palamedes gehören der Sage an, während der phönizische Ursprung des griechischen Alphabets sicher ist.

68. Simonides aus Keos (um 556–468 v. Chr.) war neben Pindar der berühmteste Lyriker seiner Zeit. Er soll dem griechischen Alphabet die Buchstaben η, ψ, ω hinzugefügt haben.
69. Demaratus galt als der Vater des Tarquinius Superbus.
70. Euandros, ein arkadischer Heros aus Pallantion, soll nach seiner Auswanderung an der Stelle des späteren Rom die erste Niederlassung gegründet haben (s. Vergil Aeneis VIII 97).
71. Die haruspices waren ein Kollegium von Priestern, die aufgrund ihrer genauen Kenntnis der disciplina Etrusca, insbesondere der Blitzdeutung und Eingeweideschau, dem Senat bei schwerwiegenden Prodigien Auskunft gaben und zu diesem Zweck nach Rom geholt wurden.
72. Bei den fremdländischen Gottesdiensten kommen vor allem der ägyptische Isis- und Serapiskult in Betracht, aber auch die jüdische und die christliche Religion.
73. Gedacht ist an die Prinzen aus dem Hause der Arsaciden, die im Jahre 10 v. Chr. als Geiseln nach Rom verbracht und nacheinander in ihr väterliches Reich zurückgeschickt wurden, um dort den Thron zu besetzen. Im Gegensatz zu diesen war Flavus römischer Staatsbürger und gehörte dem Ritterstand an.
74. „Kundschafter“ (exploratores) galten als eine ausgesuchte Truppengattung von besonderer Zuverlässigkeit gegenüber Rom; ihnen wurden auch in den Standquartieren Vertrauensposten übertragen.
75. Über den Sohn des Arminius namens Thumelicus, s. I 58.
76. Die Langobarden, ein germanischer Volksstamm skandinavischer Herkunft, saßen seit dem 2. Jh. v. Chr. im Gebiet der Elbe und waren die östlichen Nachbarn der Cherusker.
77. Tacitus Germania 36 berichtet von den Cheruskern, im Gegensatz zu seiner Verherrlichung der Chaucen, als einem Volksstamm: olim boni aequique, nunc inertes et stulti.
78. Die Chaucen wohnten zwischen Ems und Elbe am Meer.
79. Q. Sanquinius Maximus war legatus pro praetore in Germania inferior und war im Jahre 47 gestorben. Er wurde ersetzt durch Cn. Domitius Corbulo, der dort seine glänzende militärische Laufbahn begann (s. XIII 8. 34 ff., XIV 23 ff., XV 3–6. 9–17. 25–30. Tacitus Historiae II 76).
80. Die Canninefaten wohnten auf der Rheininsel neben den Batavern.
81. Die Friesen wohnten zwischen Zuidersee und Ems und waren im Jahre 12 v. Chr. von Drusus unterworfen worden. Sie

suchten sich jedoch im Jahre 28 n. Chr., durch den harten Steuerdruck aufgebracht, in einem blutigen Aufstand der römischen Herrschaft zu entziehen.

82. Zu der Niederlage des L. Apronius, des Prätors von Germania inferior, s. IV 73.

83. Es wurde zwischen den Größeren (maiores) und den Kleineren (minores) Chaucen unterschieden, jene hatten ihre Wohnsitze zwischen Ems und Weser, diese zwischen Weser und Elbe.

84. Die Befürchtung lag nahe, daß Corbulo nach der Besiegung der Germanen zu mächtig würde und Herrschaftsgelüste bekäme, die ihn zur Auflehnung gegen den Princeps veranlassen könnten.

85. Für die Anordnung des Claudius waren zwei Gesichtspunkte maßgebend: Corbulo durfte nicht zu groß werden, und zu dem Krieg in Britannien und der militärischen Lage im Osten durfte nicht noch ein Krieg in Germanien kommen.

86. Curtius Rufus war legatus pro praetore in Germania inferior. Daß er mit dem bekannten Alexanderhistoriker identisch ist, erscheint unwahrscheinlich.

87. Das Gebiet der Mattiacer lag zwischen Wiesbaden und Homburg. Die Hauptstadt Aquae Mattiacae ist das h. Wiesbaden.

88. Die Triumphinsignien wurden ausschließlich für militärische Erfolge verliehen. Ihre Verleihung an Rufus bedeutete daher ihre Entwertung.

89. (H)Adrumetum im römischen Afrika gelegen, in augusteischer Zeit Colonia Iulia.

90. Der Princeps konnte zu jedem Wahlmagistrat eine beliebige Zahl ihm genehmer Bewerber benennen, deren Wahl für den Senat verbindlich war.

91. Das konsularische Imperium ist identisch mit dem Konsulat.

92. Vor dem offiziellen Morgenempfang am Hofe wurden die Besucher genau durchsucht.

93. Zu P. Dolabella s. III 47.

94. D. h. der designierten Prätoren.

95. Diese Regelung bestand bis zu der lex Villia (annalis) im Jahre 180 v. Chr.

96. Die Kuriatischen Gesetze (leges curiatae) wurden in einer Versammlung des Volkes (von den Kurien) beschlossen. Die Könige und alle Magistrate der Republik, die ein Imperium innehatten, mußten sich ursprünglich ihre Befugnisse von den Kurien übertragen lassen, was in der späteren Zeit der Re-

publik nur noch eine formale Angelegenheit war. L. Brutus wiederholte unverändert das Kuriatgesetz der Königszeit. Die Einrichtung der Quästur schon in der Königszeit erschließt Tacitus aus ihrer Erwähnung in der Lex des Brutus. Die Quästoren wurden von den Königen ernannt, eine Befugnis, die auch den Konsuln verblieb.

97. Im Jahre 447, zwei Jahre nach der Absetzung der Dezemvirn.
98. Zu den ursprünglich zwei Quästoren, die militärische Befugnisse hatten, kamen also zwei hinzu; später wurde ihre Zahl verdoppelt, es gab also vier neue Quästoren (im Jahre 267), die in Rom als Verwaltungsbeamte tätig waren. Tacitus hält diese verschiedenen Befugnisse nicht auseinander.
99. Dieses wurde im Jahre 81 v. Chr. erlassen. Durch die Bekleidung der Quästur gelangte man in den Senat.
100. Unter der Rechtsprechung (iudicia) sind die Kriminalgerichte zu verstehen. Bis auf C. Gracchus (123 v. Chr.) versahen die Gerichte die Senatoren, dann bis Sulla die Ritter, die von Sulla ganz aus der Rechtsprechung ausgeschaltet wurden.
101. Dies geschah im Jahre 70 v. Chr. durch die lex Aurelia. Man bedurfte also der Quästoren nicht mehr so sehr wie bisher und brauchte die Bewerbung um die Quästur nicht zu fördern. Dennoch wurde dieses Amt nach der Würdigkeit der Bewerber zugeteilt.
102. A. Vitellius ist der spätere Princeps. – L. Vipstanus Poblicola war der Vater oder der Oheim des C. Vipstanus Apronianus. Zu diesem s. XIV 1.
103. Gallia comata war der Name für das transalpine Gallien (ohne die Provincia Narbonensis).
104. Sie standen als Angehörige ihres Staates zu Rom in einem Vertragsverhältnis und hatten die civitas Romana durch persönliche Beziehungen und Verdienste erhalten, besaßen aber nicht die dignitas senatoria mit dem latus clavus.
105. Es war also ein „Staatsrat" einberufen worden.
106. Gedacht ist an die Zeit, da den Latinern und Sabinern noch nicht das volle Bürgerrecht zugestanden war.
107. Die Veneter saßen im Nordosten Italiens mit den Hauptstädten Aquileia und Patavium, die Insubrer in Gallia transpadana mit der Hauptstadt Mediolanum. Sie waren seit 194 v. Chr. endgültig unter die Herrschaft Roms gekommen.
108. Alesia, Stadt der Mandubier im keltischen Gallien, h. Aise-Sainte-Reine, am Mt. Auxois. Vercingetorix wurde dort im

Jahre 52 v. Chr. von Caesar belagert und mußte kapitulieren.

109. Wir besitzen noch Reste der wirklich gehaltenen Rede auf einer in Lyon gefundenen und dort aufgestellten Bronzetafel (s. a. Anm. 122).

110. Attus Clausus war nach der sagenhaften Überlieferung im Jahre 504 v. Chr. aus der Sabinerstadt Regillum nach Rom eingewandert und dort unter die Patrizier aufgenommen worden.

111. Alba (Longa), nach der Sage von dem Sohn des Aeneas bei den Albanerbergen gegründet, galt als die Mutterstadt von Rom. Auch Cumerium lag in Latium, ebenso Tusculum (am Nordrand der Albanerberge), der Geburtsort von M. Porcius Cato.

112. Durch den Bundesgenossenkrieg (90–88 v. Chr.) erhielten das ganze restliche Italien und von Gallia cisalpina auch die Cispadaner das römische Bürgerrecht.

113. Dies erfolgte durch die Verleihung des Bürgerrechtes auch an die Transpadaner durch Caesar im Jahre 49 v. Chr.

114. Tacitus läßt hier Claudius den 2. Bürgerkrieg übergehen.

115. Gemeint sind die von Augustus zur Versorgung seiner Veteranen ausgesandten Militärkolonien, in die auch die Provinzialen, denen Augustus das Bürgerrecht verlieh, aufgenommen wurden.

116. Die Cornelii Balbi stammten aus Gades und hatten erst in der letzten Zeit der Republik das Bürgerrecht erhalten.

117. Die Lacedämonier durch die Unterwerfung der Messenier, die Athener durch die rücksichtslose Unterdrückung ihrer Bundesgenossen.

118. Von den Senonen wurden die Römer im Jahre 387 v. Chr. an der Allia besiegt, was zur Eroberung von Rom führte. Senones gleich Galli.

119. Im Jahre 321 durch die Niederlage in den kaudinischen Pässen.

120. Hier ist an die Unterwerfung von Gallia comata durch Caesar in den Jahren 59–50 v. Chr. gedacht.

121. Tacitus übergeht hier den Aufstand des Florus und den des Sacrovir (vgl. III 40).

122. Durch die Möglichkeit der Vergleichung der wirklich gehaltenen Rede und ihrer Umformung durch den Schriftsteller erhalten wir einen Einblick in die Arbeitsweise und die Einstellung des Tacitus bei der Wiedergabe von Reden.

123. Auf die Vorlage des Antrags des Princeps erfolgte also entgegen der sonstigen Übung ohne weitere Aussprache die Abstimmung.
124. Die Äduer, ein führender Volksstamm in Mittelgallien, zwischen Arar und Liger mit der Hauptstadt Bibracte. Es sollten nur diejenigen von ihnen Senatoren werden, die bereits die civitas besaßen. Das Recht, Ämter in Rom zu bekleiden, erhielten alle Gallier, die diese Voraussetzung erfüllten. Aber die Äduer waren die ersten, die dieses Recht und damit die Möglichkeit, in den Senat aufgenommen zu werden, erhielten.
125. Die „ältesten", nicht im Sinne des Lebensalters, sondern hinsichtlich der Zeit ihrer Zugehörigkeit zum Senat.
126. Durch die lex Cassia (der Antragsteller ist unbekannt) und die lex Saenia (genannt nach dem consul suffectus des Jahres 30 v. Chr.) wurde ihnen die Wahl übertragen.
127. Das Mittel war durch Augustus ausgedacht. Bis dahin wurden die Senatoren unter Angabe der Namen und der Gründe aus dem Senat ausgestoßen.
128. Durch die Doppelehe, da sie ja mit Claudius verheiratet war.
129. Vermutlich fand das Opfer wegen der glücklichen Ankunft der Getreideschiffe statt.
130. Die besondere, wohl nur den obersten Schichten der Bevölkerung zukommende Art der Eheschließung (confarreatio) war einem feierlich-sakralen Ritus unterworfen, wobei die beiden obersten Priester und zehn Zeugen anwesend sein mußten.
131. Gemeint ist Mnester; s. XI 36.
132. C. Iulius Callistus, der Freigelassene des Caligula, der mit dem Amt a libellis betraut war. Von ihm hatte Tacitus in den verlorenen Büchern berichtet. Narcissus war ein Freigelassener des Claudius und hatte das Amt ab epistulis inne (vgl. XII 1. 57. 65, XIII 1). Pallas war ein Freigelassener der Antonia, der Mutter des Princeps. Er hatte das Amt a rationibus inne. Vgl. XII 1. 25. 53. 65, XIII 2. 14. 23, XIV 2. 65. – Es handelt sich um den Konsul des Jahres 28 n. Chr. App. Iunius Silanus, der im Jahre 42 ermordet worden war.
133. Nämlich unter Caligula, unter dem er großen Einfluß ausgeübt hatte.
134. Zu Vettius Valens, einem bekannten Arzt, und Plautius s. XI 31. 35. 36.
135. Volk, Senat und Heer sind die drei Bestandteile der res publica.
136. Turranius hatte dieses Amt schon am Ende der Regierungs-

zeit des Augustus und unter Tiberius bekleidet, s. I 7. Zu Lusius Geta s. XII 42.

137. Die Gärten des Lucullus befanden sich auf dem Monte Pincio (s. Anm. 3).

138. Britannicus und Octavia befanden sich vermutlich in dem Palatium.

139. Die älteste Vestalin hatte zugleich die Oberaufsicht. Der Princeps war der vom Senat erwählte Pontifex Maximus.

140. Zu L. Vitellius s. Anm. 10. Largus Caecina war einer der nächsten Freunde des Claudius (s. XI 31 potissimum quemque amicorum).

141. Dieser war unter Tiberius einer falschen Anklage wegen Majestätsverbrechens zum Opfer gefallen (s. IV 18 ff.). Die Ahnenbilder der nobiles waren in der Regel im Atrium untergebracht, hier in der Vorhalle (vestibulum).

142. Nero stammte von den Claudii Nerones und durch Adoption von den Livii Drusi ab. Hier handelt es sich um die Geschenke der Messalina (s. XI 12 und 30).

143. Er sollte mit Einwilligung der Messalina in dieser Eigenschaft den Silius der Treue Messalinas versichern.

144. Nämlich den die Hinrichtung vollziehenden Tribunen und Centurionen.

145. In der Gladiatorenschule wurden die Fechter ausgebildet, die von Nero zu seinen Spielen verwendet wurden.

146. Von den Schlägen, die er auf Befehl Messalinas erhalten hatte.

147. Zu Suillius Caesoninus s. XI 2, zu Plautius Lateranus s. XI 30, XIII 11, XV 49. 60. Sein Oheim war der Konsul des Jahres 28.

148. Er befehligte die prätorische Kohorte, die im Palatium stationiert war.

149. Domitia Lepida, eine Tochter des Domitius Lepidus und der Antonia maior, der Schwester des Cn. Domitius, des Gatten der Agrippina. Der Vater der Messalina war Valerius Messala Barbatus. Sie war verheiratet mit Appius Silanus, den Messalina mit Hilfe des Narcissus umbringen ließ, weil er ihr nicht zu Willen war.

150. Sittlich zu bejahen (honestum) war die Bestrafung der Messalina. Die schrecklichen und betrüblichen Folgen (deterrima et tristia) waren die Heirat des Claudius mit Agrippina, der Tod seiner Kinder und die Erhebung Neros zum Princeps.

BUCH XII

1. Dies ist ein Hinweis auf die überragende, einflußreiche Stellung der Freigelassenen an dem Hofe des Princeps.
2. Lollia Paulina war kurze Zeit mit Caligula verheiratet.
3. Claudius war vor der Ehe mit Messalina zweimal verheiratet gewesen, zuerst mit Plautia Urgulanilla, sodann mit Aelia Paetina. Von beiden war er bereits geschieden, als er zur Herrschaft gelangte.
4. Der Scheidung lagen keine tieferen Zerwürfnisse zugrunde.
5. Antonia war die älteste Tochter des Claudius. Sie heiratete zuerst im Jahre 41 n. Chr. Cn. Pompeius Magnus und nach dessen Ermordung (um das Jahr 42) Faustus Cornelius Sulla Felix (über ihn s. XII 52). Im Jahre 65 ließ Nero sie als Beteiligte an der Pisonischen Verschwörung umbringen. Der Bericht von ihrem Tod ist mit dem Schluß von Buch XVI verlorengegangen.
6. Der Enkel des Germanicus ist L. Domitius. Agrippina war die letzte, die väterlicherseits dem Geschlecht der Iulier angehörte, da der von Augustus adoptierte Tiberius seinerseits ihren Vater Germanicus adoptiert hatte. Ebenso waren Claudius und seine Kinder die letzten Claudier.
7. Agrippina war im Jahre 15 n. Chr. geboren, also damals 33 Jahre alt.
8. L. Domitius Ahenobarbus, geb. 37 n. Chr. in Antium, der nachmalige Princeps Nero.
9. Octavia war die Tochter der Messalina, nach der Schwester des Augustus, der Mutter ihrer beiderseitigen Großmütter, genannt. – Im Jahre 28 vermählte Tiberius seine Enkelin Agrippina mit Cn. Ahenobarbus, der im Jahre 40 starb. Nach Sueton Nero 5, 1 war er ein Mann omni parte vitae detestabilis.
10. L. Silanus, der Sohn des Konsuls des Jahres 19 n. Chr. M. Iunius Silanus und der Aemilia Lepida, der Tochter des Konsuls (1 n. Chr.) L. Paulus und der Iulia, der Enkelin des Augustus.
11. Nicht des späteren Princeps, sondern seines jüngeren Bruders Lucius.
12. Der restliche Tag war der III. Kal. Jan.
13. Eprius Marcellus machte sich später als Angeber einen Namen.
14. Über C. Pompeius ist nichts weiter bekannt. Q. Veranius war

im Jahre 18 bei der Einrichtung der Provinz Cappadocien als Legat des Germanicus tätig.

15. Durch die Strafe der Götter.
16. Die Befehle des Volkes (iussa populi) und der Beschluß des Senats (auctoritas senatus) sind aus der Zeit der Republik stammende staatsrechtliche Begriffe, die dem Volk bindende Beschlüsse, dem Senat ein Gutachten (senatus consultum oder auctoritas) zugestanden.
17. Claudius hatte das Amt des Censors übernommen (s. Anm. XI 61).
18. Britannicus war damals 8 Jahre alt, Octavia vermutlich etwas älter.
19. Agrippina war zuerst mit Cn. Domitius, dann mit dem Redner Crispus Passienus verheiratet (s. VI 20).
20. „Gehört" in bezug auf Augustus, der dem Tiberius Nero seine Gattin Livia weggenommen hatte, „erlebt" bei Caligula, der dem Konsul Memmius seine Gattin Lollia Paulina weggenommen und sie nach kurzer Zeit wieder fortgeschickt hatte.
21. Sie kehrte im Jahre 59 wieder zurück und lebte noch unter Vespasian. Vitellius hatte sie wegen angeblicher Unzucht mit ihrem Bruder angezeigt (s. XII 4).
22. Vermutlich war es der berühmte Hain der Diana bei Aricia, an der via Appia.
23. D. h. zu einer Zeit, da Claudius sich selbst des Vergehens eines Inzestes schuldig gemacht hatte.
24. Seneca war im Jahre 41 nach Korsika verbannt worden, weil er bei Messalina in Ungnade gefallen war.
25. Gemeint ist Agrippina mit ihren Vertrauten.
26. Mammius Pollio war für dieses Jahr zum consul suffectus designiert worden.
27. Er war der Stiefsohn des Claudius, der zugleich der Oheim seiner Mutter war.
28. In XI 10.
29. Meherdates (Mithridates), ein Sohn des Vonones I., von dem in II 1 ff. berichtet wird.
30. Dieses Vertragsverhältnis war zuerst unter Augustus im Jahre 20 v. Chr. geschlossen, dann unter Tiberius (s. II 58) und zuletzt unter Caligula erneuert worden.
31. Zu Phraates s. II 1 f.
32. Augustus hatte Vonones, Tiberius, Phraates und Tiridates entsandt (s. II 1, VI 31 f.).

33. C. Cassius Longinus, ein Nachkomme des Caesarmörders gleichen Namens, war consul suffectus im Jahre 30 n. Chr. Über seine weiteren Schicksale s. XIII 41. 48, XIV 42, XV 52. Er wurde im Jahre 65 der Teilnahme an der Pisonischen Verschwörung beschuldigt und trotz Erblindung in die Verbannung nach Sardinien geschickt (XVI 7. 9). Er war mit Iunia Lepida, der Urenkelin des Augustus, verheiratet und ein berühmter Rechtsgelehrter.
34. Der Caesarmörder Cassius hatte im Jahre 51 v. Chr. die Parther bei Antiochia besiegt.
35. Zeugma lag am Euphrat gegenüber von Apameia (h. Biredjik), gegründet von Seleukos I. Beide Städte waren durch eine Schiffbrücke miteinander verbunden; daher der Name.
36. Acbarus war König von Osroene im Norden Mesopotamiens.
37. Edessa, Stadt in Osroene (h. Orfa), durch Lucullus und Pompeius unter römische Herrschaft gekommen, in den Partherkriegen von den Römern wiederholt erobert.
38. Carenes war Satrap von Mesopotamien.
39. Der Winter der Jahre 49/50.
40. Adiabene bezeichnet ursprünglich das Flußgebiet der beiden Zab im nördlichen Mesopotamien und wurde dann auch als Name für Assyrien gebraucht, weil es politisch den größten Teil der Landschaft Assyrien umfaßte. Es wurde im 1. Jh. n. Chr. von eigenen Königen regiert, die aber von den Parthern abhängig waren und auch in die römisch-parthischen Kriege verwickelt wurden.
41. Izates war in den ersten Jahren der Regierung des Claudius auf den Thron gekommen.
42. Ninus (= Ninive) am Tigris in Adiabene.
43. In der Schlacht bei Gaugamela, in der Alexander im Jahre 331 Darius III. besiegte. – Das Kastell ist nach Lage und Namen nicht bekannt.
44. Sanbulos, ein Berg jenseits von Ninive, in dessen Nähe der letzte Kampf zwischen Darius III. und Alexander d. Gr. stattgefunden hatte.
45. Unter Hercules wird der iranische Gott Verethragna zu verstehen sein.
46. Der Fluß Corma ist nicht identifizierbar.
47. Gotarzes starb im Jahre 51, im gleichen Jahre auch Vonones.
48. Mithridates war ein Nachkomme des von Pompeius besiegten Bosporanischen Königs. Claudius hatte ihn im Jahre 41 zum König des Bosporanischen Reiches, also des Gebietes

zwischen dem Schwarzen und dem Asowschen Meer, gemacht, ihn aber wieder verjagt und seinen Bruder Cotys, der ihn angeklagt hatte, auf den Thron gesetzt. Bosporus: Die Straße von Kertsch.

49. A. Didius Gallus hatte die Provinz Sizilien verwaltet, war in einem nicht näher bekannten Jahr consul suffectus, dann Prokonsul in Afrika gewesen und hatte als proprätorischer Legat von Mösien Mithridates vertrieben.
50. Die Dandariden saßen östlich des Schwarzen Meeres in der Gegend des Hypanis (Kuban).
51. Die Siracer saßen in der Gegend der Wolga.
52. Die Aorser saßen östlich der Wolga und am Kaspischen Meer.
53. Die Stadt Soza wie auch der nachher genannte Fluß Panda und die Stadt Uspe sind nicht zu identifizieren.
54. Auf der Chersonesus Taurica, der heutigen Krim.
55. Die alten Könige des Pontus, von denen der hier genannte Mithridates abstammte, rühmten sich des gemeinsamen Ursprungs von dem König Cyrus, dessen Ahnherr Achaemenes war.
56. Iunius Cilo war der Verwalter des dortigen Vermögens des Princeps.
57. Unter den Chaldaeern sind die Astrologen zu verstehen.
58. Apollo hatte in Clarus (Klaros), einer Stadt in Ionien, ein berühmtes Orakel.
59. L. Volusius war der Sohn des III 30 erwähnten und gerühmten Volusius. Zu Cotta Messalinus s. II 32, V 3, VI 5. 7.
60. Zu Memmius Regulus s. V 11, VI 4.
61. Sie wurde verbannt, aber im Jahre 59 zurückgerufen.
62. Pontus und Bithynien waren eine Senatsprovinz unter einem prätorischen Prokonsul. Zum Repetundengesetz vgl. Anm. XI 26.
63. Nach einer Verordnung des Augustus durften die Senatoren sich aus Italien nicht ohne Genehmigung des Princeps in eine Provinz (außer Sizilien) entfernen. Die Erlaubnis, ohne Genehmigung auszureisen, wurde von Claudius nun auch auf Gallia Narbonensis ausgedehnt, was die rechtliche Gleichstellung mit Italien bedeutete.
64. Ituraea im Norden von Palaestina. Judäa bezeichnet hier das ganze übrige Palaestina. – Sohaemus hatte von Caligula Ituraea, Herodes Agrippa von Claudius ganz Palaestina erhalten. Beide Länder wurden dem legatus pro praetore von Syrien unterstellt.

65. Das letzte Augurium (offizielle Götterbefragung vor wichtigen Unternehmungen) hatte unter Augustus im Jahre 29 v. Chr. stattgefunden.
66. Claudius nahm dieses Recht aufgrund der Eroberung von Britannien für sich in Anspruch.
67. Das Weichbild der ältesten Stadt auf dem Palatin.
68. Der Rindermarkt, das forum boarium, befand sich an der Westspitze des Palatin.
69. Consus ist der Gott der eingebrachten Feldfrucht. Er hatte einen unterirdischen Altar an der Südspitze des Palatin. – Die alten Kurien (Curiae veteres) lagen an der Ostspitze des Palatin, die Kapelle der Laren (sacellum Larum) in der Mitte der Nordostseite, das forum Romanum begann an der Nordspitze. – Claudius zog hauptsächlich den Aventin in das Pomerium ein.
70. Was unter den öffentlichen Dokumenten (publica acta) im einzelnen zu verstehen ist, ist nicht ersichtlich.
71. C. Antistius Vetus war der Konsul des Jahres 28 und consul suffectus im Jahre 46. – M. Suillius (Nerullinus) war ein Sohn des Angebers P. Suillius (s. XI 2 f.) und später vermutlich Prokonsul von Asien.
72. Formell bedeutete die Adoption nur die Gleichstellung von beiden. Aber da Nero älter war, ging er überall dem Britannicus vor.
73. Die plebeischen Claudier führten den Beinamen Marcellus.
74. Zu Attus Clausus s. Anm. XI 110.
75. Er hieß vor seiner Thronbesteigung Ti. Claudius Nero Caesar oder Nero Claudius Drusus Germanicus, nach der Thronbesteigung Nero Claudius oder nur Nero.
76. Die Ubier waren von Agrippa im Jahre 38 v. Chr. auf das linke Rheinufer umgesiedelt worden. Ihre Hauptstadt hieß Ara Ubiorum. Diese wurde im Jahre 50 n. Chr. zu Ehren von Agrippina, die dort geboren war, zur Colonia Agrippinensis erhoben: das h. Köln.
77. Die Chatten waren ein starker Volksstamm im heutigen Hessen. Germanicus unterwarf sie und triumphierte über sie im Jahre 17 n. Chr.
78. Zu Pomponius (Secundus) s. V 8. Er war berühmt als Dichter von Tragödien.
79. Die Vangionen saßen im Raum von Worms (Borbetomagus), die Nemeter in der Gegend von Speyer (Noviomagus Nemetum, später Spira).

80. Die eine Kolonne marschierte das Lahntal hinauf, die andere den Main entlang.
81. Der Mons Taunus, so seit etwa anderthalb Jahrhunderten in Wiederaufnahme des antiken Namens, bezeichnet die Höhe zwischen Rhein und Nidda.
82. S. II 63.
83. Palpellius Hister war consul suffectus im Jahre 43 gewesen. Die Statthalter Pannoniens waren in der Regel Konsulare.
84. Die Lugier waren ein vandalischer Volksstamm im östlichen Germanien am Oberlauf der Weichsel (vgl. Tacitus Germania 43).
85. Die iazygischen Sarmaten saßen in der Ebene zwischen Donau und Theiß.
86. Die Römer unterhielten zwei Flotten auf der Donau, die classis Pannonica und die classis Moesica.
87. Zu Sido s. Tacitus Historiae III 5. 21.
88. P. Ostorius Scapula war spätestens unter Claudius im Jahre 46 consul suffectus. Er muß, da sein Vorgänger in Britannien bereits im Jahre 47 seinen Triumph feierte, im gleichen Jahre sein Amt in der Provinz Britannien angetreten haben. Tacitus greift also in seinem Bericht auf eine frühere Zeit zurück und führt diesen dann bis zum Jahre 58. S. XII 40 am Ende.
89. Avona – Sabrina, h. Avon und Severn, beide münden nach ihrer Vereinigung in den Severn genannten Meerbusen zwischen Cardiff und Bristol.
90. Die Icener saßen in den Grafschaften Suffolk und Norfolk. Sie ließen sich die Forderung, ihre Waffen abzuliefern, nicht gefallen.
91. M. Ostorius s. XIV 48, XVI 14 f. Er war consul suffectus im Jahre 59.
92. Die Ceanger sind nicht weiter bekannt. Sie müssen nordwestlich von den Icenern ihre Wohnsitze gehabt haben.
93. Hibernia ist das heutige Irland.
94. Die Briganten, ein mächtiger Volksstamm und gefürchtete Gegner der Römer, hatten ihre Wohnsitze im nördlichen England. Ihr Hauptort war Eburacum. Sie wurden in mehreren Expeditionen in den Jahren 48, 51 (s. XII 40) und 69 (Tacitus Historiae III 45) unterworfen.
95. Die Silurer waren ein tapferer Stamm im Westen und Süden von Wales mit ihrem Hauptort Isca. Sie wurden erst von Iul. Frontinus kurz vor dem Jahr 78 unterworfen.

96. Camulodunum, heute Colchester, lag an der Straße von Venta Icenorum nach Londinum (London), benannt nach dem gallisch-britischen Gott Mars Camulus.

97. Caratacus war der Sohn des in Camulodunum residierenden Königs der Catavellauner namens Cunollinus. Er hatte schon bei dem ersten Zug der Römer nach Britannien unter Claudius (43) den Befehl über die Britannier innegehabt.

98. Die Ordovicer saßen nördlich von den Silurern, im nördlichen Teil von Wales.

99. Diese fürchteten, die Römer würden „im Frieden" ungehindert ihre bedrückende Herrschaft ausüben und zu „Bestrafungen" bei „Übergriffen" die Möglichkeit haben.

100. Dies ist rhetorische Übertreibung. Im Jahre 55 v. Chr. hatte Caesar mit einem Teil seiner Truppen eine Erkundung der Landemöglichkeiten in Britannien unternommen, im Sommer 54 drang er bis über die Themse vor, aber verzichtete auf eine dauernde Besitzergreifung, die angesichts der Unruhen in Gallien seine verfügbaren Kräfte überspannt hätte.

101. Die Präfekten der bundesgenössischen Kontingente, die Tribunen der römischen Legionen.

102. Der Krieg hatte im Jahre 42 begonnen, Caratacus wurde im Jahre 51 gefangengenommen. Tacitus hat somit in seinem Bericht um ein Jahr vorgegriffen.

103. D. h. bei solchen Kriegen, die Caratacus in Britannien geführt hatte.

104. Tacitus hat die Tochter, die dabei inbegriffen war, nicht besonders erwähnt.

105. Syphax, der König von Numidien, Hasdrubals Schwiegersohn, wurde von P. Cornelius Scipio im Jahre 202, Perseus, der König von Macedonien, von L. Aemilius Paulus im Jahre 168 v. Chr. bei Pydna besiegt.

106. Die Sugambrer waren ein germanischer Volksstamm, zur Zeit Caesars am Rhein zwischen Lippe und Sieg. Sie wurden im Jahre 12 v. Chr. von Drusus besiegt und 8 v. Chr. von Tiberius zum Teil auf das linke Rheinufer umgesiedelt.

107. T. Manlius Valens war später Legat der unter Nero errichteten legio prima Italica. Er wurde erst in seinem 90. Lebensjahr Konsul und starb im Jahre 96.

108. Vor den Resten des Buches XI.

109. Venutius war noch im Jahre 69 König, da seitens der Römer der Krieg lässig geführt wurde. Erst unter Vespasian (im

Jahre 71) wurden die Briganten durch Petilius Cerialis endgültig unterworfen (s. Anm. 94).

110. Didius hat die Provinz bis zum Jahre 58 verwaltet. – S. Anm. 88. Der Bericht wird XIV 29 weitergeführt.

111. Zu Servius Cornelius (Orfitus ist fremder Zusatz) vgl. noch XVI 12 und Tacitus Historiae IV 42.

112. Also noch vor dem gesetzlichen Mindestalter (in der Republik 43 Jahre, von Augustus herabgesetzt), entsprechend dem Vorgang bei den Enkeln des Augustus C. und L. Caesar. Das prokonsularische Imperium war unabhängig von dem Lebensalter, da es ein außerordentliches Amt war.

113. So hießen die Söhne der Herrscher vom Anlegen der Männertoga bis zum Eintritt in den Senat, ebenso die Führer der Rittercenturien. Nero war dreizehn Jahre alt. Die Männertoga erhielten sonst erst die siebzehn Jahre alten Knaben.

114. Die toga praetexta war die mit einem Purpursaum besetzte Toga der kurulischen Beamten.

115. Offiziere der Prätorianerkohorten.

116. Burrus Afranius stammte vermutlich aus Vasi, im Lande der Vocontier, und war zusammen mit Seneca der Vertraute Neros (vgl. XII 69, XIII 2. 6. 14. 20, XIV 7. 15. 51).

117. Zu Vitellius s. XI 2.

118. In der römischen Auguraldisziplin spielten Vögel, z. B. der Specht und die Krähe, und als besonderer Unglücksvogel der Uhu eine große Rolle.

119. Vologaeses war im Jahre 51 auf den Thron gekommen. Seine Brüder waren Tiridates (s. XII 50) und Pacorus (s. XV 2).

120. Zu Pharasmanes s. VI 32, XI 8.

121. Die Albaner waren ein kriegerisches Volk an den östlichen Abhängen des Kaukasus (s. II 68).

122. Gorneae, ein Kastell unbekannter Lage, seit der Einsetzung des Mithridates mit einer römischen Besatzung.

123. Pharasmanes wird hier zu den Mördern gerechnet, weil er das Reich durch die Eroberung seines Sohnes mitbesaß.

124. Helvidius Priscus wurde von Quadratus abgeschickt.

125. Im Jahre 53. Der „harte Winter“, von dem nachher die Rede ist, fiel in das Jahr 53/54. Tiridates (s. Schluß von XII 51, ferner Anm. 119) hat den Thron von Armenien durch einen zweiten Einfall wieder eingenommen, der erst nach dem Tode des Claudius in Rom bekannt wurde, also in das Jahr 54 fiel.

126. Artabanus hatte nach dem Tode des 18 v. Chr. von Germanicus eingesetzten Artaxias in Armenien dessen ältesten Sohn

Arsaces eingesetzt. Nach dessen gewaltsamem Tod nahm im Jahre 35 n. Chr. Mithridates (der Hiberer) das Land auf Veranlassung der Römer in Besitz. Er wurde von Caligula abberufen, worauf das Land bis zu der Rückkehr des Mithridates im Besitz der Parther war.

127. Artaxata war die Hauptstadt von Großarmenien (am Araxes gelegen). Sie wurde 58 n. Chr. von Corbulo zerstört und von Tiridates unter dem Namen „Neronia" wieder aufgebaut. – Tigranocerta, ebenfalls eine bedeutende Stadt von Großarmenien, wurde von Lucullus im Jahre 69 v. Chr. belagert und zerstört. Sie gelangte später unter den Parthern zu neuer Blüte. Ruinen vermutlich in Martyropolis (Farkin) am Fuße des Taurus.

128. Wohl die XII 46 f. erwähnte Tochter des Mithridates.

129. S. Anm. 125.

130. Faustus Sulla Felix – so sein voller Name – war ein Urenkel des einstigen Diktators und der Schwiegersohn des Claudius. Er wurde von Nero umgebracht. – L. Salvius Otho war der ältere Bruder des späteren Princeps.

131. Über die Astrologen s. II 27.

132. Zu Pallas s. XI 29.

133. Zu Barea Soranus s. XVI 21. 23 ff., Tacitus Historiae IV 10. 40. Zu Cornelius Scipio s. III 74.

134. Dies war eine Fiktion, die sich davon herleitete, daß nach der Sage die Arkader unter der Führung des Euandros sich als erste auf dem Palatin angesiedelt hätten und von einem arkadischen König Pallas abstammten. Pallas war der Name, den er als Freigelassener erhalten hatte. Der Bericht des Tacitus ist voll bitterer Ironie hinsichtlich der damaligen Selbsterniedrigung des Senats.

135. Auch hier ironisch: „Er war noch unverschämter."

136. Hier ist im Text eine Lücke, die aber dem Sinne nach von Tacitus Historiae V 1 ergänzt werden kann, wo es heißt: iussi a Caesare (Caligula) effigiem eius in templo locare arma potius sumpsere, quem motum Caesaris mors diremit (es wurde ihnen von Caligula befohlen, sein Bild im Tempel aufzustellen, aber sie griffen lieber zu den Waffen. Doch der Tod des Caesars machte den Aufstand hinfällig).

137. Die Samariter waren im Zusammenhang mit der babylonischen Gefangenschaft der Juden aus Persien nach Samaria verpflanzt worden. Sie waren ursprünglich Heiden, nahmen aber die jüdische Religion an. Die Feindschaft zwischen ihnen

und den Juden brach mit der Rückkehr der Juden aus. Die Samariter hatten einen eigenen Tempel auf dem Berge Garizin und verbündeten sich häufig mit den Feinden der Juden.

138. S. XII 45.

139. Über die Cieten s. VI 41.

140. Anemurium lag in dem damals zu der Provinz Syrien gehörigen Cilicien.

141. Antiochus, der Sohn des II 42 erwähnten Antiochus, des Königs von Commagene, der nördlichsten Landschaft Syriens. Commagene war römische Provinz von 17 v. Chr. bis 38 n. Chr. Antiochus IV. wurde von Caligula wieder in sein Reich eingesetzt, zu dem Teile Ciliciens geschlagen wurden, und erhielt von Claudius noch einmal sein Reich zurück. Unter Vespasian wurde dann Commagene endgültig römische Provinz.

142. Der Fuciner See östlich von Rom in den Apenninen (h. Laco di Celano). In den Liris (h. Garigliano) sollte der Fuciner See durch den Berg (h. Salviano) hindurch abgeleitet werden, was nach Sueton Claudius 20 die Zeit von elf Jahren beanspruchte.

143. In den horti Caesaris, auf dem rechten Tiberufer, südlich vom Ianiculum.

144. Es handelte sich um todeswürdige Verbrecher, die bewacht werden mußten, damit sie nicht ausbrechen und sich dem Kampf entziehen konnten.

145. Unter den Flottenmannschaften (classiarii) auf den Deckschiffen sind die von den Prätorianertruppen, die sich auf den Flößen befanden, bewachten Gladiatoren zu verstehen.

146. Die Chlamys (griech. Kleidung) war ein großer, auf der Brust durch einen Knopf zusammengehaltener Mantelkragen.

147. Die Brücken wurden über dem im See zurückgebliebenen Wasser angelegt.

148. S. XI 29. Agrippina haßte ihn, weil er gegen ihre Heirat mit dem Princeps aufgetreten war (s. XII 1).

149. D. Iunius (Silanus), der Bruder des Lucius und des Marcus Silanus (s. XII 3, XIII 1), ein Enkel der Iulia, der Tochter des Agrippa. – Q. Haterius (Antoninus) war der Sohn des D. Haterius Agrippa und der Enkel des berühmten Redners Q. Haterius (s. II 51).

150. Die Bewohner von Neu-Ilion. Sie hatten bereits von Caesar Abgabenfreiheit (immunitas) erhalten und wurden jetzt von jeder Leistung an Rom befreit, insbesondere von der Stellung von Truppen.

151. Das heutige Bologna.

152. Die Rhodier hatten ihre Selbständigkeit unter Claudius im Jahre 44 verloren. Diese bestand in einer eigenen Regierung, die unabhängig von der Rechtsprechung der römischen Beamten war.
153. Apamea am Maeander (Kleinasien) war seit Sulla (im Jahre 84 v. Chr.) römisch und zu Cilicien gehörig. Es war eine Hauptniederlassung römischer Handelsherren.
154. Statilius Taurus war der Konsul des Jahres 44.
155. Die Prokuratoren waren Beamte aus dem Ritterstande, meist kaiserliche Freigelassene. Sie wurden in der kaiserlichen Finanzverwaltung sowohl in Rom wie in den Provinzen als Vorsteher der verschiedenen Zweige der Steuer- und Zollverwaltung verwendet. Als Finanzprokuratoren waren sie unmittelbar dem Princeps unterstellt und daher unabhängig von den Provinzstatthaltern, so daß sich zwischen diesen (Prokonsuln und proprätorischen Legaten) und ihnen oft Kompetenzkonflikte ergaben.
156. Ägypten stand unter Präfekten, die der Princeps aus dem Ritterstande ernannte. Sie wurden durch Gesetz den Prokuratoren gleichgestellt. Zu dem Begriff des „hohen Beamten" (magistratus populi Romani) gehörte auch noch in der Principatszeit, daß er vom Senat oder von dessen Stellvertreter gewählt wurde.
157. Es gab ursprünglich zwei städtische Prätoren in Rom mit der Hauptaufgabe der Rechtspflege. Bei der Ausdehnung des Reiches richtete man später vier weitere Prätorenstellen mit vollem, auch militärischem Imperium für die Verwaltung der unterworfenen Gebiete ein. Seit Sulla änderte sich die Gesamtzahl der Prätoren wiederholt (vgl. I Anm. 131).
158. Claudius gab also allen Prokuratoren die gleichen richterlichen Befugnisse wie den Prätoren, womit die Gleichstellung des Ritterstandes mit dem alten Adel erfolgte. Unter der „gesamten Rechtsprechung" ist nur die innerhalb ihres eigentlichen Amtsbereiches, d. h. die richterliche Entscheidung in fiskalischen Fragen, zu verstehen.
159. Die Gesetze des C. Sempronius Gracchus, Volkstribun 123/122 v. Chr.
160. Es gab zwei Servilische Gesetze, die die Rechtsprechung betrafen, das des Konsuls im Jahre 106 Q. Servilius Caepio, das dem Senat die Gerichte zurückgab, und das des Volkstribunen C. Servilius Glaucia, durch das die Ritter die Gerichte wieder erhielten.

161. In dem Bürgerkrieg der Jahre 88 bis 81, an dessen Ende Sulla die Gerichte dem Senat übertrug.

162. Oppius und Cornelius Balbus, beides römische Ritter, Vertraute Caesars, die großen Einfluß auf die Staatsführung ausübten. – Balbus war consul suffectus im Jahre 40 v. Chr.

163. C. Matius und Vedius Pollio waren besondere Günstlinge des Augustus.

164. Coos (Kos), dorische Insel vor der kleinasiatischen Küste, zur Provinz Asia gehörig.

165. In dem dortigen Hain des Apollo hat die Ärzteschule der Asklepiaden die Tradition des Hippokrates gepflegt.

166. Auf einer Münze ist das Porträt dieses angeblichen Mörders des Claudius (s. XII 67) erhalten.

167. Er war in Wirklichkeit ein Gerber aus Adramyttion. – Der Krieg wurde in den Jahren 151–148 geführt.

168. Aristonicus war ein unehelicher Sohn von Attalos II. von Pergamon. Als Attalos III. im Jahre 133 v. Chr. sein Reich den Römern vererbte, erhob Aristonicus Anspruch auf den Thron und wurde erst nach schweren Kämpfen im Jahre 130 von den Römern gefangengenommen und in Rom im Gefängnis erdrosselt.

169. Antonius, der Vater des Triumvirn (74–72).

170. Sulla und Lucullus in den mithridatischen Kriegen. Pompeius besonders im Seeräuberkrieg.

171. Chalcedon, eine megarische Kolonie auf der asiatischen Seite des Bosporus.

172. Gemeint ist der Krieg des Jahres 46, dessen Bericht bei Tacitus in den verlorenen Büchern stand.

173. Zu M. Asinius s. XIV 40. M'. Acilius Aviola war im Jahre 65/66 Prokonsul von Asia.

174. Domitia Lepida war die Tochter der Antonia maior (nicht der Antonia minor, wie Tacitus schreibt, s. a. Anm. IV 86), der Schwester des Cn. Domitius Ahenobarbus, Enkelin der Octavia und Großnichte des Augustus. Sie war verheiratet mit M. Valerius Messala, von ihm Mutter der (Valeria) Messalina und in zweiter Ehe mit Faustus Cornelius Sulla (consul suffectus im Jahre 31) verheiratet, von dem sie einen Sohn gleichen Namens (Konsul 52) hatte.

175. Sinuessa (h. Mondragone), Stadt der Aurunker, an der Grenze von Latium und Campanien. In ihrer Nähe lagen die vielbesuchten Bäder Aquae Sinuessanae.

176. Nämlich von dem Vorkoster Halotus.

177. Das Vomieren mit Hilfe einer Feder war nach üppigen Gelagen üblich.
178. Nach der üblichen Sitte, den von den Soldaten zum Imperator ausgerufenen Heerführer auf einem Tragsessel in das Lager zu bringen.
179. Nämlich seitens der dort stationierten Truppen.

BUCH XIII

1. M. Iunius Silanus war der älteste Bruder des L. Iunius Silanus (s. XII 3). Er war Konsul im Jahre 46 n. Chr. und der älteste Sohn der Aemilia Lepida.
2. P. Celer (s. XIII 33) und Helius waren Prokuratoren des privaten Vermögens des Princeps. Über den verderblichen Einfluß des Helius berichtet Tacitus Historiae I 37.
3. S. XII 57.
4. Sie wurde Flaminica des vergöttlichten Claudius, wie ihre Großmutter Livia (Iulia Augusta) für Augustus.
5. Über die wissenschaftliche Betätigung berichtet Sueton Claudius 41 ff. Er verfaßte drei große Geschichtswerke, eines in lateinischer und zwei in griechischer Sprache.
6. Die Mitglieder des Hofes sollten nicht, wie unter Claudius, Einfluß auf die Führung der Staatsgeschäfte ausüben.
7. Darunter ist vor allem die Gesetzgebung, die Wahl der alten republikanischen Beamten und die Kriminalgerichtsbarkeit über die Senatoren zu verstehen.
8. Staatsprovinzen (= Senatsprovinzen) werden von den provinciae Caesaris unterschieden. In den letzteren standen die Heere (mandatis exercitibus). Die Vertretung von Italien und den Senatsprovinzen sollen also bei staatlichen Verhandlungen die Konsuln übernehmen und die jeweiligen Abgesandten in den Senat einführen.
9. Diese Regierungsmaßnahmen waren vermutlich in einem besonderen Edikt des Claudius verkündet worden. XI 22 ist von einem Senatsbeschluß nicht die Rede.
10. In dem Palatium befand sich ein Sitzungsraum in der dortigen Bibliothek.
11. Sie kamen wegen der verworrenen Lage in ihrem Lande, wo bald Radamistus, bald die Parther die Herrschaft in Händen hatten.

12. Damit knüpft Tacitus wieder an den Bericht XII 51 an, wo er von der Vertreibung des Radamistus erzählt.
13. „Auch jetzt", d. h. wiederum. Denn er war im Jahre 53 bei dem ersten parthischen Einfall geflohen, ohne sich zur Schlacht gestellt zu haben (s. XII 50). Das zweite Mal war er ebenfalls geflohen, gezwungen durch den Aufstand der Seinigen (s. XII 51), worauf Tiridates durch einen erneuten Einfall im Jahre 54 wieder auf den parthischen Thron kam.
14. Als Befehlshaber trat Pompeius zum erstenmal im Jahre 84 auf, wo er ein Heer gegen die Marianer führte. 19 Jahre alt war er im Jahre 87, wo er jedoch lediglich unter seinem Vater im Krieg gegen Cinna diente. – Augustus (Caesar Octavianus) ist im Jahre 63 geboren. Im Jahre 44 brach der 2. Bürgerkrieg aus.
15. Unter „Auspizien" ist die göttliche Berufung als Herrscher zu verstehen.
16. Es handelt sich bei der Aushebung um römische Bürger, die in den Provinzen ansässig waren oder sich dort aufhielten.
17. Agrippa, der Sohn des Herodes Agrippa (s. XII 23). Er hatte von Claudius in Syrien ein Herrschaftsgebiet erhalten. – Zu Antiochus von Commagene s. XII 55.
18. Aristobulus war der Sohn des Herodes von Chalcis, ein Urenkel von Herodes d. Gr. Nero gab ihm sechs Jahre später auch einen Teil von Großarmenien (XIV 26).
19. Sohaemus war im Jahre 54 seinem Bruder Azizius als König von Emesa in Syrien gefolgt. Sein Land Sophene lag zwischen Taurus und Antitaurus am Unterlauf des Arsanias.
20. Er war vermutlich ein Sohn des XI 8 ff. genannten Vardanes.
21. Vgl. XI 18. Corbulo war Statthalter von Germania inferior und erhielt als Legat die Provinz Cappadocia et Pontus.
22. Gehorsam zu leisten: Corbulo oder seinem Legaten Quadratus Ummidius.
23. Aegeae (h. Ajaskale) am Meer gelegen. Hier war Corbulo gelandet.
24. L. Antistius Vetus war der Sohn des gleichnamigen consul suffectus des Jahres 28 n. Chr. Über den Sohn vgl. XIII 53, XIV 58, XVI 10.
25. Nero ließ seinen Mitkonsul nicht schwören, um damit zu demonstrieren, daß er ihn während der gemeinsamen Amtszeit als gleichstehend betrachte. S. a. Anm. 118.
26. Zu Plautius Lateranus vgl. XI 36.
27. M. Salvius Otho ist der spätere Princeps des Jahres 69. Vgl.

auch XIII 45 f. und Tacitus Historiae I 13. Sein Vater L. Salvius Otho war der erste Konsul in der Familie gewesen (consul suffectus im Jahre 33 n. Chr.). – Zu Claudius Senecio s. XV 50. 56. 58. 70. Die Freilassung muß durch Claudius erfolgt sein.

28. Annaeus Serenus war – wie der Name Annaeus vermuten läßt – ein Verwandter von Seneca, der ihm die Schriften de tranquillitate animi und nec iniuriam nec contumeliam accipere sapientem gewidmet hat.
29. Agrippina nahm für sich das Verfügungsrecht über den ganzen Schmuck in Anspruch. Ein Teilgeschenk war für sie gleichbedeutend mit der Beschränkung der Verfügung über das Ganze.
30. Die alten republikanischen Beamten legten am letzten Tage ihrer Amtstätigkeit den Eid ab: se nihil contra leges fecisse.
31. D. h., daß er wegen Verwendung von Geldern zu seinem persönlichen Nutzen nicht zur Verantwortung gezogen werde.
32. Zu den beiden Brüdern M. Iunius und L. Iunius Silanus Torquatus s. XIII 1.
33. Das Saturnalienfest mit dem Haupttag am 17. Dezember war eine Art Karneval, an dem Gleichheit zwischen Herren und Gesinde herrschte.
34. Der „König" wurde durch Würfeln bestimmt und konnte beliebige Befehle erteilen.
35. Zu der Giftmischerin s. XII 66.
36. Die älteren Personen speisten entsprechend einer alten Sitte auf dem Triclinium liegend.
37. Die Beisetzung erfolgte in dem von Augustus erbauten Mausoleum auf dem Marsfelde.
38. Die „alte Geschichte" bezieht sich auf das Brüderpaar Romulus und Remus.
39. Der Tischgast galt, wie schon bei den Griechen, als unter dem Schutz der Götter stehend.
40. Die Schwestern waren Antonia und Octavia (s. XII 2). Antonia war bei der Schilderung des Giftmordes nicht als anwesend genannt.
41. Mit den „einflußreichsten Männern" sind in erster Linie Burrus und Seneca gemeint.
42. Mit den „Adeligen" sind diejenigen gemeint, deren Vorfahren schon in der Republik die höchsten Ämter bekleidet hatten und deren Zahl nur noch gering war.
43. Seit Augustus verfügten die Herrscher über eine persönliche

Leibgarde aus germanischen Reitern der verschiedensten germanischen Völkerschaften.

44. Welche Antonia hier gemeint ist, steht nicht fest, es kann die Mutter des Germanicus und Urgroßmutter Neros oder die Mutter des Vaters Neros, des Cn. Domitius, sein.
45. T. Sextius Africanus war consul suffectus im Jahre 59 n. Chr., s. XIV 46, wo über seine Herkunft berichtet wird.
46. Nämlich von Nero, s. XIII 12.
47. Rubellius Plautus, der Sohn des Rubellius Blandus und der Iulia, der Tochter des Drusus und Enkelin des Tiberius und durch Adoption von Tiberius in das iulische Geschlecht aufgenommen, dadurch Urenkelin des Augustus.
48. Domitia, die Schwester der Domitia Lepida (s. XI 37). Sie war mit Agrippina verfeindet, weil ihr Mann Passienus Crispus sie verlassen hatte, um Agrippina, ihre frühere Schwägerin, zu heiraten. Sie wurde von Nero nach Agrippinas Ermordung ebenfalls umgebracht.
49. Fabius Rusticus war der Geschichtsschreiber der Regierungszeit des Nero und des Claudius.
50. Caecina Tuscus war der Sohn der Amme des Nero. Von Nero zum Präfekten von Ägypten erhoben, wurde er im Jahre 67 relegiert, aber nach Neros Tod wieder zurückberufen.
51. Cluvius Rufus war wie Plinius für Tacitus ein Quellenschriftsteller. Er schrieb Historiae (= Zeitgeschichte), war consul suffectus vor dem Jahr 65 und lebte noch unter Vespasian.
52. Nämlich des Atimetus.
53. Agrippina will zum Ausdruck bringen: „Wenn ich umgebracht würde, würde man von mir sagen, ich hätte meinen Sohn ermorden wollen, um den Weg für einen anderen frei zu machen. Der Caesar aber würde sich bewußt sein, daß er einen Muttermord, d. h. meine unschuldige Verurteilung, auf dem Gewissen hätte." Parricidium kann Mord am Vater wie an der Mutter bedeuten.
54. „Oder": der Gedanke ist, „wenn die Anklage gegen mich kein Theaterstück, sondern Wirklichkeit ist".
55. Ergänze „des Princeps".
56. Der Princeps war die höchste richterliche Instanz. Der Senat, der die höhere Kriminalgerichtsbarkeit ausübte, war von dem Willen des Princeps abhängig.
57. L. Faenius Rufus wurde später zum praefectus praetorio er-

nannt. – L. Arruntius Stella: vermutlich der Vater des mit den Dichtern Statius und Martial befreundeten Dichters Stella. – Ti. Claudius Balbillus ist nicht weiter bekannt. Alle drei waren römische Ritter, die zu den potentissimi amicorum der Agrippina gehörten. – P. Anteius Rufus war Konsul in einem unbekannten Jahr; über seinen Tod s. XVI 14.

58. „Relegieren" bedeutete, daß sie ausgewiesen wurden, aber das Bürgerrecht behielten. Die mit exilium bestraften verloren dieses. Beide wurden begnadigt (s. XIV 12).
59. Zu Cornelius Sulla s. Anm. XII 130.
60. Paetus kaufte die von den Verurteilten eingezogenen Güter auf und verkaufte sie nach ihrer Aufteilung mit Gewinn weiter.
61. Die Verhandlung fand demnach vor dem Princeps statt.
62. Der Ankläger Paetus bekam für die Feststellung einer in Vergessenheit geratenen staatlichen Forderung eine entsprechende Belohnung.
63. Q. Volusius Saturninus war der Sohn des L. Volusius Saturninus, s. XIII 30. – Zu P. Scipio s. III 74.
64. D. h. nur dem „Stande". Er selbst war nicht Senator, wofür die Voraussetzung die vorausgehende Bekleidung der Quästur war.
65. Hier ist im Text eine Lücke. Es fehlt ein Verbum, das das Schwanken des Princeps ausdrückt. Offenbar hat der Princeps, als er von dem Votum des Senats benachrichtigt worden war, einen geheimen Kabinettsrat einberufen (inter paucos).
66. Ironisch: denn der verwiesene Freigelassene konnte sich seinen Aufenthaltsort in einer Entfernung von über hundert Meilen von Rom wählen und sich die alle Annehmlichkeiten bietende Küste von Campanien, die nur wenig über hundert Meilen entfernt war, aussuchen.
67. D. h., das Verfahren spielte sich so ab, als ob es sich nicht um Freigelassene, sondern um irgendwelche beliebige Personen handle.
68. Mit den Tribus sind die vier hauptstädtischen Tribus, in denen sich die Zünfte organisiert hatten, gemeint, in den Dekurien hatten sich die Unterbeamten der magistratus und sacerdotes (scribae, lictores, viatores, praecones) zusammengeschlossen, mit ministeria sind wohl die Hilfskräfte gemeint, die accensi, die den groben Dienst zu verrichten hatten.
69. Die eine Form der Freilassung war die iusta manumissio durch die vindicta (der Prätor berührt den Freizulassenden

mit dem Freiheitsstab), die mit der Verleihung des römischen Bürgerrechts verbunden war, die andere eine formlose Freilassung ohne Verleihung des Bürgerrechts (inter amicos, per epistulam oder convivio).

70. Beides bezieht sich auf die formlose Freilassung. Tacitus will hier zum Ausdruck bringen: Wenn nur die manumissio vorhanden gewesen wäre und der Freilasser seine Handlung bereut hätte (wegen der Undankbarkeit des Freigelassenen), wäre diese „Reue" unwirksam gewesen, da eine manumissio nicht rückgängig gemacht werden konnte, was auch bei der formlosen Freilassung der Fall war. Aber bei dieser bestand die Möglichkeit, wenn der Freigelassene durch sein Verhalten eine Gesinnungsänderung (paenitentia) seines bisherigen Herrn veranlaßte, den niederen Status der Freilassung zu behalten oder im Falle eines Verdienstes den höheren Status der manumissio (novum beneficium) zu bewilligen.
71. Paris (s. XIII 19 ff.) klagte gegen Domitia auf Zurückerstattung des Geldes, das sie von ihm für seine Freilassung erhalten hatte, weil er fälschlich für einen Sklaven gehalten worden sei. Dadurch, daß er den Prozeß gewann, legitimierte er sich als Freigeborener.
72. Die Schädigung des Rufes des Princeps lag darin, daß er sich in die Rechtsprechung eingemischt hatte.
73. Obgleich die Rechtsprechung und auch die Entscheidung des Senats nicht frei waren.
74. Über Vibullius ist nichts weiter bekannt. – Zu Antistius Soranus s. XIV 48, XVI 14. 21.
75. S. XIII 25.
76. Den Tribunen sollte also untersagt werden, Prozesse gegen Personen, für die die Prätoren oder Konsuln zuständig waren, von vornherein an sich zu ziehen. Anscheinend hatte sich die Vorladung von Beschuldigten aus Italien zu einem Mißbrauch entwickelt.
77. L. Calpurnius Piso, der Sohn des L. Piso, des Konsuls des Jahres 27 n. Chr. und der Vater des Tacitus Historiae IV 38 erwähnten L. Piso.
78. Zu Helvidius Priscus s. XII 49.
79. Obultronius Sabinus wurde von Galba umgebracht (s. Tacitus Historiae I 37).
80. Das Pfändungsrecht, d. h. die Befugnis, das Besitztum derer zu versteigern, die ihre Schulden an das Aerarium (Staatsschatz) nicht bezahlen konnten.

81. Zum Staatsschatz gehörten auch die dort aufbewahrten öffentlichen Urkunden.
82. Augustus hatte im Jahre 28 v. Chr. das Amt der Präfekten geschaffen. Es waren zwei aus der Zahl der gewesenen Prätoren.
83. Es waren ebenfalls zwei, die ausgelost wurden. Sie hatten den Titel praetores aerarii. Dies fiel in das Jahr 23 v. Chr.
84. Die Einsetzung von Quästoren erfolgte im Jahre 44, wodurch der Zustand vor Augustus wiederhergestellt wurde.
85. Sie verwalteten drei Jahre das Aerarium (sonst nur ein Jahr) und wurden gleich Prätoren, ohne wie üblich zuvor Ädil oder Tribun zu sein.
86. Sardinien war als Provinz seit dem Jahre 6 n. Chr. unmittelbar dem Princeps unterstellt und wurde erst unter Nero im Jahre 67 wieder Senatsprovinz.
87. Caninius Rebulus war der Enkel des „Eintagskonsuls" des Jahres 45 v. Chr., er selbst consul suffectus in einem unbekannten Jahr.
88. L. Volusius war consul suffectus im Jahre 3 n. Chr. Er starb als praefectus urbi.
89. In das Jahr 57 würden noch die Kriegsereignisse im Osten fallen. Jedoch hat Tacitus diese in das Jahr 58 verlegt.
90. Die Tageszeitung in Rom, diurna urbis acta, war der offizielle Staatsanzeiger.
91. Capua in Campanien, h. S. Maria di Capua, und Nuceria (h. Nocera) ebenfalls in Campanien gelegen.
92. „Volk" bezeichnet hier nicht das gesamte Staatsvolk, sondern nur den Teil des Staates, der nicht unmittelbar dem Princeps unterstellt war und vom Senat und den republikanischen Beamten geleitet wurde. Seine Finanzkasse war das aerarium Saturni zum Unterschied von dem aerarium fisci des Princeps, aus dem die erwähnten Summen kamen.
93. Sie gewannen dadurch an Popularität bei der Masse der Bevölkerung und verhinderten, daß die Bedrückten etwaige Anklagen erhoben oder sich sonst ihr Recht gegenüber den Statthaltern verschafften.
94. Dies entsprach einer alten Sitte (s. XIV 42).
95. Lurius Varus war consul suffectus in einem unbekannten Jahr. Er war wegen Erpressung (repetundarum) in seiner Tätigkeit als Prokonsul (in Afrika oder Asia) verurteilt worden, was wahrscheinlich in dem verlorenen Teil des Buches XI erzählt wurde.

96. A. Plautius war consul suffectus im Jahre 29 n. Chr. Er führte im Jahre 43 die Expedition des Claudius gegen Britannien und war dort legatus pro praetore. Über seinen kleinen Triumph (ovatio) hat Tacitus in den verlorenen Teilen des Buches XI berichtet. (S. auch Tacitus Agricola 14.)
97. Pomponia Graecina war wohl zum christlichen Glauben übergetreten, was nach der damaligen Auffassung zugleich ein Ehevergehen bedeutete. Sie wurde daher dem Sittengericht ihres Mannes überwiesen. Weshalb sie so lange um Iulia trauerte, wird nicht erwähnt.
98. Iulia, die Tochter des Drusus (nicht des Germanicus!). Über ihre Verheiratung mit Rubellius s. VI 27. Sie lebte etwa von 3 n. Chr. bis 43 n. Chr.
99. S. XIII 1.
100. „Groß“ war das Verbrechen, weil Celer in Verbindung mit Neros Mutter den „Rivalen“ Neros beseitigt hatte.
101. Zu Cossutianus Capito s. XI 6. Er war legatus pro praetore in der damaligen Provinz Lycia gewesen.
102. Zu Eprius Marcellus s. XII 4. Er war ebenfalls legatus pro praetore in den von Claudius zu einer Provinz vereinigten Ländern Pamphylia und Lycia gewesen.
103. Der Redner M. Valerius Messala Corvinus war mit Augustus im Jahre 31 v. Chr. Konsul gewesen.
104. Aurelius Cotta war vermutlich der Sohn des Konsuls des Jahres 20 n. Chr. (s. II 32). – Zu Haterius Antoninus s. XII 58.
105. Im Jahre 68 v. Chr. besiegte Lucullus Tigranes und Mithridates am Flusse Arsanias, 66 Pompeius den Mithridates am Euphrat, worauf sich Tigranes unterwarf. Armenien kam in Abhängigkeit von Rom, wobei jedoch Rom sich auf den Anspruch beschränkte, daß ohne seine Zustimmung kein König auf den parthischen Thron komme.
106. Diese Ereignisse fallen noch in das Ende des Jahres 55 oder in den Beginn des Jahres 56, in dem auch die Aushebungen in Galatien und Cappadocien zur Verstärkung der Streitkräfte Corbulos stattfanden. Tacitus knüpft an das Ende von XIII 9 wieder an.
107. Es ist der Frühling des Jahres 58. Corbulo hatte sich also im Winter 57/58 bereits in Armenien aufgehalten.
108. Dies war schon seit alters eine disziplinarische Bestrafung.
109. Zu Antiochus s. XII 55.
110. Zu Pharasmanes und Radamistus s. VI 32, XI 8, XII 44 ff.,

XIII 6. – „Denn Pharasmanes“: Tacitus will sagen, Pharasmanes habe eine solche Ermahnung nicht benötigt, weil er ...

111. Die Moscher waren ein Volksstamm südlich vom Kaukasus, in der Nähe des Schwarzen Meeres, im Nordwesten von Armenien.
112. Hyrcanien war eine parthische Satrapie am Kaspischen Meer, von Arsaces im Jahre 240 v. Chr. erobert.
113. Es ging bei diesen langwierigen Verhandlungen um die von Rom geforderte Anerkennung seiner Oberhoheit.
114. Die Lage des Kastells Volandum ist nicht genau festzulegen. Offenbar hatte es die Aufgabe, den Übergang in das Tal des Araxes zu sperren.
115. Der Erlös für die versklavten und verkauften Gefangenen fiel dem Staat bzw. der Kriegskasse zu, die übrige Beute wurde unter den Soldaten verteilt.
116. Meder und Albaner waren Volksstämme am Kaspischen Meer.
117. Unter den Leichtbewaffneten sind die Bogenschützen und Schleuderer zu verstehen.
118. D. h., das Konsulat wurde ihm auf weitere Jahre unbefristet übertragen. Er hatte sich das Konsulat für das Jahr 55 übertragen lassen.
119. Zu Cassius s. XII 11 f.
120. S. XII 8.
121. Unter den „nichtsnutzigen Studien“ (studia inertia) ist besonders die stoische Philosophie zu verstehen.
122. Er war wegen der Beschuldigung, mit Iulia Livilla, der jüngsten Tochter des Germanicus, ein Verhältnis zu haben, verbannt worden.
123. „Königliche Freundschaft“ soll bedeuten Freundschaft mit einem Tyrannen. Seit der Regierungsübernahme Neros. Über Senecas Vermögen s. XIII 18 und XIV 53 f.
124. Q. Pomponius Secundus war damals legatus in Dalmatien.
125. Commentarii: was ein vieldeutiger Begriff ist. Hier sind wohl unter commentarii private Notizen, Tagebücher zu verstehen.
126. Vermutlich hatte er sich die Erpressungen bei der Verwaltung einer dem Princeps unmittelbar unterstellten Provinz zuschulden kommen lassen als legatus pro praetore.
127. Die Konsuln waren die Vorsitzenden des Senatsgerichtes, das für ihn als Senator zuständig war.
128. Dieses Amt hätte ihn vor einer Verurteilung durch das Senatsgericht geschützt.

129. Sie behandelte also ihre Liebhaber, als wären sie Ehemänner und ihre Ehemänner, als wären sie ihre Liebhaber.
130. Zu Rufrius Crispinus, dem früheren praefectus praetorio, s. XI 1.
131. Tacitus gebraucht hier das Wort contubernium, das eine Ehe bezeichnet, die der dominus seinen Sklaven mit Sklavinnen mitunter gestattete, da Sklaven eine wirkliche Ehe nicht schließen konnten.
132. Dies war eine Ernennung extra ordinem, da Otho erst die Quästur bekleidet hatte, während sonst nur legati pro praetore die Provinz Lusitania verwalteten.
133. Unter dem Bürgerkrieg (civilia arma) ist die Erhebung Galbas im Jahre 68 n. Chr. zu verstehen.
134. Zu Cornelius Sulla s. Anm. XII 130.
135. Über den pons Mulvius (Tiberbrücke) führte die via Flaminia.
136. Die horti Sallustiani, die ursprünglich dem Geschichtsschreiber Sallustius gehörten, später in dem Besitz der Herrscher waren, lagen östlich der via Flaminia auf dem collis hortorum (Monte Pincio). S. Anm. XI 3.
137. Puteoli (h. Pozzuoli) in Campanien. S. XIV 27.
138. Zu C. Cassius s. XII 11 f.
139. Scribonius Rufus und Scribonius Proculus waren beide legati pro praetore, Rufus in Germania inferior, Proculus in Germania superior gewesen. Nero rief sie im Jahre 67 nach Griechenland und zwang sie zum Selbstmord.
140. P. Clodius Thrasea Paetus war consul suffectus im Jahre 56. Über sein weiteres Schicksal s. XIV 12. 48, XV 20. 23, XVI 21 ff.
141. Im Text vectigalia, was die indirekten Steuern (Zölle usw.) bezeichnet, während die tributa die direkten Steuern (Vermögenssteuern, in den Provinzen Naturalabgaben u. a.) bezeichnen.
142. Von den Konsuln durch gesetzliche Bestimmungen, von den Volkstribunen durch Plebiszite.
143. Unter Augustus und Tiberius waren die Edikte des Princeps Ausnahmeerscheinungen und auf besonders wichtige Fragen beschränkt. Gesetze, die das Finanzwesen betrafen, wurden in der Regel vom Senat erlassen.
144. Bisher waren die Bestimmungen für die praktische Durchführung des Steuereinzugs eine interne Angelegenheit der Steuerpächter (publicani) gewesen.

145. Wovon diese Abgaben erhoben wurden, ist nicht festzustellen.
146. Sulpicius Camerinus war consul suffectus im Jahre 46 n. Chr. und wurde im Jahre 67 mit seinem Sohn umgebracht. – Pompeius Silvanus war consul suffectus im Jahre 45 n. Chr.
147. Nur mittelbar durch seine Fürsprache bei dem Senat, vor dem die Verhandlung stattfand. Eine solche Fürsprache war gleichbedeutend mit einem Freispruch.
148. Silvanus hatte den Richtern Vermächtnisse versprochen. Diese wurden aber nicht wirksam, da die Bestochenen vor ihm starben.
149. Paulinus Pompeius war consul suffectus in einem unbekannten Jahr. Er war Befehlshaber in Germania inferior. – L. Antistius Vetus war Befehlshaber in Germania superior (s. XIII 11).
150. Arar, h. Saône.
151. Die Seen sind die heutige Zuidersee.
152. L. Dubius Avitus war legatus pro praetore von Aquitanien und für den Rest des Jahres 56 zusammen mit Thrasea (s. XIII 49) consul suffectus gewesen.
153. Auf dem campus Martius, dem ersten steinernen Theater, von Pompeius im Jahre 55 erbaut.
154. Den Senatoren waren besondere Sitze in den vordersten Reihen vorbehalten. Hinter ihnen waren die vierzehn Reihen für die Ritter.
155. Die Ampsivarier waren bis zum Jahre 58 Nachbarn der Friesen an der unteren Ems gewesen.
156. Im Jahre 9 n. Chr. Tiberius hatte von 9–11, Germanicus von 13–16 den Oberbefehl in Germanien innegehabt. – Zum lat. Text: nach gregibus ist ein Komma zu setzen, da der Ausdruck inter hominum famem zu dem folgenden ne . . . mallent gehört. Inter hominum famem ist zur Betonung des Gegensatzes greges und homines vorausgenommen.
157. Die Chamaver wohnten nördlich der Lippe und östlich der Ijssel bis hin zur Zuidersee, die Tubanten zwischen den Usipetern und Chatten, die Usipeter (Usipi), die meist zusammen mit den Tencterern genannt werden und deren Schicksal teilten (s. Caesar Bellum Gallicum VI 1–15), später auf dem rechten Rheinufer an der Lippe.
158. Die Bructeri (minores) wohnten zwischen Ems und Lippe, die Bructeri (maiores) östlich von ihnen. – Die Tencterer (s. Anm. 157) hatten, aus Innerdeutschland verdrängt, im Jahre 56/55 den Rhein überschritten und wurden von Caesar fast

ganz vernichtet. Ihre Reste siedelten sich zwischen den Usipetern (Lippe) und Chatten (Lahn) an.

159. Über die Chatten s. Anm. XII 77, über die Cherusker s. Anm. XI 77.

160. Die Hermunduren waren ein suebischer Volksstamm, ursprünglich zwischen Elbe, Harz und Thüringer Wald, später auch südlich sich ausbreitend. – Unter dem Fluß ist vermutlich die Werra zu verstehen. Dabei kommen natürlich für die Salzgewinnung nur salzhaltige Quellen in Frage.

161. Mars und Mercurius stehen in interpretatio Romana für die germanischen Götter Tiu und Wotan (vgl. Tacitus Germania 9).

162. Es muß sich um einen ausgedehnten Moorbrand gehandelt haben.

163. Das Comitium, am Abhang des Capitols an der Nordwest-Seite des Forums, war zur Abhaltung von Volksversammlungen bestimmt. Dorthin soll der Ruminalische Baum auf Geheiß des Augurs Attus Navius versetzt worden sein.

BUCH XIV

1. Gaius Vipstanus wurde im Jahre 69 Prokonsul von Afrika. Er war der Vater oder Großvater des XI 23 erwähnten C. Vipstanus Apronianus. – Fonteius Capito war der Sohn des ehemaligen Prokonsuls von Asia.
2. Zu Cluvius Rufus und Fabius Rusticus s. XIII 20.
3. Zu Acte s. XIII 12.
4. Die „Vorbereitung“ zu einem bisher unerhörten sinnlichen Akt (novae libidinis meditatio) bestand in dem Versuch, den betrunkenen Nero zu verführen.
5. (M.) Aemilius Lepidus, vermutlich der Sohn des gleichnamigen Konsuls des Jahres 6 n. Chr. (s. III 72), hatte sich mit Lentulus Gaetulicus (s. VI 30) gegen Caligula, dessen Liebling er war, verschworen und war im Jahre 40 umgebracht worden. – Agrippina wurde wegen ihres Verhältnisses zu ihm verbannt.
6. Tusculum, die alte Latinerstadt am Nordrand der Albanerberge, die Heimat des älteren Cato, Villenstadt (Cicero). – Antium, ebenfalls Stadt in Latium, am Meer gelegen (h. Porto d' Anzo), der Geburtsort von Caligula und Nero.

7. Misenum, Vorgebirge am Golf von Puteoli, seit Augustus Flottenstation.
8. Ein Fest der Minerva vom 19. bis 23. März, am fünften Tage nach den Iden gefeiert (quinque!). Ursprünglich ein eintägiges Fest.
9. Bauli war ein campanisches Seebad. Hier wohnte Agrippina und hier befand sich auch das Schiff, das sie zur Tafel Neros nach Baiae bringen sollte. Offenbar war sie davor gewarnt worden, es zur Fahrt nach Baiae zu benützen. Es wurde nur nach Baiae zur Rückfahrt geschickt, bei der auch das Verbrechen erst geplant war.
10. Der See von Baiae (Baianus lacus) ist der Golf von Puteoli.
11. Sie dachte wohl, in dieser Lage eher gerettet zu werden.
12. Ergänze: sondern in ihrer angeborenen Habsucht (s. XII 7).
13. Weil sie nicht eingeweiht und daher überrascht waren.
14. Im Text steht militi, was den einzelnen Soldaten bedeuten oder auch kollektiv verwendet sein kann.
15. Der Eid der Soldaten galt nicht nur dem Princeps, sondern seinem ganzen Hause.
16. Damit knüpft Tacitus wieder an das Ende von XIV 5 an.
17. Trierarchen hießen die Schiffskommandanten, denen sowohl die Seesoldaten (classiarii) mit ihren Offizieren (centuriones), wie auch die Matrosen (remiges oder nautae) unterstanden.
18. Die Offiziere der Prätorianerkohorte.
19. Die Geldspende (donativum) war für die Soldaten, die Kornverteilung (congiarium) für das Volk.
20. Es war bekannt, daß Seneca die Reden für den Princeps verfaßte.
21. Die Pulvinarien waren die Polstersitze für die Götter, die man an den Lectisternien, den Götterspeisungen, in den Tempeln aufstellte.
22. Der Geburtstag der Agrippina war der 6. November.
23. Die Unglückstage, dies nefasti, waren religiöse Festtage aus Anlaß eines öffentlichen Unglücks (Niederlage und dgl.) und öffentlicher Amtshandlungen. Es durften an ihnen keine Gerichtssitzungen stattfinden.
24. Zu Thrasea Paetus s. XIII 49. Man beachte das negative Urteil, das Tacitus hier über Thrasea fällt. Vgl. auch XIV 48 f., XV 20–23, XVI 21 f. 24–26. 28 f. 33–35.
25. Von Augustus war Rom in vierzehn Regionen eingeteilt worden.
26. Zu Iunia Calvina s. XII 4. 8. – Zu Calpurnia s. XII 22.

27. Unter den Tribus ist die plebs urbana Roms zu verstehen, d. h. die an der Kornverteilung u. a. teilhabenden Bürger, die als Zunftvereine unter Kuratoren organisiert waren.
28. Dabei ist an die großen griechischen Festspiele (olympische, nemeische und pythische) zu denken; nur fuhren an ihnen bei den Wagenrennen die Heerführer nicht selbst. Bei den Sängern kommen in erster Linie Pindar und Bakchylides in Betracht.
29. Nämlich als Gladiatoren und Tierkämpfer.
30. Der Prätorianergarde.
31. In den verlorenen Teilen vor dem Buch XI.
32. Pedius Blaesus war prätorischer Prokonsul der Senatsprovinz Kreta und Cyrene gewesen.
33. Im Jahre 96 v. Chr. hatte Ptolemaeus Apion Cyrene Rom vermacht.
34. Zu Domitius Afer s. IV 52. – Zu M. Servilius s. VI 31.
35. Tacitus will sagen: er war gleich begabt, aber ein charakterlich höher stehender Mensch. Und dies gab seiner kultivierten Lebenshaltung einen besonderen Glanz.
36. Es waren die sog. Neronia, ein alle fünf Jahre gefeiertes Fest, das zum erstenmal nach griechischem Vorbild musische, gymnastische und reiterliche Wettkämpfe vereinigte.
37. S. Anm. XIII 153.
38. Damit ist in erster Linie die Knabenliebe gemeint.
39. Größere Prozesse in Staatsangelegenheiten waren den aus Angehörigen des Ritterstandes gebildeten drei Richterdekurien (iudiciorum publicorum causa) vorbehalten, deren Mitglieder auch als iudices selecti (auserwählte Richter) bezeichnet wurden.
40. Nach dem Bericht des Livius (VII 2) sollen die Römer im Jahre 364 v. Chr. die Schauspieler von den Etruskern nach Rom geholt haben. – Thurii war eine von Athen an Stelle des zerstörten Sybaris gegründete Kolonie. Sybaris war durch seine Pferdezucht berühmt.
41. Im Jahre 146 v. Chr. nach der Zerstörung von Korinth durch L. Mummius Achaicus wurde Achaia römische Provinz, Asia im Jahre 130 nach der Besiegung des Aristonicus.
42. „Heilig“ waren die Neronia in Nachahmung der religiösen Charakter tragenden griechischen Festspiele.
43. Rubellius Plautus war der Sohn des Rubellius Blandus und der Iulia, der Enkelin des Tiberius. S. XIII 19.
44. Zu dem Simbruinischen See s. XI 13. Sublaqueum ist das h. Subiaco; Tibur h. Tivoli.

45. Die aqua Marcia wurde im Jahre 144 v. Chr. von dem Prätor Q. Marcius Rex angelegt. Sie führte das beste Trinkwasser nach Rom, das sich durch besondere Frische auszeichnete.
46. Dies war noch im Spätsommer 58. Tacitus berichtet im folgenden vorausgreifend die Ereignisse der Jahre 59 und 60. – Über die Lage von Artaxata und Tigranocerta s. Anm. XII 127.
47. Mardi ist der Name verschiedener Volksstämme von Vorderasien. Die armenischen Mardi hatten bereits den Truppen Xenophons den Übergang über den Fluß Kentrites und den Einmarsch in das armenische Land verwehren wollen. Ihre Wohnsitze waren nach Ptolemaeus östlich von den Tigrisquellen und von Gordyene.
48. Die Hiberer waren als Bundesgenossen im Heere Corbulos.
49. Die Taurauniten waren die Bewohner des Taurus, genauer des mons Masius, an dessen südlichem Ausläufer Tigranocerta lag.
50. Über den Krieg mit den Hyrcanern s. XIII 37.
51. Das „Rote Meer" (mare Rubrum) ist der Persische Meerbusen.
52. Damit beginnen die Ereignisse des Jahres 59.
53. S. auch XV 3, wo Verulanus in der gleichen Stellung erscheint.
54. Der Großvater des Tigranes war Alexander, der Sohn des Königs von Judäa, Herodes d. Gr., seine Großmutter war eine Tochter des Königs Archelaos von Cappadocien. Der Vater des Tigranes hieß ebenfalls Alexander und war von Augustus als König eingesetzt, aber in Rom im Jahre 36 n. Chr. wegen Majestätsverbrechens hingerichtet worden.
55. Hiberien dem Pharasmanes s. XIII 37, Pontus dem Polemo, Sophene dem Antiochus, Kleinarmenien dem Aristobulus (s. XIII 7).
56. Zu Ummidius s. XII 45. 48. 54, XIII 8 f.
57. Laodicea (am Lykos) im Grenzgebiet von Karien und Phrygien. Zur Zeit Ciceros war es noch eine bedeutende Stadt, war aber später stark zurückgegangen, so daß die Bezeichnung illustris antiquiert war.
58. Puteoli (h. Pozzuoli) war um 528 v. Chr. als Hafenstadt von Cumae von Griechen unter dem Namen Dikaiarcheia gegründet worden. Dorthin hatte Rom im Jahre 194 v. Chr. eine Kolonie römischer Bürger gesandt und Augustus hatte sie er-

neuert. Neben dieser Kolonie bestand aber die alte Gemeinde weiter, seit dem Bundesgenossenkrieg als Municipium. Dieses alte Municipium (vetus oppidum) wurde nun von Nero ebenfalls zur Kolonie erhoben und damit eine einheitliche Verfassung hergestellt. Die gesamte Stadt erhielt den Namen Colonia Claudia Neronensis Puteolana.

59. Soldaten des Heeres war seit Augustus verboten, eine Ehe einzugehen.
60. Nämlich in den Jahren der Bürgerkriege, von Sulla bis Augustus.
61. Seit Tiberius wählte der Senat die alten republikanischen Beamten.
62. Es blieben also nur so viele Bewerber übrig, wie Stellen zu besetzen waren. Durch die Ernennung zum Legionslegaten erhielten die überzähligen Bewerber ein Amt, das sonst nur nach der Prätur verliehen wurde.
63. Wer an den Princeps appellierte, mußte ein Drittel des Prozeßwertes als Kaution deponieren. Er verlor die Summe, wenn die Berufung abgewiesen wurde.
64. Mauretanien wurde, nachdem Caligula den letzten König Ptolemaeus hatte umbringen lassen, von Claudius in zwei Provinzen geteilt, Mauretania Tingitana (Marokko) und Mauretania Caesariensis (Westalgerien). Vibius Secundus war dort Prokurator.
65. Vibius Crispus war berühmt als Redner. Er war consul suffectus im Jahre 57 oder 58.
66. Caesennius Paetus war in den Jahren 70–72 Legat von Syrien. S. XV 6–8. 10–17. 24. 26. 28. – Zu P. Petronius Turpilianus s. XIV 39, XV 72.
67. Zu Didius s. XII 15. 40.
68. Zu Veranius s. XII 5.
69. Über die Siluren s. XII 32.
70. Suetonius Paulinus war im Jahre 42 n. Chr. bei der Unterwerfung des aufständischen Mauretanien als prätorischer Legat tätig und wurde Konsul im Jahre 66.
71. Mona, h. Anglesey.
72. Anscheinend handelte es sich um eine nächtliche Unternehmung.
73. Menschenopfer gehörten zu der keltischen Religion (vgl. Caesar Bellum Gallicum VI 16).
74. Zu den Icenern s. XII 31.
75. Von Staatssklaven, die dem Prokurator zugeteilt waren.

76. Mit der Überführung in eine römische Provinz hatten sie ihre Selbständigkeit verloren und waren ganz der Willkür der Statthalter ausgesetzt.
77. Zu den Trinobanten und Camulodunum s. XII 32.
78. Der Tempel war für Claudius schon zu seinen Lebzeiten errichtet worden.
79. Die Priester wurden aus dem einheimischen Adel genommen. Offenbar bürdeten sie ihren Landsleuten übertriebene Abgaben für den Tempelbetrieb auf.
80. Tamesa, h. Themse.
81. Q. Petilius Cerialis Caesius Rufus war in den Jahren 71–74 als Legat in Britannien und unterwarf die Briganten.
82. Londinium, h. London.
83. Verulamium, bei dem h. St. Albans in der Grafschaft Hertford.
84. Vexillarier waren Soldaten eines Detachements, das aus einer Truppeneinheit vorübergehend zu einem Sonderauftrag ausgeschieden wurde, hier aus der legio vicesima Valeria Victrix.
85. Mit den „übrigen“ sind die Angehörigen der zweiten Legion gemeint, die sich noch nicht mit der Hauptmacht vereinigt hatte.
86. Es war das von den Batavern gestellte Truppenkontingent.
87. Polyclitus war ein Freigelassener Neros, der auf Nero einen überaus verderblichen Einfluß ausübte.
88. Antonius Primus, geb. in Tolosa. Er erhielt später von Galba wieder seinen Senatorenrang und schloß sich im Jahre 69 den Flaviern an, erhielt den Oberbefehl über die Truppen in Pannonien und Mösien und kämpfte erfolgreich gegen Vitellius. – Asinius Marcellus war vermutlich im Jahre 54 Konsul.
89. Das übliche schriftliche Testament mußte von sieben Zeugen unterschrieben und mit Siegel versehen werden.
90. Die lex Cornelia (de falsis) aus dem Jahre 81 v. Chr. bestrafte Fälschungen von Testamenten, Münzen und dgl.
91. Das Gericht des Stadtpräfekten urteilte summarischer und war mit seinen Urteilen weniger beeinflußbar als das Senatsgericht. Valerius Ponticus war durch seine Anklage bei dem Prätor anderen zuvorgekommen, die den Fall dem Stadtpräfekten übertragen wollten, und hatte behauptet, der Prätor sei die gesetzlich zuständige Instanz (specie legum).
92. Der Senatsbeschluß war identisch mit dem Urteilsspruch.
93. Als Strafe wegen falscher Anschuldigung war in einem Zivil-

prozeß der zehnte oder vierte Teil des Klagobjekts festgesetzt, in einem Kriminalprozeß konnte in der Kaiserzeit relegatio (Verbot des Aufenthaltes an bestimmten Orten, z. B. Rom, Italien, Spanien, unter Beibehaltung des Bürgerrechtes und seit Traianus auch des Vermögens), exilium (Zuweisung eines bestimmten Aufenthaltsortes oder Verschickung auf eine Insel mit Einziehung des Vermögens und Verlust des Bürgerrechtes) oder Verlust des Standes ausgesprochen werden.

94. L. Pedanius Secundus war im Jahre 43 consul suffectus gewesen.

95. Der dominus gestattete mitunter seinem servus, sich von seinem persönlichen Erwerb freizukaufen, obwohl nach strengem Recht jeder Erwerb des Sklaven dem Herrn gehörte.

96. Der eingeklammerte Teil ist späterer, nicht in der Handschrift enthaltener Zusatz.

97. Die praefecti urbi wurden in der Regel aus der Zahl der consulares, der gewesenen Konsuln, genommen.

98. Dieser Senatsbeschluß fiel in das Jahr 57 (s. XIII 32).

99. Beachte die Ironie: ein Sklave konnte an und für sich überhaupt kein Vermögen besitzen und rechtlich auch keine Eltern und keine Familie haben.

100. In den früheren Zeiten setzte sich das Gesinde zum größten Teil aus den Nachkommen der gekauften Sklaven zusammen.

101. Cingonius Varro wurde als consul designatus wegen seiner Beteiligung an dem Putsch des Nymphidius Sabinus von Galba umgebracht.

102. Zu Statilius Taurus s. XII 59.

103. Zu Q. Volusius s. XIII 25, zu Sextius Africanus s. XIII 19; er war ein Nachkomme des Legaten Caesars, der dann für Antonius gegen die Caesarianer in Afrika kämpfte (daher „Africanus“). – Trebellius Maximus war zusammen mit Seneca consul suffectus. – Es handelt sich hier um die Veranlagung zur Vermögenssteuer.

104. Zu Memmius Regulus s. V 11.

105. Leibesübungen dienten in Rom vornehmlich der Übung in den Waffen. Für sonstige gymnastische Betätigung gab es keine Übungsstätten wie in Griechenland, wo jede Stadt ihr eigenes Gymnasium für die verschiedenen Sportarten hatte und wo sich die Ringer mit Öl einrieben, das von der Stadtgemeinde, privater Seite oder auch von den Vorstehern der Gymnasien (Gymnasiarchen) gespendet wurde („in griechischer Gefälligkeit“). Die Bemerkung bezieht sich auf die

necessitas certandi (XIV 20), der sich Senatoren und Ritter gefügt hatten, und ist, wie so oft bei Tacitus, ironisch aufzufassen. S. auch Anm. 29.

106. P. Marius war vermutlich zwischen 72 und 76 Legat in Syrien; er ist sonst, ebenso wie L. Afinius, nicht weiter bekannt.
107. S. XIII 28.
108. Zu M. Ostorius Scapula, dem Sohn des Legaten in Britannien, s. XII 31.
109. Zu Cossutianus Capito s. XI 6.
110. C. Ofonius Tigellinus wurde noch im Jahre 62 von Nero zum Gardepräfekt ernannt (s. XIV 51 und Anm. 120).
111. Die lex maiestatis war von Claudius außer Kraft gesetzt worden. – In der durch Sulla erlassenen lex Cornelia wurden zum erstenmal die unter das crimen maiestatis fallenden Tatbestände aufgezählt. Sie bildete die Grundlage der beiden leges Iuliae des Caesar und des Augustus, die sich mit den Verbrechen des Hochverrats und des Landesverrats befaßten, wofür als Strafe Verbannung auf Lebenszeit stand. In der Zeit des Principats und des Dominats wurde das Majestätsverbrechen aus einem gegen den Staat gerichteten zum Verbrechen gegen die Person des Herrschers und seine Familie, wozu auch die Befragung der Astrologen und Wahrsager über die Zukunft des Princeps gehörte (crimen laesae maiestatis). Schon seit Tiberius war für dieses Verbrechen die Todesstrafe festgesetzt.
112. Als consul designatus stimmte er zuerst ab.
113. Der mos maiorum bestand in der Auspeitschung und anschließenden Enthauptung.
114. A. Vitellius, der spätere Princeps; s. auch XI 23.
115. Dies hätte durch die öffentliche Verkündigung (pronuntiatio) und die Eintragung in die Senatsprotokolle erfolgen müssen.
116. Weil sie damit den Glauben erweckt hätten, daß sie unter dem Druck des Princeps ihre Meinung geändert hatten.
117. Es handelte sich dabei um fingierte „Testamente“, in denen man damals seinem Unwillen über den Princeps und über andere Machthaber Luft machte. – Fabricius Veiento war unter Domitian Konsular und spielte als Denunziant eine üble Rolle.
118. Möglicherweise war der hier genannte Tullius Geminus, der später unter Nero consul suffectus war, identisch mit dem Epigrammdichter der Anthologia Palatina.
119. Zu Faenius Rufus s. XIII 22.

120. Eine Charakteristik bei Tacitus Historiae I 72. Vgl. auch XIV 57. 60, XV 37. 50. 72, XVI 14. 17. 19. Tigellinus wurde nach Neros Tod abgesetzt und zum Selbstmord gezwungen.
121. Unter den Ehren ist besonders das Konsulat gemeint, das Seneca mit Trebellius Maximus (s. XIV 46) bekleidete.
122. Um der Eifersucht des Marcellus zu entgehen, hatte Agrippa sich nach Mitylene (Lesbos) zurückgezogen, um dort die Stellung eines Statthalters des Ostens zu übernehmen.
123. Seneca stammte aus Corduba in Spanien. Sein Vater war L. Annaeus Seneca, der dem Ritterstand angehörte, als Rhetor tätig war und ein Geschichtswerk sowie zehn Bücher Controversiae (Behandlung von Streitfragen) und ein Buch Suasoriae (Beratungsreden) verfaßte. – Seneca hatte im Jahre 56 das Konsulat bekleidet (s. Anm. 121).
124. Seneca will damit zum Ausdruck bringen, daß Nero nun genug Erfahrungen gesammelt habe, um die Herrschaft ohne Berater weiterführen zu können.
125. Hier wird auf den riesigen Reichtum des Freigelassenen Pallas angespielt.
126. Dieser und der nächste Satz (Du willst . . . nicht aufbringen) folgt in der Handschrift auf die beiden nächsten (Aber auch du . . . meiner Regierung ein).
127. L. Volusius war consul suffectus im Jahre 3 n. Chr. und starb als praefectus urbi, was er wahrscheinlich während der ganzen Regierungszeit des Claudius gewesen war. Vitellius, der Vater des Princeps, wurde für seine Verdienste von Claudius mit dem dreimaligen Konsulat belohnt. Nero bringt zum Ausdruck, daß Seneca ihn nicht für weniger dankbar als Claudius oder für weniger fähig halten solle, große Belohnungen aus einem Vermögen zu geben, wie es Volusius sich erspart hat.
128. Gemeint ist die morgendliche salutatio. – Die römischen maßgebenden Persönlichkeiten waren stets von einer Schar Klienten bei ihrem Erscheinen in der Öffentlichkeit begleitet, die damit ihre dankbare Gesinnung zum Ausdruck brachten und zugleich das Ansehen des Begleiteten förderten.
129. Über die Freundschaft des Rufus Faenius mit Agrippina siehe XIII 21 f.
130. Zu Plautus und Sulla s. XIII 47, XIV 22.
131. In Erinnerung an den Diktator Sulla.
132. Der Großvater Drusus ist der Sohn des Tiberius. S. Anm. XIII 47.

133. Die Stoiker waren wegen ihres geistigen Hochmuts und in ihrer Gesamtheit als Opposition gegen das Principat in Rom unbeliebt.
134. Corbulo befehligte damals sieben Legionen.
135. Zu L. Antistius s. XIII 11. – Zu Rubellius Plautus s. XIII 19 ff.
136. Über Coeranus ist nichts weiter bekannt. – Musonius Rufus stammte aus Volsinii (Etrurien). Er war der Lehrer des Epiktet und wurde im Jahre 65 verbannt (vgl. XV 71), kehrte aber später zurück und wurde bei der Philosophen-Ausweisung durch Vespasian als einziger ausgenommen.
137. Die weiteren Worte Neros sind nicht erhalten. Cassius Dio berichtet, Nero habe, als ihm der Kopf des Plautus gebracht wurde, gesagt: „Ich wußte nicht, daß er eine große Nase hatte."
138. D. h., sie wurde von dem Hofe entfernt. Diese gewöhnliche Ehescheidung, die Aufkündigung der Ehe durch den zugesandten Scheidebrief, erfolgte mit der Begründung der Unfruchtbarkeit. Den Ehebruch wagte Nero noch nicht als bewiesen zu erklären und als Begründung zu benützen.
139. Das Haus des Burrus war durch Erbschaft oder Kauf, die Landgüter des Plautus waren durch Beschlagnahme in den Besitz des Princeps gelangt.
140. Schon in der Handschrift, die ohne Lücke ist, müssen einige Worte ausgefallen sein. Sie müssen etwa in Übersetzung gelautet haben: „Zu diesen Klagen kam noch das Gerücht hinzu . . ."
141. Palatium war der Name für den mittelsten der „Sieben Hügel" Roms, auf dem die älteste Ansiedlung und später die Kaiserpaläste angelegt waren. Tacitus gebraucht das Wort in der Regel in der Bedeutung „kaiserliche Residenz", so auch hier, wenn auch manchmal die ursprüngliche Bedeutung anklingt.
142. XIV 3. 8.
143. Sie habe es nicht gewagt, sie als eheliche Kinder auszugeben.
144. Durch das Geständnis des Anicetus.
145. Nach der Insel Pandateria war auch Iulia, die Tochter des Augustus, verbannt worden.
146. Agrippina, die Gemahlin, und Iulia Livilla, die Tochter des Germanicus (s. den überleitenden Text nach V 5).
147. Sie war älter als ihr Bruder Britannicus.
148. Doryphorus war der Nachfolger des Callistus in dem Hofamt a libellis.
149. Romanus ist wohl ein sonst nicht bekannter Freigelassener des Princeps.

BUCH XV

1. Tacitus knüpft seinen weiteren Bericht an XIV 26 an. Wir werden damit in das Jahr 61 zurückversetzt.
2. Zu dem Bündnis vgl. XII 10. Vologaeses hatte es im Jahre 54 erneuert (s. XIII 37, XIV 25).
3. Zu dem Abfall der Hyrcaner s. XIII 37, XIV 25.
4. Vgl. XII 13.
5. Monobazus war der Bruder und Nachfolger des Izates (vgl. XII 13).
6. Es handelte sich hier wohl nur um eine Versammlung des Adels.
7. Zu Verulanus Severus s. XIV 26. – Vettius Bolanus war später consul suffectus, 69 und 70 legatus pro praetore in Britannien und unter Vespasian Prokonsul von Asia.
8. Es kam ihm darauf an, seine Stellung zu sichern; aber er wollte zugleich nicht eingreifen, um nicht seinen Ruhm zu riskieren.
9. Zu Tigranocerta s. XII 50.
10. Der Nicephorius war ein östlicher Nebenfluß des Tigris. Seine Identifizierung ist unsicher.
11. Es handelt sich wohl um die von Corbulo im Jahre 60 dort stationierten Kontingente (s. XIV 26).
12. Zu Casperius s. XII 45.
13. Nisibis, Stadt in Mesopotamien, an der nördlichen Straße östlich von Dara.
14. Zu Caesennius Paetus s. XIV 29.
15. Es waren die vierte (Scythica), die zwölfte (Fulminata, s. XIII 35) und die fünfte Legion (Macedonica). Die vierte und zwölfte waren von Corbulo nach Armenien beordert und dann nach Cappadocien zurückgerufen worden.
16. S. XV 5 (am Ende).
17. Nero lehnte die Beleihung mit Armenien ab und verlangte, daß der armenische König persönlich vor ihm erscheine.
18. Es sind die fasces der Liktoren, die während des Marsches auf einem Pferd mitgeführt wurden.
19. Es ist die gleiche Erscheinung, wie sie XII 64 bei den signa und tentoria als prodigium erwähnt werden, vielleicht eine Art Elmsfeuer. Von den Parthern konnte sie nicht verursacht werden, weil sie keine Brandpfeile zum Kampf verwendeten.
20. In das Winterlager des Paetus, in dem die vierte Legion sich befand.

21. Eine bundesgenössische Kohorte. Durch die Absendung der dreitausend Legionssoldaten und die gesonderte Verwendung der pannonischen Reiterei hatte Paetus seine Hauptmacht sehr geschwächt.
22. In Wirklichkeit kam Corbulo nur bis zur Grenze von Cappadocien. Mit Paetus traf er am Euphrat zusammen (s. XV 16).
23. Die corona civica wurde von dem Feldherrn verliehen, der mit eigenen Auspizien Krieg führte. Aber seit Caligula standen diese Auspizien nur dem Princeps zu, in dessen Auftrag daher auch die corona civica verliehen wurde.
24. Bei Caudium schlossen die Samniten im Jahre 321 v. Chr. ein römisches Heer ein und ließen nach der Kapitulation jeden einzelnen Römer unter einem niedrig gehaltenen Speer hindurchkriechen (Caudinisches Joch). – In dem numantinischen Krieg (143–133 v. Chr.) streckte im Jahre 137 der römische Feldherr Mancinus mit zwanzigtausend Mann die Waffen.
25. Der Zusatz „ein italischer Volksstamm“ soll zum Ausdruck bringen, wie geringfügig die damalige Macht der Samniten war, die nur einen Teil von Italien darstellten.
26. „Für Armenien“: dieses stand damals auf der Seite der Parther (s. XV 14 f.).
24. Lucullus besiegte im Jahre 68 v. Chr. den mit Mithridates vereinigten Tigranes am oberen Euphrat und eroberte Armenien im folgenden Jahre zurück. Bei dem nun sich ergebenden Bruch zwischen Tigranes und Mithridates und dem Eingreifen der Römer unter Pompeius im Jahre 66 wurde Mithridates als König belassen. – Zu den Caesaren vgl. II 2. 56, VI 31, XI 8, XII 44, XIII 34, XIV 23.
28. Arsanias war ein kleiner Nebenfluß des vereinigten Euphrat, der diesem bei den Taurus-Pässen zufließt (h. Arzen oder Ardzis).
29. Corbulo schrieb Memoiren, auf die sich Tacitus im wesentlichen bei seiner Schilderung der Ereignisse stützt.
30. Vierzig Meilen sind sechzig Kilometer, während der normale Tagesmarsch zwischen zwanzig und dreißig Kilometer schwankt.
31. Corbulo befürchtete, daß die Reiterei der Parther vor ihm in Syrien einrücke.
32. Zu diesen Kastellen s. XV 9. 12.
33. Zu L. Piso s. XIII 28. – A. Ducennius Geminus war praefectus urbi unter Galba, unter Nero legatus pro praetore von Dalmatien. – Zu Pompeius Paulinus s. XIII 53.

34. Es handelt sich um die Naturalabgaben (hauptsächlich vom Getreide) der Senatsprovinzen in das aerarium Saturni zur Finanzierung des Staatshaushaltes, zum Unterschied von dem Privathaushalt (fiscus) des Princeps, aus dem dieser jährlich sechzig Millionen Sesterzen für das Gemeinwesen mehr ausgab, als er von diesem einnahm.

35. Durch die lex Papia Poppaea (de maritandis ordinibus) aus dem Jahre 9 n. Chr. war bestimmt, daß bei der Verlosung der Senatsprovinzen den Verheirateten und Vätern je nach der Anzahl ihrer Kinder der Vorrang gegeben und in besonderen Fällen genehmigt werde, daß solche bevorzugten Bewerber auch ihre Ämter über die gesetzliche Dauer von einem Jahr beibehalten konnten.

36. Hier ist im Text eine Lücke. Es fehlt das Subjekt des folgenden Satzes, bei dem nur die richtigen Väter, d. h. solche mit selbst erzeugten und aufgezogenen Kindern, gemeint sein können.

37. „Gunst“ seitens zahlreicher Senatoren, die sich für die Berücksichtigung in dem Testament der Kinderlosen dadurch erkenntlich erwiesen, daß sie diese bei der Bewerbung um Ehrenämter (honores) unterstützten.

38. Sie warteten seit der Erreichung des für das jeweilige Amt erforderlichen Mindestalters, wurden dann aber wegen der großen Zahl der Bewerber und der ungerechten Bevorzugung einzelner zurückgehalten.

39. Die Verhandlung fand vor dem Senat statt, der die höchste richterliche Instanz in den Angelegenheiten der Senatsprovinzen bildete.

40. Durch eine Abordnung der Provinzvertreter, die nach Rom geschickt werden sollte, um diesen Dank für eine erfolgreiche Verwaltung dort durchzusetzen.

41. Zu dem Gesetzesantrag des Cincius s. XI 23. Unter den Iulischen Gesetzen ist die lex Iulia de ambitu des Augustus aus dem Jahre 18 n. Chr. zu verstehen, die als Strafe zunächst fünfjährige Unfähigkeit zur Bekleidung eines öffentlichen Amtes und bei vielfacher Bestechung außerdem eine Geldstrafe vorsah, unter den Calpurnischen Beschlüssen die Calpurnia scita de ambitu, die sich gegen die Wahlumtriebe wendete, eines der vielen Gesetze aus der letzten Zeit der Republik (67 v. Chr.), erlassen von den beiden Konsuln M'. Acilius Glabrio und C. Calpurnius Piso.

42. Ein Beschluß konnte vom Senat nur gefaßt werden, wenn der Gegenstand auf die Tagesordnung gesetzt war. Die Konsuln,

die dies hätten tun können, lehnten es ab, weil sie ohne vorherige Befragung des Princeps keinen Senatsbeschluß herbeiführen wollten.

43. Proprätoren waren die Verwalter der dem Princeps unterstellten Provinzen, Prokonsuln die der Senatsprovinzen.
44. Von seiner Einweihung ist XIV 47 berichtet.
45. Das Erdbeben war wohl der Vorbote des Vesuvausbruchs im Jahre 79.
46. Zu Memmius Regulus s. V 11. – Verginius Rufus besiegte später den Vindex (s. XV 74) und wurde von seinem Heere zum Princeps erwählt, was er aber ablehnte. Er war im Jahre 69 und 97 (im Alter von 83 Jahren) Konsul und starb während seines Konsulats.
47. Ihr Name war Claudia.
48. Die in Actium von Augustus eingesetzten Spiele hatten in Nachahmung der olympischen religiöse Bedeutung.
49. In Antium war eine berühmte Kultstätte der Fortuna, in der zwei Fortunae verehrt wurden, die als Schwestern gedacht waren.
50. Bilder der Herrscher befanden sich an den Fahnen der Legionen und wurden in deren Truppenlager aufgestellt, hier in einer nahegelegenen Provinz (Syrien oder Cappadocien).
51. C. Cestius Gallus war consul suffectus im Jahre 42, verwaltete 66/67 Syrien. In dem Krieg mit den Juden belagerte er Jerusalem, mußte aber unter Verlusten die Belagerung abbrechen und starb im Jahre 67 in Syrien. – Vollziehende Gewalt: Rechtsprechung und Verwaltung.
52. Marius Celsus war ein treuer Gefolgsmann des Galba und dann als Feldherr Othos tätig (s. Tacitus Historiae I 14. 31. 39. 45. 71. 77. 87. 90, II 23. 33. 40. 44. 60).
53. Die Präfekten sind die Befehlshaber der bundesgenössischen Truppen in den kleineren Provinzen, die Prokuratoren die höchsten Beamten der dem Princeps unmittelbar unterstellten Provinzen (hier von Cappadocien), die Prätoren sind die Verwalter der Provinzen, in die ehemalige Prätoren unter dem Titel legati pro praetore geschickt wurden (Cilicien, Lycien, Pamphylien, Galatien). Hinzu kam noch der Prokonsul von Pontus und Bithynien.
54. Durch die lex Gabinia des Volkstribunen M'. Acilius Gabinius im Jahre 67 v. Chr.
55. Illyricum umfaßte die Provinzen Dalmatien, Pannonien und Mösien.

56. Melitene, eine Übergangsstelle über den Euphrat, war ein wichtiger Straßenkreuzungspunkt.
57. Lucullus war nach dem Sieg über Mithridates im Jahre 69 v. Chr. durch die Landschaft Sophene und Armenien nach Tigranocerta marschiert, das er belagerte und zerstörte.
58. D. h. für einige Provinzen Armeniens.
59. Der Ort hätte ja für ihn eine schlimme Vorbedeutung haben können.
60. Tiberius Iulius Alexander, ein gebürtiger Jude, war seit dem Jahre 46. n. Chr. Prokurator von Judäa, seit dem Jahre 67 Präfekt von Ägypten, 70 als praefectus praetorio bei Titus in Judäa. Er war illustris eques, d. h. Ritter mit Senatorenzensus.
61. Vinicianus Annius versuchte im Jahre 66 eine Verschwörung gegen Nero zu inszenieren, die aber aufgedeckt wurde. Seine Witwe wurde vermutlich später die Gemahlin des Domitian. – Die senatoria aetas war 25 Jahre. Legatus legionis wurde man frühestens nach der Quästur, also ebenfalls mit dem 25. Lebensjahr. Er versah die Stelle eines Legaten, ohne den dafür erforderlichen senatorischen Rang zu haben.
62. Offenbar wurde jedesmal ein Altar aus leicht brennbaren Stoffen aufgebaut.
63. Ecbatana in der parthischen Provinz Großmedien war wegen seines verhältnismäßig kühlen Klimas die Sommerresidenz der parthischen Könige.
64. Die Bürger latinischen Rechts (nominis Latini) hatten vor allen Provinzialen eine Vorzugsstellung. Sie konnten leicht die volle civitas Romana erhalten, wenn sie z. B. in ihrer Heimat ein höheres Amt bekleideten.
65. Die lex Roscia theatralis aus dem Jahre 67 v. Chr., von dem Volkstribunen L. Roscius Otho eingebracht, überließ den Rittern vierzehn Sitzreihen im Theater hinter den Senatorensitzen. Im Circus erhielten die Senatoren besondere Sitze erst durch Claudius.
66. Offenbar produzierte sich Nero hier vorerst nur vor einem geladenen Publikum.
67. Kränze, wie man sie bei den großen, heiligen Festspielen in Griechenland errang. Der Siegespreis war bei den olympischen Spielen ein Kranz vom wilden Ölbaum, und zwar von einem ganz bestimmten, uralten, in der Altis befindlichen.
68. Abteilungen der Prätorianergarde.
69. Beneventum war die Vaterstadt des Vatinius. Zu diesem s. Tacitus Historiae I 37 und Tacitus Dialogus de oratore 11.

70. An dem Hofe befanden sich *nur* schlechte Elemente.
71. Zu D. Iunius Torquatus Silanus, dem Konsul des Jahres 53, s. XII 58.
72. Zu diesen Hofämtern s. XI 29. Die Tätigkeit in diesen einflußreichen Hofämtern bezeichnet Tacitus als meditamenta, d. h., diese Ämter boten gewissermaßen die Möglichkeiten, sich auf einen Umsturz (novae res) vorzubereiten.
73. Milde (clementia) konnte der Princeps als oberster Richter, der gegen jedes Urteil des Senats aufgrund seiner tribunicia potestas Einspruch erheben konnte, walten lassen.
74. Der See war auf dem Marsfeld angelegt worden.
75. Es war Sitte, daß der Verlobte (hier also Pythagoras) zu seiner Braut einen Vogelschauer (auspex) schickte.
76. Vgl. auch die Alternative am Beginn des Kapitels. Tacitus hält also zum mindesten Nero für fähig, den Brand gelegt zu haben.
77. Die Parkanlagen des Maecenas lagen auf dem Esquilin. Sie waren durch Erbschaft in den Besitz des Herrscherhauses gekommen.
78. Die Esquilien lagen zwischen Esquilin und Viminal.
79. Diese Grundstücke lagen auf den Aemiliana, einem Stadtteil auf dem campus Martius zwischen Capitol und Quirinal.
80. Der Tempel der Luna lag auf dem Aventin, der Große Altar und die Kapelle des Hercules am forum boarium (Hercules soll bei seiner Rückkehr aus Hispanien mit den Rindern des Geryoneus durch Rom gekommen sein), der Tempel des Iuppiter Stator, die Regia des Numa und der Vestatempel lagen an der Nordseite des Palatin.
81. Im Jahre 387/386 v. Chr.
82. Es handelt sich um nicht näher definierbare Rechenkunststücke.
83. Die berühmte domus aurea.
84. Der Averner See östlich von Cumae. Hier ließ Vergil den Aeneas in die Unterwelt steigen.
85. Stein aus Gabii (h. Paulano am Lago di Castiglianao) und Stein aus den Albanerbergen (h. Monte Cavo) waren vulkanischer Tuffstein.
86. Das Standbild der Iuno befand sich in einer der drei Zellen des Iuppitertempels auf dem Capitol zusammen mit Iuppiter (in der Mitte) und Minerva.
87. Speiseopfer (sellisternia) für die Göttinnen (gleichbedeutend mit den lectisternia für die Götter) waren öffentliche Be-

wirtungen der Göttinnen. – Nachtfeiern (pervigilia) waren nächtliche Kultfeiern, so das Fest der Bona Dea (griechischer Kult). An diesen Feiern durften nur Frauen teilnehmen.

88. Man beschuldigte sie sogar des rituellen Kindermordes.

89. Der Übersetzung der offensichtlich verderbten Stelle ist folgender Text zugrunde gelegt: ut ferarum tergis contecti laniatu canum interirent aut crucibus affixi flammandique, ubi defecisset dies, in usum nocturni luminis urerentur. Der Spott kann sich nicht auf die besondere Art der Hinrichtung, die Kreuzigung, beziehen, da diese mit ludibrium nicht hätte bezeichnet werden können, sondern nur auf das Einhüllen in Tierhäute und auf die Verwendung der Gekreuzigten als nächtliche Beleuchtung.

90. Freie Gemeinden sind solche, die eigene Verwaltung und Gerichtsbarkeit haben sowie Abgabenfreiheit.

91. Freigelassener des Caesars.

92. Praeneste (h. Palestrina), latinische Stadt nahe bei Rom.

93. In Praeneste befand sich eine Gladiatorenschule (ludus gladiatorius) des Nero mit einer Prätorianerabteilung als Wachkommando.

94. Der Friede mit den Parthern war bereits geschlossen.

95. Formiae, Stadt der Volscer an der via Appia.

96. „Immer" (semper) ist bei Tacitus nicht immer wörtlich zu nehmen. Tatsächlich ist außer diesem Komet nur ein einziger weiterer unter der Regierung Neros bekannt (s. XIV 22), mit dessen Erscheinen die Verbannung des Rubellius Plautus und seine spätere Ermordung nicht unbedingt zusammenhing.

97. Placentia (h. Piacenza) an der via Aemilia.

98. Atticus Vestinus ist wohl der Sohn des L. Vestinus, der in den Jahren 59/60 Präfekt von Ägypten war und in der Rede des Claudius erwähnt wird.

99. C. Calpurnius Piso, von Tacitus schon XIV 65 als socius Senecae genannt. An seinem Hochzeitstage hatte ihm Caligula im Jahre 38 seine Frau Livia Orestilla weggenommen. Im Jahre 40 war er verbannt worden, wurde aber unter Claudius wieder zurückberufen und consul suffectus.

100. M. Annaeus Lucanus aus Corduba, der Neffe Senecas, der ein Epos Pharsalia über den Bürgerkrieg zwischen Pompeius und Caesar verfaßte. – Zu Plautius Lateranus s. XI 36.

101. Zu Claudius Senecio s. XIII 12.

102. Vermutlich bei dem Auftreten Neros an den Iuvenalien, s. XV 33 f. – Über den brennenden Palast s. XV 39. Die

Anfänge der Verschwörung reichten also bis in das Jahr 64 zurück.

103. Im Text steht neque senatui quid (quam) manere, was aber im Hinblick auf die scelera principis nicht recht zu passen scheint. Daher ist dem Vorschlag, senatui in sancti zu ändern, in der Übersetzung gefolgt.

104. L. Iunius Silanus Torquatus, der Sohn des M. Iunius Silanus (s. XIII 1). Er war der Enkel der Iulia, der Enkelin des Augustus, also nach Nero der letzte unmittelbare Sproß aus dem augusteischen Hause. Sein Lehrer war C. Cassius Longinus, der bedeutende Rechtsgelehrte, der mit Iunia Lepida, der Tante des Silanus, verheiratet war.

105. Das Fest der Ceres, die Cerealia, wurde vom 12. bis 19. April gefeiert. Am 19. fanden Circusspiele, in der Principatszeit auch Theateraufführungen statt.

106. Ferentinum, Stadt der Herniker an der via Latina in Latium.

107. Der Tempel der Ceres lag zwischen dem Circus Maximus und dem Aventin. Er wurde 31 v. Chr. durch Feuer zerstört und von Augustus wieder aufgebaut.

108. Zu Antonia s. XII 2. – Das Gedenken an Claudius sollte hier eine günstige Rolle spielen.

109. Die „leere Hoffnung“, nämlich auf den Thron zu kommen, war dadurch gegeben, daß sichere Bürgschaften Pisos nicht vorlagen.

110. Die Lage des Servilianischen Parks ist unbekannt.

111. Epaphroditus war der Nachfolger des Doryphorus (s. XIV 65) in dem Amt a libellis (Sekretariat für Bittschriften), das er auch unter Domitian bekleidete. Von diesem wurde er im Jahre 95 umgebracht, weil er Nero bei dem Selbstmord geholfen habe.

112. Von dem Nachlaß hätten die Forderungen der Gläubiger erfüllt werden müssen, bevor die Schenkungen berücksichtigt wurden.

113. Also nicht nur die unbedeutenderen unter den Verschworenen.

114. Es war die berittene Leibwache des Princeps, die corpore custodes, die, in decuriae gegliedert, sich aus den einzelnen unterworfenen Völkerschaften (Friesen, Ubier, Bataver u. a.) zusammensetzte und germanische Gefolgschaftstreue bewahrte.

115. Wohl des Servilianischen Parks, in dem damals Nero residierte.

116. Zu dieser Befürchtung hatte Nero deshalb Anlaß, weil eine

große Anzahl ihrer Vorgesetzten zu den Verschworenen gehörte.

117. Die Duldsamkeit (patientia, ironisch) des Domitius Silus bestand darin, daß er seine Gattin ohne weiteres an Piso abtrat, der schlechte Ruf (infamia) Pisos darin, daß er ein solches Weib heiratete.

118. Dies war das sog. Sessorium auf dem campus Esquilinus.

119. S. XV 45, wo von dem Befehl Neros zur Vergiftung Senecas als einer der Überlieferungsversionen berichtet wird; dieser wird nun als glaubwürdig bezeichnet.

120. Der Centurio wollte verhindern, daß im Hinblick auf die Beschlagnahme des Vermögens Senecas im Testament noch etwas geändert würde.

121. „Umgeformt", in der Weise der alten griechischen und römischen Geschichtsschreibung, die die Reden der handelnden Persönlichkeiten dem Sinne nach und der jeweiligen Situation angepaßt wiedergab.

122. Mit dem Schierlingsgift, das auch Sokrates trinken mußte.

123. Dankbar dafür, daß ihm der Princeps gestattete, bei der Verhandlung gegen seine Mitverschworenen mitzuwirken.

124. Nero heiratete sie nach dem Tode der Poppaea Sabina im Jahre 66 (s. XVI 6).

125. Aus seinem Epos Pharsalia die Verse III 635 ff.

126. Im Text steht domum, womit wohl der Palast Neros gemeint ist und nicht ihre Häuser, sonst würde domos stehen.

127. Näheres darüber ist nicht bekannt.

128. Das Praenomen des genannten Pompeius ist in der Handschrift ausgefallen.

129. Zu Glitius Gallus und Annius Pollio s. XV 56.

130. Sie opferte die Möglichkeit, das Vermögen in Rom für ihre Interessen zu verwenden, und verlor es um ihres Mannes willen.

131. Zu Rufrius Crispinus s. XI 1.

132. Verginius Flavus war Lehrer des Persius. Er schrieb eine von Quintilian benutzte Rhetorik. – Zu Musonius Rufus s. XIV 59.

133. Tacitus benützte das Wort agmen, bei dem ihm wohl das Bild von dem langen „Zug" der aus Rom Verbannten vor Augen schwebte.

134. Nämlich der Prätorianertruppe.

135. Zu Petronius Turpilianus s. XIV 29. – Cocceius Nerva ist der spätere Princeps (96–98).

136. Hier ist im Text eine Lücke, die etwa so zu ergänzen ist: Consularia insignia Nymphidio decreta sunt, de quo . . .
137. Nymphidius wurde anstelle des Faenius Rufus Gardepräfekt und später bei dem Versuch, sich selbst zum Princeps zu machen, von seinen Soldaten umgebracht. Darauf spielt Tacitus mit der pars cladium wohl an.
138. Auch hier ist im Text eine Lücke anzunehmen. Was hier mitgeteilt wird, entspricht nicht der Ankündigung (repetam), da von seiner früheren Laufbahn vor der Ernennung zum Präfekten nichts ausgesagt wird.
139. Sein voller Name ist L. Annius Gallio. Durch Adoption war er in das Geschlecht der Iunier gekommen, vorher hatte er Annaeus Novatus geheißen.
140. Im Hinblick auf den pater patriae Nero, womit er ihn als Mitverschworenen bezeichnen wollte.
141. Er wurde Neroneus genannt, weil im Monat April die Verschwörung aufgedeckt worden war.
142. In der Textlücke war vermutlich angegeben, wo in Rom ein Tempel der Salus errichtet werden sollte und welche Ehren dem Tempel zukommen sollten, aus dem Scaevinus den Dolch geholt hatte.
143. IUPPITER DEM RÄCHER.
144. Er war legatus pro praetore von Gallia Lugdunensis, fiel im Jahre 68 von Nero ab und beging, von den germanischen Legionen unter Führung des Verginius Rufus geschlagen, im Mai 68 bei Vesontio Selbstmord. Sein Aufstand führte unmittelbar zum Sturz Neros (s. Tacitus Historiae I 6. 8. 51).
145. Zu Cerialis Anicius s. noch XVI 17.
146. Die Lesart ist unsicher. Hier ist der in der Ausgabe von Nipperdey-Andresen (1908) enthaltenen gefolgt: quorum odio idem ad omen maturi exitus verteretur.
147. Dies galt in der ersten Principatszeit nur für die Provinzialen. Göttliche Verehrung wurde von den römischen Bürgern den Herrschern damals in Tempeln nicht zuteil.

BUCH XVI

1. Zu dem Quinquennalien-Spiel s. XIV 20. Es waren die Neronia, die im fünften Regierungsjahr von Nero gestiftet worden waren.

2. Die Anzeige des Bassus über seinen angeblichen Fund muß vor den Quinquennalien, seine Entlarvung als Schwindler nach dem Fest erfolgt sein. Tacitus hat die Geschichte mit Bassus vorausgenommen, gewissermaßen als eindrucksvolles Vorspiel. Mit XVI 4 greift er auf die Zeit vor den Quinquennalien zurück, aber nur mit dem Anerbieten des Senats. Das Weitere spielte sich bei den Quinquennalien ab.
3. Es war wohl das Theater des Pompeius, s. XIII 54, XIV 20.
4. Sueton Vespasian 4 berichtet, in Griechenland, wohin Nero reiste, um sich hören zu lassen, sei Vespasian, der zu seinem Gefolge gehörte, öfters während der Vorstellung weggegangen oder eingeschlafen. Er habe den Hof verlassen und sich in einem abgelegenen Städtchen verbergen müssen, bis die Notwendigkeit eintrat, ihn zum Feldherrn in Judäa zu machen.
5. Tacitus lehnt also in diesem Falle die Nero feindliche Überlieferung ab.
6. In dem Mausoleum auf dem Marsfeld.
7. Der diva Claudia, s. XV 23.
8. Die andere empörende Handlung hatte darin bestanden, daß Nero das Volk gezwungen hatte, den Tod der Poppaea Sabina öffentlich zu betrauern. „Den Tod Poppaeas" steht kurz für die erzwungene Trauer über den Tod.
9. Zu C. Cassius s. XII 11.
10. Zu L. Silanus s. XV 52.
11. Des Caesarmörders Cassius.
12. Zu Torquatus s. XV 35.
13. Sie hieß Iunia Lepida und war eine Schwester der Iunia Calvina (s. XII 4. 8). Der Sohn ihres Bruders war L. Silanus.
14. Es wird sich wohl um magische Riten, wie Kinderopfer, gehandelt haben.
15. Calpurnius Fabatus war der Großvater der Gemahlin des jüngeren Plinius, von dem er oft in seinen Briefen erwähnt wird.
16. Diese Rechnung ging nicht auf, da Cassius unter Vespasian zurückkehrte.
17. Barium (h. Bari), ein wichtiger Straßenkreuzpunkt und Hafenplatz in Apulien, Stadt der Peuketier.
18. Zu L. Antistius Vetus s. XIII 11.
19. Zu Rubellius Plautus s. XIV 57 ff.
20. Einem Freigelassenen war eine Klage gegen seinen Freilasser nur in ganz besonderen Ausnahmefällen und in einer Kriminalklage überhaupt nicht gestattet.

21. Zu Formiae s. XV 46.
22. Den Kindern des Rubellius Plautus (s. XIV 59).
23. Zu der Sitte der Vorfahren s. Anm. XIV 113.
24. Zu Faenius Rufus s. XV 50.
25. Die tribunizischen Amtsdiener bildeten wohl eine besondere Dekurie (s. XIII 27) und hatten mit den übrigen Amtsdienern (apparitores) besondere Plätze im Theater.
26. Damit waren alle drei Monate nach Nero benannt, der ja auch die Namen Claudius und Germanicus führte.
27. Zu Cornelius Orfitus s. XII 41.
28. S. XV 35 und XVI 8. Beide führten auch das nomen gentile Iunius.
29. Lugdunum (Lyon) war im Jahre 65 n. Chr. durch eine Feuersbrunst schwer heimgesucht worden.
30. Zu C. Suetonius s. XIV 29. – Telesinus wurde unter Domitian mit den übrigen Philosophen verbannt.
31. S. XIV 48.
32. Zu P. Anteius s. XIII 22.
33. Zu Ostorius Scapula s. XII 31.
34. Das astrologische Erforschen des Schicksals des Princeps galt als Majestätsverbrechen. S. Anm. XIV 111.
35. Der Sinn ist: „Wenn mir meine Leser gestatten, daß ich jene Männer nicht hasse, die ohne jeden Widerstand in den Tod gegangen sind, so geben sie mir damit auch die Zustimmung für meine Ausführungen, durch die ihr Gedächtnis der Nachwelt nicht entzogen wird."
36. Sie sind identisch mit den equites illustres, die den Senatorenzensus hatten.
37. Zu Annaeus Lucanus s. XV 49. 70.
38. Fabius Romanus hatte vermutlich von Lucanus Geld geliehen.
39. Zu Tigellinus und Cossutianus Capito s. XIV 48. 51.
40. Die Anklage war daher gegenstandslos. Er erwähnte Crispinus nur, um nicht durch die alleinige Nennung des Cerialis zu verraten, daß er ihn aus persönlicher Feindschaft angeklagt hatte.
41. Es handelte sich um eine Verschwörung gegen Caligula im Jahre 40, über die nur ganz dürftige Nachrichten vorliegen.
42. Der bekannte Ausdruck lautet arbiter elegantiarum.
43. Scaevinus gehörte zu den Teilnehmern an der Pisonischen Verschwörung.
44. Indem gefälschte Briefe oder Dokumente versiegelt werden.

45. Zu Thrasea Paetus s. XIII 49. – Zu Barea Soranus s. XII 53.
46. S. XIV 12.
47. Patavium, h. Padua.
48. Die „Fischerspiele“ fanden alle dreißig Jahre statt. Sie standen im Zusammenhang mit dem dortigen Thunfischfang. Patavium war durch den Medoacus (Brenta) mit dem Meer verbunden und hatte dort einen Hafen, weshalb es auch besonderes Interesse am Thunfischfang hatte. – Nach der sagenhaften Überlieferung (Livius I 1, Vergil Aeneis I 247) hatte Antenor Patavium gegründet.
49. S. XIV 48.
50. Das „Kollegium der Fünfzehnmänner“ (quindecimviri sacris faciundis) betreute den Kult der neu in Rom eingeführten griechischen Götter, besonders des Apollo, und war für die Aufbewahrung und die Befragung der Sibyllinischen Bücher verantwortlich.
51. M. Porcius Cato Uticensis (95–46 v. Chr.) vertrat als erbitterter Gegner Caesars die republikanische Staatsordnung. Er beging nach der Schlacht bei Thapsus in Utica Selbstmord.
52. Tacitus läßt Capito im Tone des Volkes reden, das nicht von dem „Caesar“, sondern von „Nero“ sprach.
53. Zu diesem Eid war er am Schluß des Amtsjahres verpflichtet.
54. Mit der „Sekte“ ist die stoische Philosophenschule gemeint. Q. Aelius Tubero war als Stoiker ein Schüler des griechischen Philosophen Panaitios und berühmt als Rechtsgelehrter. – M. Favonius war Anhänger Catos im Kampf gegen die Triumvirn, wurde von Caesar begnadigt, schloß sich aber dann doch den Caesarmördern an und wurde bei Philippi gefangengenommen. Octavian ließ ihn hinrichten.
55. Er identifiziert den Cassius mit dem einstigen Caesarmörder.
56. M. Iunius Brutus und D. Iunius Brutus waren die Mitverschworenen des Caesarmörders.
57. Mit einer schriftlichen Anweisung seitens des Princeps wäre der Senat nur das gehorchende Organ geworden und hätte keine freie Entscheidungsmöglichkeit mehr gehabt (disceptator).
58. Zu Eprius Marcellus s. XII 4.
59. Zu (Q. Marcius) Barea Soranus s. XII 5. Seine Statthalterschaft muß einige Jahre zurückliegen (s. XVI 30 vetera haec) und wird wohl in das Jahr 60/61 fallen.
60. S. XV 45. Acratus sollte Kunstwerke für die Ausschmückung Roms bei dem Wiederaufbau und für den neuen Palast des Princeps herbeischaffen.

61. Zu Rubellius Plautus s. XIII 19.
62. „Königlich" ist ironisch im Sinne von „tyrannisch" zu verstehen.
63. Nero hielt mit Tiridates von Campanien aus, wohin er zu dessen Empfang gereist war, seinen feierlichen Einzug in Rom.
64. Nach der stoischen Lehre, die den Selbstmord als die freie Entscheidung des Weisen über sein Leben bejahte.
65. Arulenus Rusticus war Stoiker, wie Thrasea und Helvidius Priscus. Er wurde von Domitian umgebracht (Tacitus Historiae III 80. Tacitus Agricola 2).
66. Der Tempel der Venus Genetrix lag am forum Iulium. In der Nähe war die Curia Iulia, in die der Senat einberufen worden war.
67. In Rom trug der Soldat in der Regel die Toga. Selbst die Palastwachen zogen in der Toga auf, und es durfte keine Waffe offen getragen werden. Sie zu zeigen galt als eine ungesetzliche Gewaltandrohung. S. a. XIV 61.
68. Ein oder zwei Quästoren standen dem Princeps zur Seite, um seine Reden und Erlasse in seiner Vertretung im Senat vorzutragen.
69. Gemeint sind damit die Handelsherren und Steuerpächter ritterlichen Standes, die sich als Richter in Rom zur Verfügung stellen sollten.
70. Helvidius Priscus war unter Claudius Quästor von Achaia. Er verbrachte seine Verbannung in Apollonia (s. auch Tacitus Historiae II 91, IV 4 ff. 53. Tacitus Dialogus de oratore 5. Tacitus Agricola 2). Er wurde unter Vespasian umgebracht (Sueton Vespasian 15). – M. Paconius, der Vater, war Legat des C. Silanus, des Prokonsuls von Asia im Jahre 20/21 gewesen. Als Silanus von den Provinzialen im Jahre 22 wegen Erpressung angeklagt wurde, trat er gegen ihn auf. Unter Tiberius wurde Paconius des Majestätsverbrechens beschuldigt und, angeblich unschuldig, hingerichtet. Von seinem Tod hatte Tacitus in dem verlorenen Teil nach Buch V berichtet. – Curtius Montanus war ein offensichtlich begabter satirischer Dichter. „Abscheulich" waren seine Gedichte, die gegen hochstehende Persönlichkeiten und wohl auch gegen Nero gerichtet waren, vom Standpunkt des Anklägers aus. Daß es sich bei Nero um Eifersucht handelte, geht aus dem Schluß von XVI 29 hervor (quia protulerit ingenium).
71. Gedanklich ist hinzuzufügen „ohne die Pflichten eines solchen zu erfüllen".

72. Mit dem ohne Verluste errungenen Sieg ist die durch Verhandlungen erfolgte Unterwerfung Armeniens gemeint, angesichts der XV 10 ff. berichteten Niederlage des Paetus eine rhetorische Übertreibung.

73. Zu Annius Pollio und seiner Einbeziehung in die Untersuchung der Pisonischen Verschwörung s. XV 56. 71.

74. Im Text altaria et aram: altaria ist der Brandaufsatz auf dem Opfertisch. Beide Wörter zusammen bezeichnen den „Brandaltar".

75. „Du, Caesar": Nero wird angeredet, als ob er anwesend wäre.

76. „Möchten doch . . . dies gesehen haben": nämlich „unter welchen Umständen und aus welchen Motiven ich meinen Schmuck usw. hergegeben und wie ich zu den Göttern gebetet habe".

77. P. Egnatius Celer, ein Jude aus Berytus, der das römische Bürgerrecht erhalten hatte, war stoischer Philosoph. Er wurde später wegen seines falschen Zeugnisses von Musonius Rufus im Jahre 69 angeklagt und verbannt.

78. Asclepiodotus stammte aus Nicaea. Er war wohl als Zeuge geladen.

79. Der Vater wird von Iuvenal IV 107. 131 als Ratgeber Domitians erwähnt. Aus Vers 136 ff. geht hervor, daß er sich an Neros Orgien beteiligte und dessen Gunst genoß.

80. Der Konsul als der Vorsitzende des Senats hatte die Vollstreckung des Urteils zu veranlassen. Der Quästor war sein Beauftragter.

81. Des Demetrius Bedürfnislosigkeit und Freimut wird von Seneca wiederholt gerühmt. Er wirkte später in Korinth, wohin er vermutlich von Nero verwiesen wurde. Unter Vespasian kehrte er zurück, wurde aber mit den übrigen Philosophen erneut verbannt.

82. Ihre Mutter Arria, die Frau des Caecina Paetus, der sich mit Camillus Scribonianus, dem Legaten von Dalmatien, gegen Claudius verschwor und zum Tode verurteilt wurde, hatte im Jahre 42 zusammen mit ihrem Gatten Selbstmord begangen.

83. Wohl einem seiner Diener.

REGISTER

Das Register verzeichnet alle Namen von Personen, Völkern, Städten, Flüssen usw.; auch solche Stellen wurden aufgenommen, an denen von einer Person die Rede ist, ohne daß der Name ausdrücklich genannt wird (z. B.: Valerius Asiaticus XI 2). Gesetze erscheinen zusammen unter dem Stichwort „Gesetze".

INHALT